高等院校非法语专业教材

公 共 法 语

（修订本）

上　册

吴贤良
王美华　编

上海外语教育出版社
1997 年 4 月

图书在版编目（CIP）数据

公共法语．上册／吴贤良，王美华编．—修订本．上海：
上海外语教育出版社，1997.7（2001重印）
高等院校非法语专业教材
ISBN 7-81046-205-9

Ⅰ．公…　Ⅱ．①吴…②王…　Ⅲ．法语－高等学校－教材
Ⅳ．H32

中国版本图书馆CIP数据核字（1999）第54077号

出版发行：上海外语教育出版社
　　　　　（上海外国语大学内）　邮编：200083
电　　话：021-65425300（总机）
电子邮箱：bookinfo@sflep.com.cn
网　　址：http://www.sflep.com.cn　http://www.sflep.com
责任编辑：程超凡

印　　刷：江苏启东市人民印刷有限公司
经　　销：新华书店上海发行所
开　　本：850×1168　1/32　印张14.5　字数400千字
版　　次：1997年7月第1版　2005年9月第24次印刷
印　　数：2 100册

书　　号：ISBN 7-81046-205-9
定　　价：14.70元
　　　　本版图书如有印装质量问题，可向本社调换

修订说明

　　《公共法语》出版至今已整整 10 个年头。10 年来，全国先后有 50 余所高校使用本教材，社会上自学或进修法语的各界人士也纷纷选购本教材，需求量逐年增加。不少单位来信说，《公共法语》非常适用于具有一定英语基础的学生，其新颖独特的法、英语对比的编写方法，在教学中效果显著。1992 年，本教材荣获国家教育委员会颁发的高等学校优秀教材奖。

　　为使《公共法语》更趋完善，适应社会发展的需要，我们在保持原有特色的基础上，对这套教材进行了全面修订：调整课文内容，补充适量练习，增加情景对话和介绍法国文化的栏目，同时将原第一、第二册合并为上册，原第三、第四册合并为下册。

　　我们热切希望修订后的《公共法语》将继续得到广大使用者的喜爱，继续在法语教学中起积极作用。

编　　者

1996 年 4 月

于上海外国语大学

编者的话

本书分上、下两册,主要供高等院校文科及理工科学生作为公共外语教材使用,也可作为高等外语院校非法语专业使用的第二外语教材。学生在学完本书后,能掌握法语的基本语言知识,借助词典阅读和翻译一般法语文章,并具有初步的听说能力,从而达到《大学法语(第二外语)教学大纲》规定的各项要求。

本书上册共36课(语音教程7课,基础教程29课),下册26课。语音教程每周2课,基础教程每周1课,上册全册和下册前16课分4个学期学完,下册后10课可供自学或进修用,着重于阅读和翻译的训练。若作为高等外语院校非法语专业的第二外语教材,上、下两册正好使用4个学期。

考虑到使用本教材的学生具有一定的英语基础,我们在编写时采取法语和英语对比的方法:对相同之处提纲挈领地加以介绍,对相异之处则作重点讲解。这样,就能使学生利用已有的英语知识,在较短时间内更好更有效地掌握法语。

在语音教程的编排上,本教材采取法、英语中的近似音及容易发的音先学的原则,并以功能观作指导,强调刺激反应和听觉感知,用英语语音的对比来介绍音素,扼要地辅以发音规则。语音练习的编排原则是:把音素放在语流中的不同位置上反复学习其各种变体的发音。结合音素的学习,还教一些最常用的短句,要求学生掌握最基本的语调,以便为迅速转入语言学习打下基础。

基础教程各课的安排如下:

一、**课文**——课文(1)一般用叙述体,大多选自法国教科书;以法国社会生活为题材,涉及学校、家庭、饮食、购物、娱乐、婚姻、住房、就医、社交、旅游、体育、就业、市政建设、工农业等各个侧面;下册还适量编入文学作品、科普读物和其他内容的文章。课文(2)主要用对话体裁,选用外国幽默小品,既增加趣味性,又体现口语表达形式。

二、**语法**——上册介绍常用的基础语法知识,下册出现较深的语法规则,并对一些语法现象进行归纳。语法说明采用法、英双语语法对比的方式,侧重解决中国学生学习法语的疑难点。

三、**词汇表**——除个别用英语注释反而会含糊不清的单词用汉语释义外,大多数单词均用英语注明释义,有利于记忆。书末附总词汇表,用汉语注释,以便对照。

四、**注释**——主要借助英语对难点简要地加以说明。

五、**词和词组**——每课课后适量介绍课中出现的某些词(主要是动词)和词组的用法,并用英语中相应的词和短语加以对照。

六、**情景对话**——公共外语和第二外语的听说是个薄弱环节。为此,在上册每课课后设有情景对话一栏,让学生借助录音学习一些日常生活用语,以便在学完本教材后具有初步的听说能力。

七、**练习**——采用语法──➤语法练习──➤课文──➤课文练习的顺序,使语法和课文的练习有利于所学内容的复习、实践,以保持学习的连贯性。

八、**复习课**——根据公共外语和第二外语教学的特点,安排一定数量的复习课,以便学生温故知新。

九、《**了解法国**》——下册每课课后开辟《了解法国》栏目,以简明的法语介绍法国人的生活习惯和社会活动情况,使学生了解一点法国文化背景知识。

本教材编写工作曾得到我校原法语系领导漆竹生、李棣华教授的关心和支持。我校原英语系的有关师生及外籍教师也给予了热忱的帮助。范晓雷为原第一册编写了部分语法练习。在出版前的试用过程中,承蒙岳扬烈、徐百康、李棣华等教授审阅指正。值此本书修订出版之际,谨向他们再次致以衷心的谢意。由于编者水平有限,难免存在不足之处,恳请使用本书的各界人士不吝指正。

1996 年 4 月
于上海外国语大学

TABLE DES MATIERES

I

Ⅱ

Ⅳ

V

Conjugaison: rire (promettre, conduire)

VI

VIII

L'ALPHABET FRANÇAIS

印刷体		书写体		印刷体		书写体	
A	a	*A*	*a*	N	n	*N*	*n*
B	b	*B*	*b*	O	o	*O*	*o*
C	c	*C*	*c*	P	p	*P*	*p*
D	d	*D*	*d*	Q	q	*Q*	*q*
E	e	*E*	*e*	R	r	*R*	*r*
F	f	*F*	*f*	S	s	*S*	*s*
G	g	*G*	*g*	T	t	*T*	*t*
H	h	*H*	*h*	U	u	*U*	*u*
I	i	*I*	*i*	V	v	*V*	*v*
J	j	*J*	*j*	W	w	*W*	*w*
K	k	*K*	*k*	X	x	*X*	*x*
L	l	*L*	*l*	Y	y	*Y*	*y*
M	m	*M*	*m*	Z	z	*Z*	*z*

Leçon *1*

PHONETIQUE

元音[i]	同英语[i:]，但不延长读音。字母 i, ï, î, y 发[i]。
例　词	lit　　　　nid　　　　île　　　　midi

元音[ɛ]	同英语[ɛə]中的第一成分。字母 è, ê, ei, ai, aî, 词末-et, e 在相同的两个辅音字母前及闭音节中发[ɛ]。
例　词	lait　　　　même　　　　Seine　　　　elle

元音[a]	同英语[ai]中的第一成分。字母 a, à 发[a]。
例　词	là　　　　mal　　　　salle　　　　malade

辅音[m]	同英语[m]。字母 m 发[m]。
辅音[n]	同英语[n]。字母 n 发[n]。
辅音[l]	近似英语[l]，但舌尖抵上齿龈。字母 l 发[l]。
辅音[d]	近似英语[d]，但舌尖抵上齿。字母 d 发[d]。
辅音[k]	同英语[k]，但在元音前不送气，在元音后则送气。字母 c 在一般情况下发[k]，k、qu 发[k]。

— 1 —

辅音[s]　　近似英语[s],但舌尖抵下齿。字母 c 在 e,i,y 前发
　　　　　　[s], s、ç 发[s]。

NOTES

1. 音节:单词音节以元音为主体,一个元音构成一个音节,如 la 有一
   个音节,midi 有两个音节。

2. e 在词末一般不发音,故不构成音节;但有时可使前面的辅音带[ə]
   音色,如 même。

3. 词末辅音字母一般不发音,如 lit; c、l、f、r 除外,如 sel。

4. 两个相同的辅音字母在一起,一般读一个音,如 elle。

5. 音节划分:1) 两个元音之间的单辅音划入下一个音节,如 ma-la-die。
   2)相连的两个辅音(辅音群除外)分别划入前后音节,如 dic-tait。

6. 开音节:以元音结尾的音节,如 là, lait。

7. 闭音节:以辅音结尾的音节,如 salle。

8. 重音:一般落在单词或词组的最后一个音节上,但重读音节与非重
   读音节区别不十分明显。

9. e、a、u 上的"`"为开音符(accent grave);e、a、i、o、u 上的"^"为长音符
   (accent circonflexe);字母大写时可以省略这些符号。

10. ï 上的"¨"为分音符(tréma),表示与前面的元音分开读,如 Zaïre。i
    上如有分音符或长音符,应取消原有的一点,如 ï、î。

11. c 下的","为变音符(cédille),使 c 发[s],如 ça。

12. 在法语中,因发音部位前后不同而有[a]、[ɑ]之分;[ɑ]的发音同英
    语[ɑ:],但不读长音。字母 â、-as 等发[ɑ],如 âme, pas;但在现代法
    语里,两者已无明显区别。

😃 EXERCICE DE PHONETIQUE

1) mie　　　　ma　　　　mais　　　　messe　　　　aime

2) nid	nana	naît	naine	canne
3) lie	la	laid *ugly*	laine	il *he*
4) dis	dada	dais	cadet	aide
5) qui *who*	caca	caisse	quel	kaki
6) si	ça	celle	sec *dry*	Seine

🎧 TEXTES

> Qui est-ce ?   — C'est Philippe.
>
> C'est Fanny?   — Non, c'est Alice.

I

Qui est-ce?   — C'est Philippe.

Il est l'ami de Fanny. *le ami*

Qui est-ce?   — C'est Fanny.

Elle est l'amie de Philippe.

la amie

II

C'est Fanny?   — Non, c'est Alice.

C'est Philippe?   — Non, c'est Yves.

🎧 VOCABULAIRE

Qui est-ce? *Who is he / she?*

C'est . . . *this / that / it is . . .*

il *he*

est *is*

ami *boy friend*

de *of*

elle *she*

amie *girl friend*

non *no*

NOTES

1. 省音:少数以元音字母结尾的单音节词,如果后面遇上以元音开始的词,常省去词末元音字母,这种现象叫做省音;省去的元音字母用放在字母右角上的省文撇(')(apostrophe)代替,如:c'est = ce + est。

2. 连音:相邻的两个词之间如果没有停顿,前一词的词末辅音和后一词的词首元音读成一个音节,这种现象称为连音,如:il est, elle est。

3. 连字号:用于连接单词的符号,如 est-ce。

INTONATION (1)

Ⅰ. 带有疑问词的疑问句,声调最高点在疑问词上,语调逐渐下降,句末略有提高。

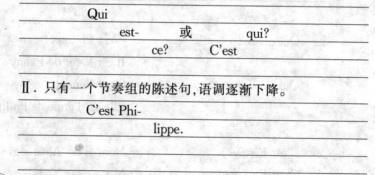

```
          Qui
    est-         或           qui?
          ce?          C'est
```

Ⅱ. 只有一个节奏组的陈述句,语调逐渐下降。

```
          C'est Phi-
                  lippe.
```

 **PARLEZ FRANÇAIS**

— Ça va?   — *All right?*

— Oui, ça va.   — *Yes, all right.*

EXERCICES ORAUX

Ⅰ.朗读下列单词:

âme – âne   sel – Seine   sac – caque

masse – nasse	laine – naine	quelle – quelque
sème – mène	selle – saine	dame – madame
mine – Nîme	mil – lime	malade – maladie
manie – Lamy	malice – lanice	salade – escalade

Ⅱ. 朗读下列句子并注意语调：

Qui est-ce? Philippe?　　　　　— Non, c'est Yves.

　　　　　　　　　　　　　　　Il est l'ami de Nathalie.

Qui est-ce? Alice?　　　　　　— Non, c'est Nathalie.

　　　　　　　　　　　　　　　Elle est l'amie de Philippe.

EXERCICES ECRITS

Ⅰ. 书写：

Aa Cc Dd Ee Ii Kk

Ll Mm Nn Ss Yy Qq

qu è ê ai ei et à

Qui est-ce? C'est Fanny.

Ⅱ. 抄写课文。

Leçon **2**

❀❀❀❀❀❀❀❀❀❀❀❀❀❀❀❀❀❀❀❀❀❀❀❀❀❀❀❀❀❀❀❀

🙂 **PHONETIQUE**

元音[y]	舌尖抵下齿,双唇突出呈圆形,开口度极小,读音近似中文"玉"。字母 u, û 发[y]。
例　词	tu　　　salut　　　statue　　　usine

元音[e]	近似英语[e],但开口度较小,字母 é,词尾-er, -ez 发[e], es 在少数单音节词中发[e]。
例　词	café　　　fumer　　　lisez　　　ces

元音[œ̃]	舌尖抵下齿,双唇突出略呈圆形,开口度近似[ə],气流同时从口、鼻腔外出。字母 un, um 发[œ̃]。
例　词	un　　　lundi　　　chacun　　　quelqu'un

辅音 [f]	同英语[f]。字母 f, ph 发[f]。
辅音 [v]	同英语[v]。字母 v, w 发[v]。
辅音 [ʃ]	近似英语[ʃ]。字母 ch 发[ʃ]。
辅音 [ʒ]	同英语[ʒ]。字母 j 发[ʒ],g 在 e, i, y 前发[ʒ]。

辅音[t]	近似英语[t]，但舌尖抵上齿，在元音前不送气，在元音后则送气。字母 t 发[t]。
辅音[z]	近似英语[z]，但舌尖抵下齿。字母 z 发[z]，s 在两个元音字母之间发[z]。

NOTES

1. e 上的"′"为闭音符(accent aigu)。
2. un, um 后如有元音字母或 n, m，就失去鼻腔音，而按一般规则发音，如：lune, lumière。
3. [œ̃]在词末闭音节中读长音，如：humble [œ̃:bl]。
4. [v], [z], [ʒ]在词末时，其前面的元音要读长音，如：cave [ka:v], valise [vali:z], neige [nɛ:ʒ]。
5. h 不发音，如 thé。

EXERCICE DE PHONETIQUE

1) fût	fusée	fumer	chef	physique
2) vue	vive	videz	veine	vital
3) chute	fiche	chiner	chaise	chimique
4) jus	gîte	jugez	geste	gymnase
5) tulle	thé	têter	tel	tumulte
6) zèle	seize	quasi	musique	assise

TEXTES

Qu'est-ce que c'est ?　　— C'est une image.

Qu'est-ce que c'est ?　　— Ce sont des images.

— 7 —

I

Qu'est-ce que c'est?   Qu'est-ce que c'est?

— C'est une chaise.   — Ce sont des chaises.

         une valise.   des valises.

         une image.   des images.

         une cassette.   des cassettes.

II

Qu'est-ce que c'est?   Qu'est-ce que c'est?

— C'est un musée.   — Ce sont des musées.

         un lycée.   des lycées.

         un cinéma.   des cinémas.

         un gymnase.   des gymnases.

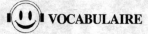 **VOCABULAIRE**

une	*a*		des	(冠词)一些
chaise	*chair*		un	*a*
valise	*traveling case*		musée	*museum*
image	*picture*		lycée	(法国)公立中学
cassette	*cassette*		cinéma	*cinema*
ce sont	*these/those are*		gymnase	*gymnasium*

NOTES

1. 联诵:在同一节奏组中,前一个词的词末不发音的辅音字母,如后接一个以元音开始的词时,有时要发音,并和这个元音合成一个音节,这种观象称作联诵。如:C'est une chaise. s 在联诵时发[z],如:Ce sont des images.

2. 节奏组:句子按意义和语法结构划分节奏组,或称节拍段落。节奏组一般以实词为主体,每个节奏组中只有最后一个音节读重音,称节奏重音,其它单词的重音均消失,如:C'est une i'mage.

3. 名词有阴性和阳性之分,所以,它前面的不定冠词也有性的区别。un 为阳性不定冠词, une 为阴性不定冠词。

INTONATION (2)

I. 有两个节奏组的陈述句,语调先上升后下降。

```
                sont          caisses
        Ce          des             et  des  va-
                                                lises.
```

II. 有两个以上节奏组的陈述句,只在句末语调才下降。

```
        sont        chaises,      caisses
Ce          des           des           et des va-
                                                lises.
```

☺ PARLEZ FRANÇAIS

1. — Asseyez-vous, s'il vous plaît.   — *Sit down, please.*
   — Merci, monsieur.   — *Thank you, sir.*
2. — Du café ou du thé?   — *Coffee or tea?*
   — Du café, s'il vous plaît.   — *Coffee, please.*

plaire v. 使欢和

EXERCICES ORAUX

I. 朗读下列单词:

fée – vé	chez – génie	tes – des
né – les	mes – nez	ces – zée

fumer	– vu	chute	– juste	têtu	– du
nul	– lune	lutter	– nudité	sucez	– musée
humide	– hébétude	défunt	– funeste	lundi	– lunette
chef	– sève	casse	– case	sache	– sage
avec	canif	sachez	vide		fil
cité	allez	visage	quitter		visite
Asie	phase	disque	neige		tisane
été	céder	gilet	gêne		cuvette
chic	chaque	chacun	chacune		machine
utile	mulet	sucette	minute		quelqu'un

Ⅱ. 朗读下列句子并注意语调:

Qu'est-ce que c'est?　　　　Qu'est-ce que c'est?
— C'est une malle.　　　　　— Ce sont des malles.
　　　　une salle.　　　　　　　　　des salles.
　　　　une machine.　　　　　　　des machines.
　　　　une usine.　　　　　　　　des usines.

Qu'est-ce que c'est?　　　　Qu'est-ce que c'est?
— C'est un lit.　　　　　　　— Ce sont des lits.
　　　　un nid.　　　　　　　　　des nids.
　　　　un filet.　　　　　　　　des filets.
　　　　un gilet.　　　　　　　　des gilets.

EXERCICES ECRITS

Ⅰ. 书写:

Qu'est-ce que c'est ? C'est une chaise. Ce sont des valises.

Ⅱ. 抄写课文。

Leçon **3**

PHONETIQUE

元音[o]	近似英语[ɔ:], 但开口度较小, 且不延长读音。字母 ô, au, eau 发[o], o 在词末开音节及[z]前发[o]。
例　词	auto　　　bateau　　　hôtel　　　chose

元音[ɔ]	同英语[ɔ]。字母 o 一般发[ɔ]。
例　词	moto　　　photo　　　monnaie　　tomate

元音[ɔ̃]	口形同[o], 但气流同时从口、鼻腔外出。字母 on, om 发[ɔ̃]。
例　词	non　　　bonbon　　　maison　　　tombe

辅音[p]	同英语[p], 但在元音前不送气, 在元音后则送气。字母 p 发[p]。
辅音[b]	同英语[b]。字母 b 发[b]。
辅音[g]	同英语[g]。字母 g 在辅音字母及 a, o, u 前, gu 在 e, i 前均发[g]。

辅音[ɲ]	舌尖抵下齿龈,舌面抬起接触硬腭中部,形成阻塞,气流从鼻腔外出。字母 gn 发[ɲ]。
辅音[r]	舌尖抵下齿,舌后部抬起,与软腭、小舌靠近,气流通过该空隙时发生摩擦,使小舌颤动。字母 r 发[r]。

NOTES

1. on, om 后如有元音字母或 n, m,就失去鼻腔音,而按一般规则发音,如:sonate, bonne。
2. [o], [ɔ]在词末闭音节中读长音,如:chose [ʃoːz], tombe [tɔ̃ːb]。
3. [r]在词末时,其前面的元音要读长音,如:air [ɛːr]。

EXERCICE DE PHONETIQUE

1) pot	poteau	pomme	pont	pompe
2) beau	bonnet	bonne	bon	bombe
3) gâteau	bague	gomme	guet	guide
4) agneau	signe	ignore	signer	ligne
5) rat	rit	rue	rose	ronde
6) art	lire	mur	or	arrondir

TEXTES

Est-ce que c'est ta moto?

— Non, ce n'est pas ma moto , c'est sa moto .

Est-ce que ce sont tes stylos?

— Non, ce ne sont pas mes stylos, ce sont ses stylos.

I

Est-ce que c'est ta moto?

— Non, ce n'est pas ma moto, c'est sa moto.

Est-ce que c'est ta photo?

— Non, ce n'est pas ma photo, c'est sa photo.

Est-ce que c'est ton vélo?

— Non, ce n'est pas mon vélo, c'est son vélo.

Est-ce que c'est ton bureau?

— Non, ce n'est pas mon bureau, c'est son bureau.

II

Est-ce que ce sont tes stylos?

— Non, ce ne sont pas mes stylos, ce sont ses stylos.

Est-ce que ce sont tes chapeaux?

— Non, ce ne sont pas mes chapeaux, ce sont ses chapeaux.

Est-ce que ce sont des vélos?

— Non, ce ne sont pas des vélos, ce sont des motos.

Est-ce que ce sont des photos?

— Non, ce ne sont pas des photos, ce sont des tableaux.

VOCABULAIRE

est-ce que...?	是不是…?	photo	*photo*
ta	*your*	ton	*your*
moto	*motorbike*	vélo	*m. bicycle*
ne...pas	*not*	mon	*my*
ma	*my*	son	*his, her, its*
sa	*his, her, its*	bureau	*desk, office*

— 14 —

tes	*your*		ses	*his, her, its*
stylo	*pen*		chapeau	*hat*
mes	*my*		tableau	*picture, board*

NOTES

联诵(1):1) 冠词和它后面的名词须联诵,如:un ami, des autos。

　　　　 2) 以嘘音 h 开始的名词不与冠词联诵,如:des/héros。

　　　　　 若一名词以哑音 h 开始,则与冠词联诵,如:des hôtels。

INTONATION (3)

Ⅰ. 否定句声调的最高点一般放在 pas 上,然后语调逐渐下降。

```
                    pas
   Ce n'est      mon bu-
                         reau.
```

```
                    pas
   Ce ne sont      des vé-
                         los.
```

Ⅱ. Est-ce que 引导一般疑问句,可以有两种语调:

(1) 声调最高点放在疑问短语上,然后语调逐渐下降,句末稍有上升。

```
        Est-ce
               que            peau?
```

c'est ton cha-

(2) 语调逐渐上升。

que   tos?
Est-ce   ce sont des pho-

 PARLEZ FRANÇAIS

1. — Bonjour, monsieur.   — *Good morning/afternoon, sir.*

   — Bonjour, madame.   — *Good morning/afternoon, madam.*

2. — Bonsoir!   — *Good evening!*

   — Bonsoir!   — *Good evening!*

3. — Bonne nuit!   — *Good night!*

   — Bonne nuit!   — *Good night!*

EXERCICES ORAUX

Ⅰ.朗读下列单词:

peau – beau	peine – belle	pôle – bol
pompe – bombe	palais – balai	carpe – barbe
quitte – guide	cure – gutte	car – gare
coque – gogue	quête – guette	comte – gonde
lire – rire	lune – rune	nul – mur
losse – roche	lors – rôle	laine – reine
faire vers	père phare	carte donner
paquet salaire	domino métallo	pause rose

gorge	horloge	marteau	azur	culture	guitare
hôpital	horizon	homme	pompage	wagon	salon
légume	aucun	parfum	baigner	châtaigne	magnifique

Ⅱ. 朗读下列句子并注意语调：

Est-ce que c'est ton nom?

— Non, ce n'est pas mon nom, c'est son nom.

Est-ce que c'est ta maison?

— Non, ce n'est pas ma maison, c'est sa maison.

Est-ce que ce sont tes photos?

— Non, ce ne sont pas mes photos, ce sont ses photos.

EXERCICES ECRITS

Ⅰ. 书写：

au eau on om gn O o P p

B b J j R r Est-ce que c'est

ton bureau ? Non, ce n'est pas

mon bureau, c'est son bureau.

Ⅱ. 抄写课文。

Leçon **4**

PHONETIQUE

元音[u]	同英语[u:]但不延长读音。字母 ou, où, oû 发[u]。		
例　词	où	nous	jour	soupe

元音[ɑ̃]	发音部位同[ɑ], 但气流同时从口、鼻腔外出。字母 an, am, en, em 发[ɑ̃]。		
例　词	enfant	manteau	lampe	ensemble

元音[ɛ̃]	发音部位同[ɛ], 但气流同时从口、鼻腔外出。字母 in, im, ein, ain, aim, yn, ym 发[ɛ̃]。		
例　词	pain	faim	magasin	syndicat

辅音群[pl][bl][kl][gl]发音时将两个不同的辅音音素连起来读。以上辅音群分别由字母 pl, bl, cl, gl 表示。

NOTES

1. in, im, ein, ain, aim 后如有元音字母或 m, n, 就失去鼻腔音, 而按一般规则发音, 如: final, immobile, pleine, certaine, aimer。同样, an,

am, en, em 后如有元音字母或 m, n, 也按一般规则发音, 如 année, amical, antenne, allemand。但 en, em 如在词首, 有时仍保持鼻腔音, 如：ennui, emmêler。

2. [ɛ̃], [ɑ̃] 在词末闭音节中读长音, 如：simple [sɛ̃ːpl], ensemble [ɑ̃sɑ̃ːbl]。

3. x 的读音如下：
    1) 一般情况下, x 发 [ks], 如: fixe, texte, excuse, xylophone。
    2) ex- 在词首, 如后有元音, x 发 [gz], 如：exercice。
    3) 遇 [s] 时, x 发 [k], 如：excès。

4. cc, sc 的读音如下：
    1) cc 在一般情况下发 [k], 如: occuper; 但在 e, i, y 前发 [ks], 如: accent。
    2) sc 在一般情况下发 [sk], 如: scolaire, esclave; 但在 e, i, y 前发 [s], 如: scène。

☺ EXERCICE DE PHONETIQUE

1) plan	plein	plomb	plouf	couple
2) blanche	blindé	blond	blouse	humble
3) clan	déclin	raclon	clou	oncle
4) glande	déglinguer	aiglon	glouglou	angle
5) luxe	taxi	expert	exemple	complexe
6) accès	accuser	escale	scie	descente

☺ TEXTES

Où allez-vous? — Je vais au magasin.

Avez-vous un journal? — Oui, j'ai un journal.

Où est le journal? — Il est dans mon sac.

— 19 —

I

Où allez-vous? — Je vais au magasin.

Où allons-nous? — Nous allons au jardin.

Où vont-ils? — Ils vont au cinéma.

Où vont-elles? — Elles vont à la gare.

II

Avez-vous un journal? — Oui, j'ai un journal.

Où est le journal? — Il est dans mon sac.

Avez-vous un manteau? — Oui, j'ai un manteau.

Où est le manteau? — Il est dans le salon.

 **VOCABULAIRE**

où *where*

aller *to go*

vous *you*

je *I*

au = à + le

magasin *shop*

nous *we*

jardin *garden*

ils *they*

elles *they*

à *to*

gare *railway station*

avez-vous *have you*

journal *newspaper*

oui *yes*

j'ai *I have*

le *the*

dans *in*

sac *bag*

manteau *overcoat*

salon *drawing room*

CONJUGAISON

aller	
je vais	nous allons
tu vas	vous allez
il/elle va	ils/elles vont

NOTES

联诵(2)：1) 人称代词和它后面的动词须联诵。如：Nous allons au
jardin.

2) 在疑问句中,如主谓语倒置,人称代词不与后面的词联
诵,如：Allons-nous / au jardin?　Sont-ils / Anglais?

INTONATION (4)

Ⅰ. 用主谓语倒置形式的疑问句,声调最高点一般放在主语
上,然后语调逐渐下降,到句末一个音节略上升。

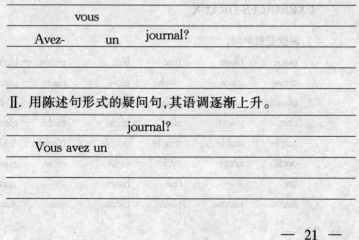

Ⅱ. 用陈述句形式的疑问句,其语调逐渐上升。

— 21 —

Ⅲ. 命令句的声调最高点在第一个词上,然后语调逐渐下降。

En-

      trez

               s'il vous plaît.

 PARLEZ FRANÇAIS

1. — Entrez, s'il vous plaît.   — *Come in, please.*

   — Je vous présente Madame   — *I introduce madam Lamy*

      Lamy.   *to you.*

   — Enchanté, madame.   — *Glad to see you, madam.*

2. — Comment allez-vous?   — *How are you?*

   — Très bien, merci. Et vous?— *Very well, thank you,*

                               and you?

   — Moi aussi, merci.   — *Very well, thanks.*

EXERCICES ORAUX

Ⅰ. 朗读下列单词:

place	— blase	ploc	— bloc	plaire	— blair
classe	— glace	cloche	— glose	claire	— glaire
planche	— blanche	plombe	— blonde	public	— biblique
clan	— gland	clin	— gline	cliché	— glisser
ample	— amble	couple	— double	Naples	— table
oncle	— ongle	cycle	— sigle	racle	— règle
un	— une	bon	— bonne	an	— année
aucun	— aucune	plein	— pleine	sain	— saine

bambou	lampe	dimanche	campagne	panda
bonjour	lente	orange	quinze	bain
cinquante	sensible	possible	article	blouson
symphonie	simple	sein	symbole	chacun
succès	monter	bâton	vigne	textile
scolaire	excuser	accident	sceau	exigence

Ⅱ. 朗读下列句子并注意语调：

Où allez-vous?	— Je vais au marché.
Où allons-nous?	— Nous allons au café.
Où vont-ils?	— Ils vont à la cantine.
Où vont-elles?	— Elles vont à l'aéroport.
Avez-vous un stylo?	— Oui, j'ai un stylo.
Où est le stylo?	— Il est sur le bureau.
Avez-vous un vélo?	— Oui, j'ai un vélo.
Où est le vélo?	— Il est dans mon bureau.

EXERCICES ECRITS

Ⅰ. 书写：

où an am en em in im ein

ain aim yn ym pl bl

cl gl Où allez-vous ?

Je vais au magasin.

Ⅱ. 抄写课文。

Leçon **5**

❀❀❀❀❀❀❀❀❀❀❀❀❀❀❀❀❀❀❀❀❀❀❀❀❀❀❀❀❀❀❀❀❀

☺ **PHONETIQUE**

元音[ə]	近似英语[ə],但双唇突出略呈圆形。字母 e 在单音节词及词首开音节发[ə]。
例 词	je menu demain semaine

元音[œ]	发音同[ə],但肌肉更紧张,双唇突出呈圆形,开口度较大。字母 eu, œu 发[œ]。
例 词	neuf facteur bœuf sœur

元音[ø]	舌位和开口度同[e],但双唇用力突出呈圆形。字母 eu, œu 在词末开音节或[z]前发[ø]。
例 词	peu deux vœu heureuse

辅音群[pr] [br] [kr] [gr]分别由字母 pr, br, cr, gr 表示。

NOTES

1. [ø]在词末闭音节中读长音,如: heureuse [œrøːz]。

2. e有发音和不发音两种情况：

　　1) e须发音：

　　　　a. 在单音节中和词首开音节内要发音。

　　　　b. 在"辅音＋辅音＋e＋辅音＋元音"的结构中要发音，如：

　　　　　　appartement。

　　2) e不发音：

　　　　a. 在词末，如：lampe。

　　　　b. 在元音字母前、后均不发音，如：Jean, soierie。

　　　　c. 在"元音＋辅音＋e＋辅音＋元音"的结构中不发音，如：

　　　　　　samedi。

☺ EXERCICE DE PHONETIQUE

1) pratique	prenez	prime	prôner	propre
prune	prénom	près	prince	prend
2) bras	brebis	brique	brosse	chambre
brûler	bref	brun	brin	bronze
3) crabe	crever	cri	crochet	encre
cru	créer	crème	crainte	croûte
4) gras	grenade	gris	gros	aigre
grue	gré	grec	grain	grand
5) beurre	cœur	fleuve	couleur	primeur
neuve	peur	liqueur	seul	chanteur
6) bleu	ceux	feu	jeu	fameux
nœud	peut	queue	tisseuse	chanteuse

☺ TEXTES

Qu'est-ce qu'il fait? — Il est chauffeur.

Sont-ils ingénieurs? — Oui, ils sont ingénieurs.

Quelle heure est-il? — Il est neuf heures.

I

Qui est-ce?	— C'est mon frère.
Qu'est-ce qu'il fait?	— Il est chauffeur. 职业前不加冠词
	facteur.
	chanteur.
	danseur.
Qui est-ce?	— C'est ma sœur.
Qu'est-ce qu'elle fait?	— Elle est chauffeur.
	facteur.
	chanteuse.
	danseuse.
Es-tu médecin?	— Oui, je suis médecin.
Etes-vous avocats?	— Oui, nous sommes avocats.
Sont-ils ingénieurs?	— Oui, ils sont ingénieurs.
Sont-elles professeurs?	— Oui, elles sont professeurs.

II

Quelle heure est-il?	Quelle heure est-il?
— Il est une heure.	— Il est deux heures dix.
quatre heures.	trois heures et quart. moins le quart
— Il est neuf heures.	— Il est cinq heures et demie.
midi.	huit heures moins
minuit.	cinq.
	dix heures moins le
	quart.

— 27 —

VOCABULAIRE

frère	*brother*	ingénieur	*engineer*
fait	*does*	professeur	*teacher, professor*
chauffeur	*chauffeur*	quelle	*what*
facteur	*postman*	heure	*hour, time*
chanteur	*singer*	midi	*noon, twelve o'clock*
danseur	*dancer*	minuit	*midnight*
sœur	*sister*	et	*and*
être	*to be*	quart	*quarter*
médecin	*doctor*	demie	*half*
avocat	*lawyer*	moins	差

COMPTONS

1	2	3	4	5
un, une	deux	trois	quatre	cinq
6	**7**	**8**	**9**	**10**
six	sept	huit	neuf	dix

CONJUGAISON

être	
je suis	nous sommes
tu es	vous êtes
il / elle est	ils / elles sont

NOTES

联诵(3)：1) 谓语放在主语前，两者须联诵，如：Est-il professeur?

2) 数词和它后面的名词须联诵, 如: deux heures。

注意: x 在联诵时发 [z]。

f 在联诵时, 一般发 [f], 只在以下两例中发 [v]:

neuf heures, neuf ans。

3) onze, huit 不与前面的词联诵, 如 dans / huit jours, le / onze décembre。

但: dix-huit, vingt-huit 要联诵。

 PARLEZ FRANÇAIS

1. A tout à l'heure.   *See you later.*
2. A bientôt.   *See you soon.*
3. A demain.   *See you tomorrow.*
4. Au revoir.   *Good-by.*

EXERCICES ORAUX

Ⅰ. 朗读下列单词:

des	— deux	ces	— ceux	blé	— bleu
fée	— feu	nez	— nœud	pré	— preux
génie	— jeu	képi	— queue	vélo	— vœu
heure	— eux	sœur	— ceux	cœur	— queue
neuf	— nœud	peur	— peu	fleur	— feu
veuf	— vœu	beurre	— bleu	jeune	— jeu
air	— heure	caire	— cœur	père	— peur
saine	— sœur	belle	— beurre	fer	— fleur
nette	— neuf	vers	— veuve	gerbe	— jeune

不发音的 e:

gaieté	tuerie	Jeanne	lentement
avenir	samedi	médecin	maintenant

— 29 —

发音的 e:

de	neveu	demain	vendredi
le	menu	semaine	doublement

Ⅱ. 朗读下列句子并注意语调：

Qui est-ce?	— C'est mon père.
Qu'est-ce qu'il fait?	— Il est professeur.
Qui est-ce?	— C'est ma mère.
Qu'est-ce qu'elle fait?	— Elle est tisseuse.
Etes-vous professeur?	— Non, je ne suis pas professeur, je suis médecin.
Quelle heure est-il?	— Il est cinq heures et quart.
Quelle heure est-il?	— Il est six heures et demie.

EXERCICES ECRITS

Ⅰ. 书写：

eu œu pr br cr gr

Qu'est-ce qu'il fait ?

Il est chauffeur.

Ⅱ. 抄写课文

Leçon **6**

௸௸௸௸௸௸௸௸௸௸௸௸௸௸௸௸௸௸௸௸௸௸௸௸௸

😃 PHONETIQUE

半元音[j]	同英语[j]，但肌肉紧张，有摩擦音。字母 i, y 在元音前发[j]。
例 词	bière cahier piano viande

半元音[ɥ]	发音部位同[y]，但肌肉更紧张，气流通道更窄，产生摩擦音。字母 u 在元音前发[ɥ]。
例 词	nuit nuage pluie manuel

半元音[w]	同英语[w]，但肌肉紧张，有摩擦音。字母 ou 在元音前发[w]。
例 词	oui ouate louer jouet

辅音群[tr][dr][fr][vr]分别由字母 tr, dr, fr, vr 表示。

NOTES

1. il 在词末元音后读[j]，如：travail。ill 在元音后读[j]，如：paille, travailler; ill 在辅音后则读[ij]，如：fille。

— 31 —

2. y在两个元音字母之间可视作 i+i，如：crayon。

3. ien 在词末读[jɛ̃]，如：bien。

4. oin 读[wɛ̃]，如：loin, moindre。

5. oi 读[wa]，如：poisson。

6. tion 在词末读[sjɔ̃]，如：nation。stion 在词末则读[stjɔ̃]，如：question。

7. w 有时发[w]，如：whisky。

 EXERCICE DE PHONETIQUE

1) amitié	fière	siècle	lion	étudiant
2) lui	huile	buée	muet	sueur
3) ouaté	nouer	fouet	mouette	louange
4) ail	soleil	vieille	famille	billet
5) moi	voilà	coin	moins	victoire
6) lien	bien	chien	rien	ancien
7) station	attention	gestion	question	suggestion
8) trace	triple	trop	trois	fenêtre
9) drap	drille	drôle	droit	cadre
10) fracas	frite	frère	froid	chiffre
11) vrac	vrille	vrai	ouvrez	livre

TEXTES

Voici une lettre, voilà une carte postale.

La lettre est à toi, la carte postale est à moi.

Où travaillez-vous?

Je travaille dans une école.

I

Voici une lettre, voilà une carte postale.

La lettre est à toi, la carte postale est à moi.

Voici une revue, voilà un roman.

La revue est à toi, le roman est à moi.

Voici des manuels, voilà des dictionnaires.

Les manuels sont à vous, les dictionnaires sont à nous.

II

Où travaille Maillard?

— Il travaille dans une usine.

dans un hôtel.

Où travaillez-vous?

— Je travaille dans une école.

dans un magasin.

Où travaillez-vous?

— Nous travaillons dans une université.

dans une bibliothèque.

Aimez-vous votre travail?

— Oui, nous aimons notre travail.

VOCABULAIRE

voici	*here is / are, this is*	moi	*me, I*
lettre	*letter*	revue	*magazine*
voilà	*there is / are, that is*	roman	*novel*
carte postale	*postcard*	manuel	*textbook*
être à	*to belong to*	dictionnaire	*dictionary*
toi	*you*	les	*the*

vous *you*	bibliothèque *f. library, bookcase*
nous *us, we*	aimez-vous *do you love / like*
travailler *to work*	votre *your*
une usine *factory*	travail *work*
un hôtel *hotel*	nous aimons *we love / like*
école *f. school*	notre *our*
université *f. university*	

COMPTONS

11	12	13	14	15
onze	douze	treize	quatorze	quinze

CONJUGAISON

travailler

je travaille	nous travaillons
tu travailles	vous travaillez
il / elle travaille	ils / elles travaillent

NOTES

联诵(4):1) 介词和它后面的词可以联诵,如: Il travaille dans une usine.

2) est, sont 一般要与后面的词联诵,如: La lettre est à moi.

Ils sont ouvriers.

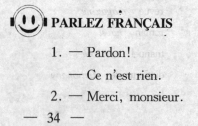 **PARLEZ FRANÇAIS**

1. — Pardon!　　　　　　— *Sorry!*

— Ce n'est rien.　　　　— *Never mind.*

2. — Merci, monsieur.　　— *Thank you, sir.*

— Je vous en prie, madame. — *You are welcome, madam.*

EXERCICES ORAUX

Ⅰ. 朗读下列单词：

bu	— buis	lu	— lui	pu	— puis
du	— duo	tu	— tuile	su	— sueur
bout	— bouillon	loup	— louer	fou	— fouet
mou	— mouiller	sous	— souhait	four	— jouir
lit	— lier	mie	— mieux	vie	— vieil
bille	— billet	pille	— pilleur	fille	— fillette
trois	— droit	treize	— dresse	trône	— drôle
quatre	— cadre	centre	— gendre	montre	— Londres
frais	— vrai	frille	— vrille	front	— vrombir
chiffre	— givre	couvre	— gouffre	souffre	— Louvre
veille	appareil	bouteille	rail	maillot	millet
payer	ouvrier	envoyer	voyage	moyen	citoyen
indien	loin	lointain	pointure	moindre	chinois
pourquoi	voiture	nation	national	gestion	gestionnaire
direction	bastion	révolution	whisky	watt-heure	wallon

Ⅱ. 朗读下列句子并注意语调：

Voici un stylo, voilà un crayon.

Le stylo est à toi, le crayon est à moi.

Voici des cahiers, voilà des livres.

Les cahiers sont à vous, les livres sont à nous.

Où travaille Maillard?

— Il travaille dans un cinéma.

Où travaillez-vous?

— Je travaille dans un hôpital.

Où travaillez-vous?

— Nous travaillons dans une banque.

EXERCICES ECRITS

I. 书写:

ien oin oi loin tion it

itt x La lettre est à toi.

ta carte postale est à moi.

II. 抄写课文。

Leçon **7**

😀 **TEXTES**

I.   Où allez-vous?

— Bonjour, Pierre.

— Bonjour, Marie. Comment ça va?

— Ça va bien, merci. Et toi?

— Moi aussi, merci. Tu as cours aujourd'hui?

— Oui, j'ai deux heures de français. Où vas-tu maintenant?

— Je vais à la salle de lecture.

— Moi, je vais en classe. A bientôt.

— A bientôt.

II.   Ma famille

Je vous présente ma famille:

Voilà mon père. Il s'appelle Olivier Delon. Il est Français.
Il a quarante-six ans. Il est professeur d'université.

Voilà ma mère. Elle s'appelle Yvonne Delon. Elle est

— 37 —

Française. Elle a quarante-deux ans. Elle est médecin.

Voilà ma sœur. Elle s'appelle Valérie. Elle est Française, elle aussi. Elle a vingt ans. Elle est secrétaire.

Moi, je m'appelle Pierre. J'ai dix-huit ans. Je suis étudiant, j'étudie le chinois à l'Institut des Langues Orientales.

VOCABULAIRE

Comment ça va?	*How are you?*	père	*father*
bien	*well*	il s'appelle	*his name is*
merci	*thanks*	Français	*Frenchman*
aussi	*too*	quarante	*forty*
avoir	*to have*	an	*year*
cours	*class*	mère	*mother*
aujourd'hui	*today*	secrétaire	*secretary*
français	*French*	étudiant	*student*
maintenant	*now*	j'étudie	*I study*
salle de lecture	*reading room*	chinois	*Chinese*
classe	*classroom*	institut	*institute*
A bientôt.	*See you soon.*	langue	*language*
famille	*family*	oriental	*oriental*
je présente	*I introduce*		

COMPTONS

16	17	18	19	20
seize	dix-sept	dix-huit	dix-neuf	vingt

CONJUGAISON

avoir	
j'ai	nous avons
tu as	vous avez
il / elle a	ils / elles ont

 PARLEZ FRANÇAIS

1. — Vous parlez anglais?   —*Do you speak English?*
   — Oui, je parle bien.   — *Yes, I speak well.*
2. — Vous parlez français?   — *Do you speak French?*
   — Oui, un peu.   — *Yes, a little.*

EXERCICE DE PHONETIQUE

gîte	haïr	servir	mystère	difficile
salut	humide	reçu	punaise	figure
où	goût	bouche	rouge	nouveau
tôt	pause	rose	vidéo	beaucoup
fort	boxe	somme	fromage	chocolat
montre	façon	pompe	répondeur	oncle
les	bébé	parlez	gagner	télécopieur
lait	belle	seize	filet	fenêtre
main	plein	prince	timbre	symbole
mari	là-bas	caméra	dactylo	bagage
gens	banque	membre	campagne	ensemble
brun	emprunt	aucun	commun	humble
feu	vœu	milieu	courageux	danseuse

feuille	peur	bœuf	ordinateur	heureuse
de	petit	venez	premier	librement
travail	réveil	famille	billet	vieille
mieux	fiancé	ouvrier	prière	cuisine
lueur	juin	oui	souhait	louange
moi	froid	chinois	envoyer	voyage
coin	moins	soin	lointain	pointure
bien	rien	chien	citoyen	moyen
nation	station	natation	position	attention
question	bastion	gestion	suggestion	direction
fixe	excuser	exercice	succès	magnétoscope
clair	glace	plâtre	blonde	vaincre
croire	groupe	trente	cathédrale	maigre
propre	bronze	fraîche	vraiment	livre

读音基本规则表

字　母	音素	说　　明	举　　例
a, à, â	[a]		chat, là
ai, aî	[ɛ]		chaise, maître
aim	[ɛ̃]	*	faim
ain		*	train
am, an	[ɑ̃]	*	lampe, danse
au	[o]		aube
	[ɔ]	在 r 前及少数词中	restaurant, mauvais

字　母	音素	说　　明	举　　例
c	[s]	在 e, i, y 前	ceci, cycle
	[k]	在a, o, u 及辅音字母前	car, coco, cube, clé
		在词末	sac
ç	[s]		français
cc	[k]	在a, o, u 及辅音字母前	occuper, accrocher
	[ks]	在 e, i, y 前	accent
ch	[ʃ]		château
e	[ɛ]	在闭音节中	sec, merci
		在相同两个辅音字母前	belle
		词末-et	filet
	[e]	词末-er, -ez	aimer, parlez
		单音节词词末-es	mes
	[ə]	在单音节词末	le
		在词首开音节	premier
		"辅音辅音 e 辅音元音"	mercredi
	不发音	在词末	tasse
		在元音字母前或后	Jean, soierie
		"元音辅音 e 辅音元音"	médecin

字 母	音素	说 明	举 例
é	[e]		blé
è, ê	[ɛ]		frère, même
eau	[o]		bateau
ei	[ɛ]		peine
ein	[ɛ̃]		plein
em, en	[ɑ̃]		ensemble
eu	[ø]	在词末开音节	bleu, mieux
		在[z]前	fameuse
	[œ]	除上述两种情况外	peuple
g	[ʒ]	在 e, i, y 前	gêne, givre, gymnase
	[g]	在a, o, u 及辅音字母前	gamin, gobelet, légume, gros
gn	[ɲ]		peigne
gu	[g]	在 e, i 前	guide, ligue
h	不发音		héro
i	[i]		vie
	[j]	在元音前	social
	[ij]	"辅音群＋i＋元音"	prier
î, ï	[i]		gîte, naïf

— 42 —

字　母	音素	说　　　明	举　　例
ien	[jɛ̃]	*	bien
il	[j]	在元音后并在词末	travail
ill	[j]	在元音后	veille, réveiller
	[ij]	在辅音后	fille, billet
im, in	[ɛ̃]	*	simple, quinze
o	[o]	在词末开音节中	stylo
		在[z]前	pose
	[ɔ]	除上述两种情况外	notre
ô	[o]		rôle
œu	[ø]	同 eu	vœu
	[œ]	同 eu	cœur
oi, oî	[wa]		loi, boîte
oin	[wɛ̃]	*	soin
om, on	[ɔ̃]	*	ombre, mon
ou	[u]		jour
	[w]	在元音前	jouir
ph	[f]		phare
q	[k]		coq
qu	[k]		quand

字　母	音素	说　　明	举　　例
s	[s]		sa
	[z]	在两个元音字母之间	base
sc	[s]	在 e, i, y 前	scène
	[sk]	在 a, o, u 及辅音字母前	scolaire
ti	[si]	在词末	démocratie
tion	[sjɔ̃]	在词末	nation
	[tjɔ̃]	t 前有 s	question
u	[y]		lune
	[ɥ]	在元音前	huile
um	[œ̃]	*	parfum
	[ɔm]		sanatorium
un	[œ̃]	*	lundi
uy	[ɥij]	在元音前	fuyant
w	[v]		wagon
	[w]		week-end
x	[ks]		texte, excuse
	[gz]	在词首 ex-中, 后随元音	exercice

字　　母	音素	说　　　明	举　　　例
	[s]	在少数词中	six, dix
	[z]	在少数词中	deuxième, sixième
y	[i]		style
	＝i＋i	在两个元音字母之间	voyage
ym, yn	[ɛ̃]	＊	sympathie, syndicat

＊鼻腔元音后不能有元音字母或 m, n,否则鼻腔音消失。

音　素　表

法语有 16 个元音音素,20 个辅音音素。

元音音素表

发音点　　　　　口腔张口度	前部非圆唇音		前部圆唇音		后部圆唇音	
	口腔音	鼻腔音	口腔音	鼻腔音	口腔音	鼻腔音
闭	i		y		u	
半闭	e		ø		o	ɔ̃
半开	ɛ	ɛ̃	œ, ə	œ̃	ɔ	
开	a				ɑ	ɑ̃

辅音音素表

		双唇音		唇齿音		舌前音		舌中音		舌后音		小舌音
发音方法	清浊音	清	浊	清	浊	清	浊	清	浊	清	浊	浊
口腔音	塞音	p	b			t	d			k	g	
	擦音			f	v	s ʃ	z ʒ					
	边音					l						
	颤音											r
	半元音		w ɥ						j			
鼻音			m				n		ɲ			

— 46 —

Leçon 8

Nous avons des manuels et des dictionnaires.

Le livre est l'ami de l'homme.

Vous parlez français?

Sont-ils étudiants?

Est-ce qu'elle a un manuel de français?

GRAMMAIRE

I. 主语人称代词 (le pronom personnel sujet)

1. 词形 *on*

je	(*I*)	nous	(*we*)
tu, vous	(*you*)	vous	(*you*)
il	(*he/it*)	ils	(*they*)
elle	(*she/it*)	elles	(*they*)

2. 用法

与英语人称代词主格相同, 在句中用作主语, 但

须注意:

1) 单数第二人称有 tu 和 vous 之分。Tu(你)用于家人、好友、同事、同学之间;vous(您)表示礼貌和尊敬。

2) 第三人称也可用来指物(它,它们)。

II. 冠词 (l'article)

与英语冠词相同,放在名词前,表示这个名词是确指的,还是泛指的。但是,法语冠词还表明名词的阴、阳性和单、复数。

1. 词形

	单　　数		复　　数
	阳　性	阴　性	(阴、阳性相同)
定 冠 词	le, l' (*the*)	la, l' (*the*)	les (*the*)
不定冠词	un (*a/an*)	une (*a/an*)	des

2. 用法

与英语冠词的基本用法相同。不定冠词用来指不确指的或初次提及的人或物的名词;定冠词则指谈话双方都明了的或曾经提及的人或事物、表示总体概念的名词或有其它词限定的名词。

Le stylo de Paul est dans la revue.

Le livre est l'ami de l'homme.

Voilà le train de Paris.

3. 几点说明

1) 不定冠词复数相当于英语的 *some/any*:

Avez-vous des frères? (*Have you any brothers?*)

J'ai des questions. (*I have some questions.*)

2) 表示物质种类的具体名词及表示一般概念的抽象名词前，一般均用定冠词：

Je n'aime pas le café. (*I don't like coffee.*)

Le français est une très belle langue. (*French is a very beautiful language.*)

3) 名词用作表语，表示身份、职业、国籍时，一般可省略冠词：parler français

Je suis étudiant. (*I am a student.*)

4) 当定冠词 le, les 前有介词 à 或 de 时，应结合在一起，成为缩合冠词：au (à + le), aux (= à + les), du (= de + le), des (= de + les)。例如：

Nous allons au magasin.

Voilà les manuels des étudiants.

Ⅲ. 名词 (le nom)

法语名词用在句中，前面一般总带有限定词，以区分阴、阳性和单、复数。

1. 性 (le genre)

1) 指人和动物的名词的性，一般按自然性别来定：

un étudiant / une étudiante

le frère / la sœur

少数表示行业的名词无阴性形式，但可指女性：

un professeur, un chauffeur

2) 指事物、行为等的名词具有固定的、语法上的性：

une valise, le jardin, mon bureau

2. 数 (le nombre)

与英语名词相同,有单数和复数两种形式。复数形式通常在单数词形后加 s,但该字母不发音,故在口语中两者无区别:

un stylo / des stylos, une chaise / des chaises

以-s, -x, -z 结尾的名词,单、复数词形相同:

un cours / des cours, une noix / des noix *un nez*

以-eau, -au, -eu 结尾的名词,复数加 x,但不发音:

un tableau / des tableaux

以-al 结尾的名词,复数时,改为-aux:

un journal / des journaux

3. 种类 (l'espèce)

与英语名词相同,分普通名词 (les noms communs)和专有名词 (les noms propres)两大类。月份、星期、语种不属于专有名词,故第一个字母不需大写,如:décembre (*December*), mercredi (*Wednesday*), le français (*French*)。

Ⅳ. 第一组动词的直陈式现在时变位

动词在句中一般起谓语作用,要按时态(现在、过去、将来)、语式(直陈、命令、虚拟、条件)及人称改变形式,这叫动词变位。法语动词按变位类型分为三组:第一组为规则动词,其原形动词以-er 结尾;第二组也为规则动词,其原形动词以-ir 结尾;第三组为不规则动词,其原形动词以-re, -oir, -ir 结尾。

直陈式现在时表示说话时正在发生的事情或存在的现象,相当于英语的现在进行时和一般现在时。第一组动词的直陈式现在时变位方法是：去掉-er，加上词尾-e, -es, -e, -ons, -ez, -ent。例如：

parler	
je parle	nous parlons
tu parles	vous parlez
il parle	ils parlent

发音完全相同

V. 疑问句 (l'interrogation) (1)

不带疑问词的疑问句，当主语为人称代词时，与英语一般疑问句相似。

1. 陈述句句型，用句末语调上升来表示：

    Vous parlez anglais?

2. 主、谓语倒置，主语和谓语之间加连字号"-"：

    Etes-vous médecins?

    如果动词第三人称单数的词形不是以 t 或 d 结尾，由于读音关系，须加 t：

    A-t-il un manuel de français? *Il a un manuel.*

    Travaille-t-elle au magasin? *Elle travaille au magasin.*

3. 疑问短语 est-ce que 放在陈述句句首：

    Est-ce qu'elle a un manuel de français?

EXERCICES DE GRAMMAIRE

I. 用主语人称代词填空：

nous allons	_tu_ travailles	_il_ est
_j'_ ai	_je_ parle	_ils_ ont
ils sont	_ils_ vont	_vous_ parlez

— 51 —

Ⅱ. 用主语人称代词填空:

1. Ma mère travaille dans un hôpital, ... est médecin.

2. — Etes-... Français, Monsieur?

   — Non, ... ne suis pas Français.

3. — Est-ce que Marie et Anne travaillent à l'usine?

   — Oui, ... travaillent à l'usine.

4. — Vas-... en classe maintenant?

   — Oui, ... vais en classe.

5. — Est-ce que ... parlez anglais?

   — Oui, ... parlons bien anglais.

6. — Avez-... un stylo?

   — Oui, ... est dans mon sac.

Ⅲ. 将括号中的动词用直陈式现在时变位:

1. — (Aimer)-vous le français?

   — Oui, j'(aimer) le français.

2. Ils (aller) à la bibliothèque, mais nous (aller) à la salle de lecture.

3. — (Travailler)-elle au magasin?

   — Oui, elle (travailler) au magasin.

4. Paul et Pierre (être) étudiants, ils (travailler) dans la salle de lecture.

5. — (Etre)-vous la sœur de Georges?

   — Non, je (être) la sœur de Pierre.

6. Nous (étudier) le français, et ils (étudier) l'anglais.

7. Bonjour, comment ça (aller)? tu (aller) en classe?

8. — Est-ce que Marie (avoir) des frères?

   — Oui, elle (avoir) aussi une sœur.

Ⅳ. 用冠词填空或取消虚点:

1. Mon père est ... professeur, il travaille à. ... Université Fudan.

2. Jeanne va à ... magasin avec sa mère.

3. C'est ... usine, ce n'est pas ... école.

4. ... auto de M. Thomas n'est pas dans ... jardin.

5. Voici ... manuels, ce sont ... manuels de ... étudiants.

6. M. Marcel est ... Français, il est notre professeur.

7. ... français est ... langue diplomatique.

8. ... monsieur entre dans ... classe, oh, c'est ... père de Sophie.

V. 用 est-ce que 或主谓倒置的形式提问：

1. Nous sommes dans la Classe B.

2. Ils parlent français.

3. Elle travaille à la bibliothèque.

4. Vous êtes notre professeur.

5. Tu aimes l'anglais.

6. Elles sont étudiantes.

TEXTE I — DEUX ETUDIANTS

— Bonjour, Madame.

— Bonjour, Mademoiselle, bonjour, Monsieur. Etes-vous

étudiants?

— Oui, nous sommes étudiants, mais je suis aussi dactylo, et je travaille dans une banque.

— Votre nom, s'il vous plaît?

— Juliette.

— Vous parlez anglais[1]?

— Oui, je parle un peu anglais.

— Et vous, Monsieur, vous travaillez aussi?

— Oui, je travaille dans un bureau de poste.

— Et votre nom?

— Pierre.

— Est-ce que vous parlez aussi anglais?

— Oui, mais je ne parle pas bien[2] anglais. Juliette et moi, nous savons parler français.

Très bien, Pierre et Juliette sont étudiants dans ma classe! Ils savent parler français, et ils parlent un peu anglais!

VOCABULAIRE

madame *n. f.*   *madam, Mrs*

mademoiselle *n. f.*   *Miss*

monsieur [məsjø] *n. m.*   *Mr*

mais *adv.*   *but*

la dactylo   *typist*

la banque   *bank*

le nom   *name*

s'il vous plaît *loc.*   *please*

parler *v. t. ; v. i.*   *to speak;*

    to talk

l'anglais *m.*   *English*

    Anglais *n. pr.*   *Englishman*

un peu *loc. adv.*   *a little, a few*

la poste   *post, post office*

    le bureau de poste   *post office*

savoir *v. t.*   *to know, can*

très *adv.*   *very*

— 54 —

☺ TEXTE II — ON[3] PARLE LES LANGUES ETRAN-GERES ICI

Un étranger arrive devant un hôtel de province en France. Sur la porte de l'hôtel, il lit: «On parle les langues étrangères ici».

Il parle au propriétaire en anglais, en allemand, en espagnol, en italien, en russe... Mais pas de réponse[4]. Il demande alors en français:

— Qui parle ici les langues étrangères?

— Ce sont les voyageurs, répond le propriétaire.

☺ VOCABULAIRE

on *pron. indéf.* one, poeple
étranger -ère *a.* foreign
ici *adv.* here
l'étranger -ère *n.* foreigner
arriver *v.i.* to arrive
devant *prép.* in front of
la province provinces
en *prép.* in
la France France
sur *prép.* on
la porte door

lire *v.t.* to read
propriétaire *n.* proprietor
l'allemand *m.* German (德语)
l'espagnol *m.* Spanish
l'italien *m.* Italian (意大利语)
le russe Russian (俄语)
la réponse answer, response
demander *v.t.* to ask
alors *adv.* then
le voyageur traveller
répondre *v.t.* to answer

NOTES

1. Parler anglais = parler l'anglais, 语言名称在这种情况下可省略冠词。
2. 在法语中，修饰动词的副词通常放在动词之后，而不能放在动词之前;修饰整个句子的副词,一般放在句首。

3. On(人们)是泛指代词,谓语动词用第三人称单数,类似英语的 one, people, they 等,英语中有时也用被动语态来表示,例如:

> On parle les langues étrangères ici. (*Foreign languages are spoken here.*)

4. Pas de réponse. (*No response.*) 这是一句省略句,完整的句子应是: Il n'y a pas de réponse. 介词 de 表示否定。

COMPTONS

21	22	23
vingt et un	vingt-deux	vingt-trois
24	25	26
vingt-quatre	vingt-cinq	vingt-six

27	28	29	30
vingt-sept	vingt-huit	vingt-neuf	trente

CONJUGAISON

savoir	
je sais	nous savons
tu sais	vous savez
il sait	ils savent

lire	
je lis	nous lisons
tu lis	vous lisez
il lit	ils lisent

répondre	
je réponds	nous répondons
tu réponds	vous répondez
il répond	ils répondent

MOTS ET EXPRESSIONS

I. **parler** *v. t. ind.* ; *v. i.*

1. parler de qch. (quelque chose 的缩写) *to talk about sth.*

   Notre professeur parle de son travail en France.

2. parler avec qn (quelqu'un 的缩写) *to talk with sb.*

   Il parle avec les voyageurs étrangers.

3. parler à qn *to talk to sb.*

   L'étranger parle au propriétaire en français.

II. **savoir** *v. t.*

1. savoir qch. *to know sth.*

   Le professeur sait le nom des étudiants.

2. savoir faire qch. *can do sth.*

   Le propriétaire sait parler trois langues étrangères.

III. **demander** *v. t.*

1. demander qch. à qn *to ask sb. for sth.*

   Il demande un roman français à son professeur.

2. demander à qn de faire qch. *to ask sb. to do sth.*

   Le propriétaire demande à l'étranger de parler français.

EXERCICES SUR LES TEXTES

I. 用课文里的词语填空：

1. Juliette est médecin, mais elle ... parler anglais.

2. M. Dupont est Anglais, mais il ... au propriétaire de l'hôtel ... russe.

3. Elles ... dans un bureau ... poste.

4. Il est professeur ... français, mais il sait aussi ... espagnol.

5. Vous ne parlez pas bien français, mais vous ... très bien la leçon de français.

6. ...la porte, ... lit: «Silence!»

7. Pierre répond ... professeur ... anglais: «Je travaille aussi.»

8. Qui ... allemand dans notre classe?

II. 用法语回答下列问题：

1. Savez-vous lire des journaux en anglais?

Oui, ...   Non, ...

  2. Est-ce que Pierre travaille dans une banque?

     Oui, ...   Non, ...

  3. Le voyageur anglais sait parler les langues étrangères?

     Oui, ...   Non, ...

  4. Est-ce que le professeur de français sait le nom des étudiants?

     Oui, ...   Non, ...

Ⅲ. 用各人称变位:

  1. arriver à Paris

  2. lire un journal

  3. demander en anglais

  4. répondre en français

  5. savoir parler deux langues étrangères

Ⅳ. 将下列句子译成法语:

  1. 你会讲俄语吗?

  2. 我讲西班牙语,也会一点法语。

  3. 我法语讲不好,但我会讲英语。

  4. 她用英语问法语教师。

  5. 他们用德语回答教师。

Ⅴ. THEME:

    我母亲是大学教师。她英语说得很好,也会讲法语和俄语。她热爱自已的工作。

Ⅵ. VERSION — **I don't know**

    Un étudiant français demande à son camarade:

    — Qu'est-ce que ça veut dire (*it means*): I don't know?

    Son camarade répond:

    — Je ne sais pas!

Ⅶ. DIALOGUE:

    — Est-ce que tu vas bien, Grand-mère?

    — Mais oui, très bien, mon chéri.

— Est-ce que tu voyages beaucoup?

— Non, pas beaucoup.

— Est-ce que tu regardes souvent la télé?

— Oui, souvent ... Mais mon chéri, tu sais, est-ce que, est-ce que, est-ce que, ce n'est pas du bon français.

— Ah bon? Tout le monde dit cela.

VOCABULAIRE

la grand-mère *grandmother*

mon chéri *my darling*

voyager *v. i.* *to travel*

beaucoup *adv.* *many, much*

regarder la télé *to watch television*

souvent *adv.* *often*

bon *a.* *good*

tout le monde *everybody*

dire *v. t.* *to say, to tell*

cela *pron. dém.* *that*

Leçon **9**

Ouvrez votre livre à la page 20.

un manuel de français / le sac de ma sœur

Je n'ai pas de frères.

Que lisez-vous?

Qui est votre professeur?

Comment savent-ils mon adresse?

GRAMMAIRE

I. 主有形容词 (l'adjectif possessif)

1. 词形

单	数	复 数
阳 性	阴 性	(阳、阴性相同)
mon (*my*) livre	ma (*my*) table	mes (*my*) livres / tables
ton (*your*) livre	ta (*your*) table	tes (*your*) livres / tables

单　　　数		复　　　数 （阳、阴性相同）
阳　性	阴　性	
son（*his/her/its*） livre	sa（*his/her/its*） table	ses（*his/her/its*） livres　tables
notre（*our*） livre table		nos（*our*） livres tables
votre（*your*） livre table		vos（*your*） livres tables
leur（*their*） livre table		leurs（*their*） livres tables

说明：Ma, ta, sa 在以元音字母或哑音 h 开头的阴性名词或阴性形容词前，由于读音关系，要改成 mon, ton, son，如：mon amie, son école。

2. 用法

与英语形容词性物主代词的用法相同，用来限定名词，表示所有关系。但须注意：

1) 主有形容词的性、数与所限定的名词的性、数相一致，与所有者的性别无关：

son livre＝*his/her book*

ses amis＝*his/her friends*

2) 当所有者为复数，而所有物为每人一件时，一般用单数的主有形容词：

Ouvrez votre livre à la page 20.（*Open your books at page 20.*）

II. 两个名词间的 de

介词 de 可连接两个名词;并可与定冠词 le, les 缩合成 du, des:

1. 表示所属关系,相当于英语的 *of* 或名词所有格:

la porte du bureau (*the door of the office*)

le sac de ma sœur (*my sister's bag*)

2. 起修饰作用, de 后的名词不用冠词;英语往往用形容词表示:

un manuel de français (*a French textbook*)

un hôtel de province (*a provincial hotel*)

III. 否定句中的 de

在否定句中,介词 de 代替直接宾语前的不定冠词:

A-t-il un vélo? —Non, il n'a pas de vélo.

Avez-vous des sœurs? —Non, je n'ai pas de sœurs.

IV. 疑问句 (l'interrogation) (2)

由疑问词 qui, que, où, comment, quand (*when*), pourquoi (*why*)等构成的疑问句:

1. 如果主语为人称代词,则与英语的特殊疑问句相同,采用主谓语倒装的词序:

Où allez-vous?

Que lisez-vous?

这类疑问句也可用疑问词 + 疑问短语 est-ce que + 陈述句型:

Où est-ce que vous allez?

2. 如果主语是疑问词,则用陈述句词序:

　　　　Qui est votre professeur?

在法语疑问句中,没有类似英语中用 do 构成的疑问句型。例如:

　　　　Comment savent-ils mon adresse? (*How do they know my address?*)

EXERCICES DE GRAMMAIRE

Ⅰ. 根据括号里的中文,用主有形容词填空:

　　1. Où est (我的) ... stylo?

　　2. Savez-vous (她们的) ... nom?

　　3. (他的) ... livres sont dans (她的) ... sac.

　　4. Mme Lin est (我们的) ... professeur.

　　5. Pierre, voilà (你的) ... manuel.

　　6. Où est (他的) ... mère?

　　7. Ce sont (我们的) ... professeurs.

　　8. Voilà (她的) ... école.

　　9. Monsieur, (您的) ... manteau est dans le salon.

　　10. Est-ce que c'est (你们的) ... journal?

Ⅱ. 用 du, de la, de l' 或 de 填空:

　　1. Voici la porte ... salle de lecture.

　　2. Qui est le propriétaire ... hôtel?

　　3. Voilà l'adresse ... professeur ... français.

　　4. Mon père est chauffeur ... taxi.

　　5. Les voyageurs arrivent devant un hôtel ... province.

　　6. Nous lisons maintenant le texte 1 ... leçon 3.

Ⅲ. 先用肯定句然后用否定句回答下列问题:

Exemple: As-tu des frères?

　　　　→Oui, j'ai des frères.

→Non, je n'ai pas de frères.

1. Est-ce un Français?
2. A-t-elle une moto?
3. Parlez-vous français?
4. Travailles-tu à l'usine?
5. Avez-vous des cassettes?
6. Ont-ils le dictionnaire français-anglais?

IV. 区分不定冠词 des 与缩合冠词 des:

1. Voilà des amis de ma famille.
2. Avez-vous des questions?
3. Savez-vous le nom des étudiants de votre classe?
4. Tu as des sœurs?
5. Savez-vous l'adresse de l'Institut des Langues Orientales?

V. 就划线部分提问:

1. Sophie demande au professeur en français.
2. Ils travaillent dans la salle de lecture.
3. Ce sont des revues.
4. Tu vas à l'école.
5. C'est M. Dupin et ses amis.
6. Je lis le journal d'aujourd'hui.

TEXTE I — A L'UNIVERSITE

Je suis un étudiant de français. Ma vie est simple, mais je suis souvent très occupé. Heureusement, le samedi[1] nous n'avons pas de cours. D'habitude, les étudiants sont dans la classe, mais quelquefois ils travaillent dans les laboratoires ou à la bibliothèque.

Notre classe commence à huit heures du matin,[2] je suis généralement dans la classe à huit heures; je suis à l'heure[3]

parce que ma maison est près de l'université; mon ami Robert est quelquefois en retard parce qu'il habite loin de l'université. Et il n'a pas de voiture.

J'aime mon cours d'anglais[4], mais je préfère mon cours de français, car le français est une très belle[5] langue. Nous avons, hélas, un cours d'histoire. Je déteste l'histoire, alors je regarde la cravate du professeur...

VOCABULAIRE

la vie *life*	d'habitude *loc. adv.* *usually*
simple *a.* *simple*	quelquefois *adv.* *sometimes*
souvent *adv.* *often*	le laboratoire *laboratory*
occupé -e *a.* *busy*	ou *conj.* *or*
heureusement *adv.* *fortunately*	commencer *v. i.* *to begin*
samedi *n. m.* *Saturday*	à *prép.* *at*

le matin *morning*	aimer *v. t.* *to like, to love*
généralement *adv.* *generally*	préférer *v. t.* *to prefer*
parce que *loc. conj.* *because*	car *conj.* *for*
la maison *house*	beau *a.* *beautiful*
près de *loc. prép.* *near*	hélas! [elɑːs] *interj. alas!*
être en retard *to be late*	l'histoire *f.* *history, story*
habiter *v. i. ; v. t.* *to live(in)*	détester *v. t.* *to detest, to hate*
loin de *loc. prép.* *far from*	regarder *v. t.* *to look (at)*
la voiture *car*	la cravate *necktie*

☺ TEXTE II — NUMERO DE TELEPHONE

En classe, Marie lève la main.

— Que veux-tu, Marie? demande le maître.

— Monsieur, je ne comprends pas pourquoi, dans mon livre d'histoire, à côté du nom Christophe Colomb, on écrit 1451-1506.[6]

Lucie lève la main.

— Tu sais, Lucie? demande le maître.

— Oui, Monsieur.

— Eh bien[7]...

— C'est son numéro de téléphone, répond Lucie.

☺ VOCABULAIRE

le numéro *number*	que *pron. interr.* *what*
le téléphone *telephone*	vouloir *v. t.* *to want*
lever *v. t.* *to raise*	le maître *master* 小学教师
la main *hand*	comprendre *v. t.* *to understand*

pourquoi *adv.*　*why*	à côté de *loc. prép.*　*next to*
le livre　*book*	écrire *v. t.*　*to write*

NOTES

1. Samedi 前加定冠词 le 表示 "每星期六"；如果不加定冠词，则为"本星期六"。例如：

   Tu vas au cinéma samedi?

2. ...à huit heures du matin. (... *at eight o'clock in the morning.*)

3. Etre à l'heure (*to be on time*)

4. De, ne, que 在以元音字母或哑音 h 开始的词前要写成省音形式，即 d', n', qu'。

5. Belle 是形容词 beau 的阴性单数形式。

6. Je ne comprends pas pourquoi, dans mon livre d'histoire, à côté du nom Christophe Colomb, on écrit 1451-1506. 在这句句子里，"dans mon livre d'histoire"和"à côté du nom Christophe Colomb"是地点状语；pourquoi on écrit 1451-1506 是间接疑问句。

   1451-1506 读作 mille quatre cent cinquante et un (或 quatorze cent cinquante et un) — mille cinq cent six (或 quinze cent six)。

7. Eh bien 用来表示疑问、惊讶等，意思是"怎么、那么、好吧"。

COMPTONS

31	32	39
trente et un	trente-deux	trente-neuf
40	41	42
quarante	quarante et un	quarante-deux
50	51	52
cinquante	cinquante et un	cinquante-deux
60		
soixante		

CONJUGAISON

commencer	
je commence	
	nous commençons
tu commences	
	vous commencez
il commence	
	ils commencent

préférer	
je préfère	
	nous préférons
tu préfères	
	vous préférez
il préfère	
	ils préfèrent

lever	
je lève	nous levons
tu lèves	vous levez
il lève	ils lèvent

vouloir	
je veux	nous voulons
tu veux	vous voulez
il veut	ils veulent

comprendre	
je comprends	
	nous comprenons
tu comprends	
	vous comprenez
il comprend	
	ils comprennent

écrire	
j'écris	nous écrivons
tu écris	vous écrivez
il écrit	ils écrivent

MOTS ET EXPRESSIONS

I. **commencer** *v. t.*

1. commencer qch. *to begin sth.*

Il commence un roman français.

2. commencer à faire qch.   *to begin to do sth.*

   L'étranger commence à comprendre.

3. commencer *v. i.*   *to begin*

   Le film commence à deux heures.

Ⅱ. **aimer** *v. t.*

1. aimer qn   *to love sb.*

   Il aime une très jolie Française.

2. aimer qch.   *to be fond of sth., to like sth.*

   J'aime beaucoup la musique moderne.

3. aimer faire qch.   *to like doing (或 to do) sth.*

   Son ami aime aller au théâtre le dimanche.

Ⅲ. **vouloir** *v. t.*

1. vouloir qch.   *to want sth.*

   Que veut-elle? —Elle veut un stylo.

2. vouloir faire qch.   *to want to do sth.*

   Il veut aussi aller au théâtre.

EXERCICES SUR LES TEXTES

Ⅰ. 用课文里的词语填空：

1. Le samedi, le cours de français commence ... 10 heures ...
   matin.

2. ... écrivez-vous une lettre à M. Li?

3. Heureusement, nous n'avons pas ... cours d'histoire.

4. Nous sommes ... l'heure ... nous habitons ... de l'école.

5. ... classe, il regarde la cravate du professeur.

6. D'habitude, nous travaillons ... la classe et quelquefois ... la salle
   de lecture ou ... la bibliothèque.

7. Ils sont ... retard aujourd'hui.

8. On ne ... pas pourquoi tu détes·es l'histoire.

9. Aimes-tu ... français? ... le père.

10. Pourquoi écrit-on 1799-1850 ... le nom Balzac?

Ⅱ. 用直陈式现在时变位 (肯定式和否定式):

1. avoir un cours d'histoire

2. être en retard

3. aimer le français

4. préférer l'anglais

5. habiter loin de l'université

6. écrire une lettre à son frère

7. vouloir écrire un roman

8. avoir un vélo

Ⅲ. 用法语读下列数字:

34	36	38	43	45
47	55	57	59	60

Ⅳ. 回答下列问题:

1. Est-ce que Robert est quelquefois en retard? Pourquoi?

2. A quelle heure commence le cours du matin?

3. Où travaillent les étudiants? Et vous?

4. Pourquoi préfère-t-on le français?

5. Est-ce que Lucie comprend bien la question du maître?

Ⅴ. THEME:

1. 他经常忙忙碌碌,有时候跑图书馆,有时候去实验室工作。

2. 他经常迟到,因为他家离城市很远。

3. 我喜欢历史课,但更喜欢英语课。

4. 食堂在阅览室旁边,离我们的教室很近。

5. "你要干什么?"爸爸问道。"我想知道他为什么写这部小说。"玛丽回答说。

Ⅵ. VERSION — **Au petit déjeuner**

— Marie, vite mon petit déjeuner (*quickly my breakfast*)! C'est l'heure du travail. Je suis déjà (*already*) en retard!

— 70 —

— Voilà! voilà!

— Avez-vous le journal?

— Il est sur la table.

— Ah! oui, merci. (Il lit.)

— Dupont a un accident d'auto *(motocar)*!... Et Durand a encore deux bébés *(babies)*!... Mais c'est le journal du 6! Marie, je veux le journal du 8!

VII. DIALOGUE:

— Vous avez une voiture?

— Non, je n'ai pas de voiture.

— Vous avez un appartement?

— Non, je n'ai pas de logement.

— Vous avez une famille?

— Non, je n'ai pas de famille.

— Vous avez des amis?

— J'ai un chien.

SDF

VOCABULAIRE

le logement   *lodging*   le chien   *dog*

Leçon **10**

ふふふふふふふふふふふふふふふふふふふふふふふ

---- **POINTS DE REPERE** ----

un roman français / une revue française

de jolies cartes postales

Où travaille sa sœur?

Pourquoi Pierre déteste-t-il l'histoire?

Qui est-ce que le facteur regarde?

GRAMMAIRE

I. 形容词 (l'adjectif)

1. 形容词要与它所修饰的名词的性、数相一致。典型的词形变化如下表:

单 数		复 数	
阳 性	阴 性	阳 性	阴 性
occupé	occupée	occupés	occupées
petit	petite	petits	petites

单 数		复 数	
阳 性	阴 性	阳 性	阴 性
français	française	français	françaises
attentif	attentive	attentifs	attentives
délicieux	délicieuse	délicieux	délicieuses
étranger	étrangère	étrangers	étrangères
rapide	rapide	rapides	rapides

2. 作形容语的形容词一般放在名词后面,与英语中作定语的形容词的位置正相反,例如:une carte postale。但是,一些常用的或单音节形容词恰放在名词前。例如:une jolie petite fille (*a pretty little girl*)。这类形容词有:beau, bon, court, grand, haut, jeune, joli, large, long, mauvais, petit, vieux 等。

3. 复数形容词前的不定冠词 des,一般改为 de:

   des cartes postales / de jolies cartes postales

Ⅱ. 疑问句 (l'interrogation) (3)

由疑问词构成的疑问句,如果主语为名词,有下列三种形式,均与英语特殊疑问句不同。

1. 疑问词 + 动词 + 主语

   Où travaille sa sœur?

   Quand commence le cours de français?

2. 疑问词 + 名词主语 + 动词 + 与名词同性、数的人称代

词

Où sa sœur travaille-t-elle?

Pourquoi Pierre déteste-t-il l'histoire?

3. 疑问词 + est-ce que + 陈述句词序

Pourquoi est-ce que M. Dupont est en retard?

Qui est-ce que le facteur regarde?

说明:

1) 如果动词后跟直接宾语,或者当句子意思不清时,只能用第二或第三种形式:

Où est-ce que sa sœur étudie l'anglais?

Qui le facteur regarde-t-il?

2) 以 que 构成的疑问句,只能用第一、三种形式:

Que lit son ami?

Qu'est-ce que son ami lit?

3) 无疑问词的疑问句,如主语为名词,只能借用第二、三种形式:

La salle de lecture est-elle grande?

Est-ce que la salle de lecture est grande?

4. 如果疑问词带有介词,则该介词一定要放在疑问词前:

Avec qui parle l'étranger? (*Who is the foreigner talking with?*)

EXERCICES DE GRAMMAIRE

I. 用括号里的形容词填空:

1. un étudiant . . . ; une étudiante . . . (attentif)

2. Ils sont . . . ; Elles sont . . . (occupé)

3. des amis . . . ; des revues . . . (français)

4. un train . . . ; une voiture . . . (rapide)

5. un voyageur . . . ; des professeurs . . . (étranger)

6. un . . . jardin; de . . . statues (joli)

7. un . . . sac; de . . . maisons (grand)

8. un salon . . . ; une bibliothèque . . . (clair)

9. Le facteur est . . . ; La dactylo est . . . (jeune)

10. un . . . chapeau; de . . . tables (petit)

Ⅱ. 用 qui, que, pourquoi, quand 提问:

1. La petite fille lit un journal.

2. Notre professeur regarde Pierre.

3. Robert est très occupé aujourd'hui.

4. Le facteur parle à M. Li.

5. Pierre déteste le cours d'histoire.

6. Nous allons au cinéma le samedi.

TEXTE I — L'HOTEL PARISIEN

L'hôtel parisien est-il différent de l'hôtel londonien? Peut-être...

L'hôtel parisien est vieux, c'est vrai. Mais il y a de nombreux hôtels modernes.

L'hôtel parisien n'est-il pas confortable? Si[1], il est très confortable.

Mais ils sont tout de même différents; par exemple, le living-room de l'hôtel anglais n'est jamais très grand, mais les chambres sont grandes. L'hôtel français ressemble à la maison française.

Mais le matin[2], on peut avoir un grand plaisir: le petit déjeuner est délicieux. Il est simple, mais le pain est très bon. Avec le pain, les croissants, le beurre, la confiture, c'est un vrai petit déjeuner parisien.

☺ VOCABULAIRE

parisien -ne *a.* *Parisian*
  Parisien -ne *n.* *Parisian*
différent -e *a.* *different*
londonien -ne *a.* *of London*
peut-être *adv.* *perhaps, maybe*
vieux, vieil, vieille *a.* *old*
vrai -e *a.* *true*
il y a *loc.* *there is/are*
nombreux -se *a.* *numerous*
moderne *a.* *modern*
confortable *a.* *comfortable*
si *adv.* *yes*

tout de même *loc. adv.*
  all the same, for all that
l'exemple *m.* *example*
  par exemple *loc. adv.*
  for example
anglais -e *a.* *English*
ne...jamais *loc. adv.* *never*
grand -e *a.* *big, great*
la chambre *room, bedroom*
français -e *a.* *French*
ressembler (à) *v. t. ind.*
  to resemble, to be like

pouvoir *v. aux.* *can*	avec *prép.* *with*
le plaisir *pleasure*	bon -ne *a.* *good*
le petit déjeuner *breakfast*	le croissant 羊角面包
délicieux -se *a.* *delicious*	le beurre *butter*
le pain *bread*	la confiture *jam*

 TEXTE II — LA MÈRE ET SA FILLE

La mère: Tu n'es pas gentille du tout. Tu vois, j'ai des cheveux blancs à cause de toi.

Sa fille: Alors maman, pourquoi ma grand-mère est toute[3] blanche?

 VOCABULAIRE

la fille *daughter, girl*	le cheveu *hair*
gentil -le [ʒɑ̃ti, ij] *a.* *kind,*	blanc -che *a.* *white*
well-behaved	à cause de *loc. prép.* *because of*
(pas) du tout *loc. adv.* *at all*	la grand-mère *grandmother*
voir *v. t.* *to see*	tout *adv.* *entirely, quite*

NOTES

1. Si 是肯定副词,用来回答否定疑问句,在英语中则用 *yes*。例如:
   L'hôtel parisien n'est-il pas confortable? Si, il est confortable.
   (*Aren't the hotels in Paris comfortable? Yes, they are.*)
   Non 是否定副词,用来对疑问句作否定回答,等于英语的 *no*:
   Travaillez-vous le soir? — Non, nous ne travaillons pas le soir.
   (*Do you work in the evening? — No, we don't.*)
   Ne comprend-il pas le texte? — Non, il ne comprend pas le texte.
   (*Doesn't he understand the text? — No, he doesn't.*)

2. Le matin 和 le soir 作时间状语时, 前面不用介词, 但 l'après-midi 也可说成 dans l'après-midi (*in the afternoon*)。

3. 副词 tout 在以辅音字母或嘘音 h 开始的阴性形容词前有性、数变化: toute, toutes。例如:

> Elle est toute contente (*glad*).
>
> Elles sont toutes honteuses (*ashamed*).

COMPTONS

61	62	70
soixante et un	soixante-deux	soixante-dix
71	72	73
soixante et onze	soixante-douze	soixante-treize
74	75	79
soixante-quatorze	soixante-quinze	soixante-dix-neuf

CONJUGAISON

pouvoir	
je peux	nous pouvons
(puis)	
tu peux	vous pouvez
il peut	ils peuvent

voir	
je vois	nous voyons
tu vois	vous voyez
il voit	ils voient

MOTS ET EXPRESSIONS

I. **ressembler (à)** *v. t. ind.*   *to resemble, to be like, to look like*

> Elle ressemble à sa mère.
>
> Votre stylo ressemble à un crayon.

II. **pouvoir** *v. aux.*

1. pouvoir   *can*

Lucie peut-elle répondre à la question de Marie?

2. pouvoir   *may*

   Son enfant peut être malade (*ill*).

Ⅲ. **voir** *v. t.*   *to see*

   Pouvez-vous voir quelque chose là-bas?

   La vieille dame est un peu malade, je vois.

   voir le médecin

   voir un film

Ⅳ. **vieux** *a.*   *old*

   un vieil hôtel / deux vieux hôtels

   une vieille maison / deux vieilles maisons

   un vieux professeur / deux vieux professeurs

EXERCICES SUR LES TEXTES

Ⅰ. 用课文里的词语填空:

1. A Paris, il y a ... nombreux hôtels ... .

2. L'hôtel chinois est différent ... l'hôtel français.

3. ... de l'hôtel anglais est petit, mais les chambres sont ... .

4. L'hôtel français ... à la maison française: les chambres sont ... ,
   mais le living-room est ... .

5. Ici, le petit déjeuner n'est pas délicieux ... .

6. Ici, le pain ... est jamais bon.

7. Je travaille dans la salle de lecture ... matin.

8. Voulez-vous écrire ... un stylo?

9. Elle est souvent en retard ... de sa petite fille.

10. Son grand-père est ... blanc à cause de son âge.

Ⅱ. 回答下列问题:

1. Ne va-t-il pas à l'école?

— 79 —

Si, il ...   Non, il ...

2. N'habitez-vous pas en Chine?

Si, je ...   Non, je ...

3. Ecrivent-ils souvent à leur professeur?

Oui, ils ...   Non, ils ...

4. Votre classe ne commence-t-elle pas à huit heures?

Si, elle ...   Non, elle ...

5. Aimez-vous le français?

Oui, nous ...   Non, nous ...

Ⅲ. 找出合适的搭配:

1. Avec Sylvie, on peut avoir...

2. Notre-Dame de Paris est très belle,...

3. Pouvez-vous lire...

4. J'aime voir...

5. Un vieil ami de mon père est...

6. Elle est bien gentille...

        a. à Londres

        b. avec moi

        c. un grand plaisir

        d. vous voyez

        e. les journaux anglais

        f. des films américains

Ⅳ. 根据下列句子提问:

Exemple: Si, j'ai un manteau.

      → Vous n'avez pas de manteau?

1. Si, j'ai un vélo.

2. Non, elle n'est pas notre professeur.

3. Oui, nous avons des revues.

4. Si, il a des cassettes.

5. Oui, ma voiture est rapide.

6. Non, nous n'avons pas de laboratoire.

V. 用法语读下列数字：

63	64	65	66	67
68	69	76	77	78

VI. THEME:

1. 母亲很喜欢露西,因为她长得象她父亲。

2. 你看,我们教室里有两台打字机 (la machine à écrire)。

3. 由于工作关系,王先生不能去看电影了。

4. 我母亲的头发全白了,这是真的,但身体倒还很健康 (être en bonne santé)。

VII. VERSION — **Comment allez-vous?**

— Comment allez-vous?

— Je ne vais nulle part (*nowhere*).

— Vous ne comprenez pas! «Comment allez-vous?» veut dire: «Est-ce que vous êtes en bonne santé? Etes-vous malade?»

— Ah! je comprends. Je vais bien, merci. Et vous?

— Moi aussi, je vais bien, merci.

VIII. DIALOGUE:

— Vous avez une amie française très sympathique, n'est-ce pas?

— Sophie Saule?

— Oui, c'est ça. Elle n'est pas mariée, n'est-ce pas?

— Non, elle est jeune, elle a 20 ans; elle est encore étudiante.

— Elle est riche peut-être?

— Oh! elle n'est pas pauvre! Sa famille est riche! Le père est médecin, la mère est professeur et la tante de Sophie est millionnaire, célibataire, et très âgée!

— Ah! Je comprends...

— 81 —

 **VOCABULAIRE**

marié -e *a.*	*married*	la tante	*aunt*
encore *adv.*	*still*	célibataire *n.*	*bachelor*
pauvre *a.*	*poor*	âgé -e *a.*	*old*

Leçon *11*

```
─────────────── POINTS DE REPERE ───────────────

        ce numéro de téléphone

        cette usine moderne

        ces étudiants français

        Quelle heure est-il?

        Quel est votre nom?

        Quels beaux timbres il a!
```

GRAMMAIRE

Ⅰ. 指示形容词 (l'adjectif démonstratif)

1. 词形

阳 性 单 数	阴 性 单 数	阳、阴性复数
ce, cet $\binom{this}{that}$	cette $\binom{this}{that}$	ces $\binom{these}{those}$

2. 用法

　　　　与英语形容词性指示代词相同,放在名词前,表示
特指概念;但有性、数变化,与被限定的名词的性、数相

一致。

> ce numéro de téléphone
>
> cette usine moderne
>
> ces étudiants français
>
> ces chambres confortables

Cet 用于以元音字母或哑音 h 开始的阳性单数名词前：

> cet arbre, cet hôtel

指示形容词可以和副词词缀-ci, -là 合用, 构成复合词形：

> ce roman-ci / cette revue-là
>
> (*this novel* / *that magazine*)
>
> ces vélos-ci / ces motos-là
>
> (*these bikes* / *those motorbikes*)

II. 疑问形容词和感叹形容词 (les adjectifs interrogatif et exclamatif)

1. 词形

阳性单数	阴性单数	阳性复数	阴性复数
quel	quelle	quels	quelles

2. 疑问形容词的用法

> Quel 与英语中用作疑问的形容词 *what* 相同, 放在名词前或用作表语; 但其性、数要与名词的性、数相一致。
>
> Quelle heure est-il?
>
> Quel est votre nom?

有时相当于英语的疑问形容词 *which*：

Quelle langue étrangère étudiez-vous?

(*Which foreign language do you study?*)

3. 感叹形容词的用法

与英语中用作感叹的形容词 *what* 基本相同，quel 可表示赞赏、惊奇、愤怒等感情；但要与被修饰的名词的性、数一致，而且该名词必须省略冠词。

Quel temps! weather

Quelle belle photo!

Quels beaux timbres il a!

英语中有时用 *how* 表示：

Quelle chaleur! (*How hot it is!*)

Ⅲ. 第二组动词的直陈式现在时变位

去掉原形动词的词尾-ir，加上下列词尾：-is, -is, -it, -issons, -issez, -issent。例如：

finir (*to finish*)	
je finis	nous finissons
tu finis	vous finissez
il finit	ils finissent

EXERCICES DE GRAMMAIRE

Ⅰ. 用指示形容词填空：

1. Ah! ... cartes postales sont très belles.

2. ... Monsieur veut des croissants.

3. Juliette ne comprend pas bien ... leçon.

4. Vous voyez ... deux maisons, ... maison-ci est moderne, ... maison-là est vieille.

5. ... école ressemble à un jardin, je vois.

6. En classe, ... étudiants-ci sont attentifs, mais ... étudiants-là ne sont pas attentifs.

7. Pourquoi ne veut-il pas travailler dans ... hôtel?

8. C'est bon, ... petit déjeuner!

II. 用疑问形容词或感叹形容词填空:

1. ... est votre nom?

2. ... est le numéro de téléphone?

3. ... petit déjeuner délicieux!

4. ... cravate préférez-vous, Monsieur?

5. ... est l'adresse de cette école?

6. ... belle langue!

7. Pierre, ... sont ces dictionnaires?

8. A ... université étudiez-vous?

9. ... bonne réponse!

10. ... heure est-il, Monsieur, s'il vous plaît? — J'ai huit heures moins dix.

☺ TEXTE I — CHEZ LA MARCHANDE DE JOURNAUX

— Un journal, s'il vous plaît.

— Quel journal voulez-vous, Mademoiselle?

— Je suis à Paris depuis[1] deux jours seulement et je ne connais pas les noms des journaux.

— Nous avons des quotidiens. Par exemple: L'Humanité, Combat, Le Figaro. Il y a aussi des journaux du soir: France-Soir, Le Monde, La Croix. Vous pouvez choisir.

— Merci Madame. Et quel est ce journal-là?

— France-Soir.

— Bon, je prends ce journal. Combien est-ce?[2]

— 8 francs, Mademoiselle.

— Les quotidiens paraissent-ils le dimanche?

— Non, mais je vends ce jour-là des journaux hebdo-
madaires; j'ai aussi des journaux littéraires, scientifiques, des
revues mensuelles.

— C'est bien. Au revoir, Madame.

VOCABULAIRE

chez *prép.*   *at*

marchand -e *n.*   *merchant*

à *prép.*   *in*

depuis *prép.*   *since, for*

le jour   *day*

seulement *adv.*   *only*

connaître *v. t.*   *to know*

quotidien -ne *a.* ; *n. m.*   *daily*

l'humanité *f.* *humanity*

 L'Humanité 人道报

le combat *combat*

 Combat 战斗报

Le Figaro 费加罗报

le soir *evening*

France-Soir 法兰西晚报

le monde *world*

 Le Monde 世界报

la croix *cross*

 La Croix 十字架报

choisir *v. t.* *to choose*

prendre *v. t.* *to take*

combien *adv.* *how many,*
 how much

le franc *franc*

paraître *v. i.* *to appear*

dimanche *n. m.* *Sunday*

vendre *v. t.* *to sell*

hebdomadaire *a. ; n. m.* *weekly*

littéraire *a.* *literary*

scientifique *a.* *scientific*

mensuel -le *a.* *monthly*

au revoir *good-by*

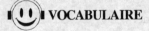 TEXTE II — LE BEAU LEVER DE SOLEIL

Devant une peinture moderne:

— Magnifique, ce tableau. Quelles couleurs! Ce peintre, quel talent! Vraiment, c'est un très beau lever de soleil.

— Je ne pense pas, Monsieur, je connais le peintre. Il ne sort jamais du lit avant midi. A mon avis, c'est plutôt un coucher de soleil!

VOCABULAIRE

le lever *rise*

le soleil *sun*

la peinture *painting* 油漆

magnifique *a.* *magnificent*

la couleur *colour*

le peintre *painter*

le talent *talent*

vraiment *adv.* *really, truly*

penser *v. i.* *to think*

sortir *v. i.* *to go out*

le lit *bed*

 sortir du lit *to get up*

avant *prép.* *before*

l'avis *m.* *opinion*

   à mon avis *in my opinion*

plutôt *adv.* *rather*

le coucher 睡觉,(日)落

NOTES

1. Depuis 相当于英语的 *since, for*; 但是,如果谓语表示一个延续到现在的动作,用现在时,例如:

     Elle est malade depuis hier. (*She has been ill since yesterday.*)

     Je connais ce facteur depuis deux ans. (*I have known this postman for two years.*)

2. Combien est-ce? (*How much is it?*) 在口语中也可以说 C'est combien? 或 Combien?

     提问多少数量时,用 combien de + 复数名词,例如:

     Combien avez-vous de stylos? 或 Combien de stylos avez-vous? (*How many pens have you?*)

COMPTONS

80	81	82
quatre-vingts	quatre-vingt-un	quatre-vingt-deux

90	91
quatre-vingt-dix	quatre-vingt-onze

92	98
quatre-vingt-douze	quatre-vingt-dix-huit

99	100
quatre-vingt-dix-neuf	cent

CONJUGAISON

connaître	
je connais	nous connaissons
tu connais	vous connaissez
il connaît	ils connaissent

sortir	
je sors	nous sortons
tu sors	vous sortez
il sort	ils sortent

choisir 同 finir, prendre 同 comprendre, paraître 同 connaître, vendre 同 répondre

MOTS ET EXPRESSIONS

Ⅰ. **prendre** *v. t.*   *to take*

Le voyageur prend une revue dans son sac.

Voulez-vous prendre une tasse de café?

prendre qn par la main

prendre une photo

prendre le train (le bateau, l'avion, etc.)

Ⅱ. **paraître** *v. i.*   *to appear*

Le soleil commence à paraître.

La vieille dame paraît bien malade.

Ⅲ. **penser** *v. t.*

1. penser *v. t. dir.*   *to think*

Que pensez-vous de cette solution?

Je pense que (*that*) cette étudiante est intelligente.

2. penser (à) *v. t. ind.*   *to think of*

     Marie pense souvent à son travail.

     A quoi pensez-vous?

     A qui pense-t-elle?

EXERCICES SUR LES TEXTES

Ⅰ. 用课文里的词语填空:

1. Je suis ... Shanghai ... trois mois seulement et je ne ... pas bien
cette ville.

2. Combien ... cassettes a-t-il?

3. ... sont-ils dans la classe? — Ils sont dix.

4. ... Paris, les quotidiens ne ... pas le dimanche.

5. Le Monde, c'est ... ?

6. Je ... que c'est plutôt un coucher de soleil.

7. Cette revue est très intéressante (*interesting*), je veux ... ça.

8. ... mon avis, c'est magnifique, cette peinture.

9. ... dimanche, on vend des journaux ... .

10. Monsieur Li est souvent ... lui le soir.

11. Il a du ... pour la langue.

12. Sophie ... souvent avec Marc.

13. Il aime le thé (*tea*), moi, j'aime ... le café.

14. A six heures, le soleil commence à ... .

Ⅱ. 用 depuis 造句:

1. être à Paris (nous, 6 mois)

2. habiter Beijing (ils, 10 ans)

3. travailler dans une banque (André, 15 jours)

4. étudier le français (ils, 3 mois)

5. regarder la télévision (Lucie, 2 heures)

Ⅲ. 将下列词组用直陈式现在时变位 (肯定式、疑问式):

1. prendre ce journal du soir

2. vendre des revues scientifiques

3. choisir ce quotidien

4. pouvoir parler français

5. sortir du lit à six heures

6. connaître ce vieux monsieur

Ⅳ. 用法语读下列数字:

84	86	87	88	89
94	95	96	97	98

Ⅴ. THEME:

1. — 请您拿份报纸给我。

   — 您要什么报纸,太太?

   — 世界报。多少钱?

2. 他卖日报、晚报,他也有周报、月刊和文学杂志。

3. 她的女儿不到9点钟不起床。

Ⅵ. VERSION — **Le dernier de la classe**

Un jour, un père demande à son fils (*son*):

— Quelle place as-tu dans ta classe?

— Je suis le vingt-sixième, répond le garçon (*boy*).

Trois mois (*months*) après (*later*), le père pose (*asks*) la même (*same*) question à son fils. Le garçon répond:

— Je suis le vingt-septième.

— Comment le vingt-septième?

— Oh! il y a un nouveau (*new comer*).

Ⅶ. DIALOGUE:

— Bonjour Madame. Vous désirez?

— Un chemisier rouge.

— Vous faites quelle taille?

— Du 38 . . . Je peux essayer?

— Je vous en prie. La cabine est là.

— Il me plaît beaucoup. Il fait quel prix?

— 140 francs.

— Bon, je prends ce chemisier.

😀 VOCABULAIRE

le chemisier *(woman's) shirt*	Je vous en prie. *please do* 愿意为您效劳
rouge *a. red*	là *adv. there*
la taille 身材，尺码	faire *v. t. to do*
essayer *v. t. to try*	le prix *price*

Leçon *12*

╼╼╼╼╼╼╼╼╼╼╼╼╼╼╼╼╼╼╼╼╼╼╼╼╼╼╼╼╼╼╼╼╼╼╼╼╼╼

> ── **POINTS DE REPERE** ──
>
> Lui, il connaît le peintre de ce tableau.
>
> Je travaille souvent avec elle chez moi.
>
> Qui veut lire le journal? ── Moi.
>
> Le match va commencer.
>
> Elle va au concert, je veux y aller, moi aussi.

GRAMMAIRE

Ⅰ. 重读人称代词 (les pronoms personnels toniques)

1. 词形

moi 我	toi 你	lui 他	elle 她
nous 我们	vous 你们、您	eux 他们	elles 她们

2. 用法

1) 用作主语的同位语：

a. 单独用作同位语：

Lui, il connaît le peintre de ce tableau.

Voulez-vous ce journal vous aussi?

b. 和另一重读人称代词或名词构成复合同位语：

　　　　　　　Toi et moi, nous allons au cinéma à vélo.

　　　　　　　Lui et sa sœur, ils parlent bien français.

　2) 用作介词的补语：

　　　　　　　Je travaille avec elle chez moi.

　3) 用于 c'est 后，或无谓语的省略句中：

　　　　　　　Qui est Li Ming? — C'est lui.

　　　　　　　Qui veut lire le journal d'aujourd'hui? — Moi.

Ⅱ. 最近将来时 (le futur immédiat)

　1. 构成

> aller (直陈式现在时) + 动词不定式 : je vais travailler

　2. 用法

　　　表示即将发生的动作，相当于英语的 *be going to*
或一般将来时。

　　　　　Je vais voir le médecin.

　　　　　Le match va commencer.

Ⅲ. 副代词 y (le pronom adverbial «y»)

　　　一般放在有关动词前，代替以 à, dans, sur 等介词引
导的地点状语，词义相当于英语的 *there*。

老地方　Il travaille dans son bureau en ce moment?　— Oui, il
y travaille, je pense.

　　　Elle va au concert, je veux y aller, moi aussi.

Ⅳ. 以-ment 构成的副词 (les adverbes en «-ment»)

在法语副词中,有些是由形容词加上后缀-ment (ly) 构成的。其变化方法如下表:

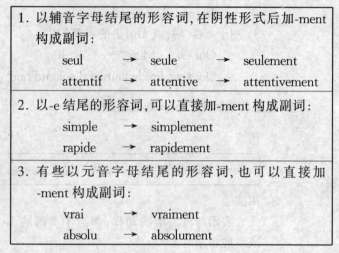

1. 以辅音字母结尾的形容词,在阴性形式后加-ment 构成副词:

| seul | → | seule | → | seulement |
| attentif | → | attentive | → | attentivement |

2. 以-e 结尾的形容词,可以直接加-ment 构成副词:

| simple | → | simplement |
| rapide | → | rapidement |

3. 有些以元音字母结尾的形容词,也可以直接加 -ment 构成副词:

| vrai | → | vraiment |
| absolu | → | absolument |

EXERCICES DE GRAMMAIRE

Ⅰ. 用重读人称代词代替划线部分

Exemple: J'habite avec mon père et ma mère.

→ J'habite avec eux.

1. En classe, je suis à côté de Georges.

2. Il va chez son amie ce soir.

3. Lucie, tu ne comprends pas?

4. Le professeur est devant les étudiants.

5. Nous allons au cinéma avec Marie et Alice.

Ⅱ. 用重读人称代词填空:

1. ..., il voyage beaucoup, mais ..., je voyage peu.

2. . . . , elle travaille très bien.

3. Madame Lamy et sa fille, . . . , habitent Paris.

4. . . . et Philippe, vous êtes professeurs.

5. Mon mari et . . . , nous sommes en retard de cinq minutes.

6. Rose et . . . , vous visitez notre école?

7. J'aime danser, et vous? — Non, pas . . . .

8. Allô, c'est . . . , Louis?

Ⅲ. 将下列句子改成最近将来时:

Exemple: Le professeur commence la classe.

→Le professeur va commencer la classe.

1. Nous lisons la leçon quatre.

2. Tu es en retard.

3. Je prends mon manteau dans le salon.

4. Les étudiants demandent à leur professeur.

5. Vous comprenez la grammaire de cette leçon.

6. Monsieur Lin habite à Nice.

7. Nous avons un laboratoire de langues.

8. Nous prenons un taxi.

Ⅳ. 用副代词 y 代替划线部分:

Exemple: M. Martin habite à Shanghai depuis quinze jours; sa femme aussi, elle y habite avec lui.

1. Mon stylo n'est-il pas sur votre dictionnaire?

— Non, il n'est pas sur mon dictionnaire.

2. Robert travaille dans ce bureau; je travaille aussi dans ce bureau.

3. Pierre et Mireille ne veulent-ils pas aller à l'hôpital?

— Non, ils ne veulent pas aller à l'hôpital.

4. Marie va à la salle de lecture. Elle lit des journaux dans la salle de lecture.

5. Est-ce que Pierre peut aller à Paris? — Non, maintenant il ne peut pas aller à Paris.

— 97 —

V. 将下列形容词变成副词，或从副词找出形容词：

	rapidement	seul	
vrai			mensuellement
	dernièrement	délicieux	
grave			simplement
	attentivement	confortable	
sûr			quotidiennement

 **TEXTE I — UNE RENCONTRE**

(Paul rencontre Maurice dans la rue.)

— Ah, c'est toi, Maurice. Tu es à Paris toi aussi?

— J'y fais un voyage. Et toi?

— Moi, je travaille.

— C'est bien, Paris?

— Ah non!

— Pourquoi?

— Parce qu'il y a trop de[1] voitures, trop de motos, trop d'autobus, trop de camions ... et je n'aime pas le métro. Si je trouve une place à Toulouse,[2] je n'attends pas, je prends le train et je <u>rentre à la maison</u>.

— Moi je ne reste pas longtemps, je vais retourner à Toulouse.

— Tu as sûrement une amie là-bas?

— Oui, c'est Pauline, la fille du facteur, tu sais? Elle est étudiante.

— Ah oui! c'est elle, la jolie fille brune. Mais pourquoi tu ne viens pas avec elle?

— Oh, elle est très occupée ces jours-ci. Elle va passer des examens[3]. Alors, où vas-tu maintenant?

— Je vais travailler.

— Tu vas travailler? Il est minuit.

— Tu sais, je suis boulanger.

VOCABULAIRE

la rencontre   *meeting*
rencontrer *v. t.*   *to meet*
la rue   *street*
faire *v. t.*   *to do*
le voyage   *journey*

trop *adv.*   *too, too many,*
  too much
l'autobus [ɔtɔbys] *m.*   *bus* → le bus
                              = le car
le camion   *truck*
le métro   *subway*

— 99 —

si *conj.* *if*

trouver *v. t.* *to find*

la place *place, job*

attendre *v. t.* *to wait*

le train *train*

rentrer *v. i.* *to return, to come home*

rester *v. i.* *to stay, to remain*

longtemps *adv.* *long, a long time*

retourner *v. i.* *to return*

sûrement *adv.* *surely*

là-bas *loc. adv.* *over there*

joli -e *a.* *pretty*

brun -e *a.* ; *n.* *brown*

venir *v. i.* *to come*

passer *v. t.* *to pass*

l'examen [ɛgzamɛ̃] *m.* *examination*

le boulanger *baker*

😊 TEXTE II — CONFERENCE SUR LES DANGERS DE L'ALCOOL

A un moment, le conférencier demande <u>un verre de lait</u>[4].
On y met un peu de whisky.

Alors le conférencier dit: « Oh! délicieux! Quelles vaches! »

😊 VOCABULAIRE

la conférence *lecture*

sur *prép.* *on, about*

le danger *danger*

l'alcool *m.* *alcohol*

le moment *moment*

le conférencier *lecturer*

le verre *glass*

le lait *milk*

mettre *v. t.* *to put*

dire *v. t.* *to say, to tell*

la vache *cow*

NOTES

1. 数量副词 trop + 介词 de + 名词, 名词前省略冠词; 相当于英语的 *too many, too much*。

Un peu 的用法与 trop 相同,相当于英语的 *a few, a little*。

构成这类短语的数量副词, 常见的还有 beaucoup (*many,* *much*), peu (*few, little*), assez (*enough*)。例如:

Vous allez voir beaucoup de voitures à Paris.

L'enfant veut un peu de chocolat.

Il n'y a pas assez de travail maintenant.

2. Si je trouve une place à Toulouse, ... (*If I find a job in Toulouse, ...*) 如果从句和主句都用直陈式,表示主句的动作能否实现取决于从句的假设能否实现。Si 在 il, ils 前省略为 s'。

Toulouse 图卢兹,法国城市名。

3. Passer des examens (*to have examinations*)

4. Un verre de lait 中,介词 de 表示份量,后面名词不用冠词,英语中有相同的表达方式:*a glass of milk*。又如:une tasse de café (*a cup of coffee*)。

COMPTONS

101	110	150
cent un	cent dix	cent cinquante
200	201	220
deux cents	deux cent un	deux cent vingt

672	999
six cent soixante-douze	neuf cent quatre-vingt-dix-neuf

Cent 在整倍数时词末要加-s;如果后面有其他数字就不加-s,例如:deux cents, deux cent dix。

CONJUGAISON

faire	
je fais	nous faisons /ə/
tu fais	vous faites
il fait	ils font

venir	
je viens	nous venons
tu viens	vous venez
il vient	ils viennent

dire	
je dis	nous disons
tu dis	vous dites
il dit	ils disent

mettre	
je mets	nous mettons
tu mets	vous mettez
il met	ils mettent

attendre 同 répondre

MOTS ET EXPRESSIONS

I. **faire** *v. t.*   *to do*

      Que faites-vous?

      Que puis-je faire pour vous?

      faire le lit   make bed

      faire la chambre

II. **trop** *adv.*

    1. trop (de)   *too many, too much*

        Cet étranger parle trop vite.

        Est-ce que tu mets trop de lait dans le café?

        Il y a trop de livres dans votre bibliothèque.

    2. trop ... pour   *too ... to*

        Cet enfant est trop petit pour aller à l'école.

III. **passer** *v. t. ; v. i.*

1. passer v. t.   *to pass*

      Le train va passer la frontière.

      Comment allez-vous passer le week-end?

2. passer *v. i.*   *to pass*

      Le taxi passe.

      Nous allons passer par un village.

Ⅳ. **dire** *v. t.*

1. dire qch. (à qn)   *to tell/say sth. (to sb.)*

      Il ne veut pas dire son secret à ses amis.

      J'ai quelque chose à dire.

2. dire à qn de faire qch.   *to tell/ask sb. to do sth.*

      Le professeur dit aux étudiants de parler souvent français.

3. dire que ...   *to say (that) ...*

      Elle dit que sa mère est en bonne santé.

EXERCICES SUR LES TEXTES

Ⅰ. 将下列词组译成法语,然后用直陈式现在时变位:

到巴黎旅行	这几天很忙
等一辆公共汽车	在那儿呆很久
跟她一起来	回南京
回家	要一杯威士忌
将乘午夜 12 点的火车	

Ⅱ. 用课文里的词语填空:

1. J'aime le métro, car le train ... rapidement.

2. Elle n'aime pas Shanghai, parce qu'il y a ... voitures ... la rue.

3. Mon père rentre ... la maison ... six heures.

4. Veux-tu y ... un peu ... lait?

— 103 —

5. Il va y avoir une conférence . . . le danger du tabac.

6. Je ne veux pas rester . . . . . . Shanghai.

7. S'il ne trouve pas . . . place à Paris, il va . . . à Toulouse.

8. Est-ce qu'elle veut y aller . . . nous?

9. Nous allons . . . des examens demain.

10. Le conférencier demande un verre . . . café et . . . met beaucoup
. . . lait.

Ⅲ. 用法语读下列数字：

108	116	234	340	462
563	675	786	897	998

Ⅳ. THEME:

1. 您知道,他不愿意在北京呆很久;星期六就回上海。

2. 那个棕色头发的漂亮小姑娘是谁?

3. 这几天我们很忙,我们正在考试。

4. 如果我找到这本词典的话,我一分钟也不等,就给我朋友写信。

Ⅴ. VERSION — **Comment allez-vous au travail?**

— Comment allez-vous au travail?

— J'y vais à pied, moi j'aime marcher (*to walk*). Mais quelquefois, j'y vais à vélo. Lui, il y va en voiture. Mais sa voiture est
souvent en panne (出故障).

— Une panne de quoi?

— Oh, c'est souvent une panne d'essence (*petrol*). Et vous,
comment allez-vous au travail?

— J'y vais à moto, c'est très à la mode (*in fashion*).

— Attention! c'est dangereux quand on roule (*is driving*) vite.

Ⅵ. DIALOGUE:

— Allô, c'est toi, François?

— Oui, c'est lui-même. Qui est à l'appareil?

— Ici Louis. Comment vas-tu? Qu'est-ce que tu fais cet après-
midi?

— Rien de spécial. *[handwritten: qu / qch] [不定代词 +de + adj.]*

— Alors, on va au «ciné»?

— D'accord, on va voir «Hiroshima mon amour» de Resnais.

— On va à quelle séance?

— A la séance de 6 heures.

— O.K. Rendez-vous à la Pagode à six heures moins le quart. *[handwritten: RDV]*

😊 VOCABULAIRE

Qui est à l'appareil?
  Who's speaking?

rien *pron. indéf.* *nothing*

d'accord *loc. adv.* *agreed*

l'amour *m.* *love*

la séance (放映的)场次

le rendez-vous *appointment*

[handwritten: prendre un RDV avec qn]

Leçon 13

POINTS DE REPERE

Je veux du pain et de la confiture.

Ah, cet enfant ne prend pas de légumes!

Il y a du thé ici, en voulez-vous?

Je veux du café, mais elle n'en veut pas.

Vous venez de Paris? — Oui, j'en viens.

Ils viennent de passer les examens.

GRAMMAIRE

I. 部分冠词 (l'article partitif)

1. 词形

阳 性 单 数	阴 性 单 数	阳、阴性复数
du (de l')	de la (de l')	des

说明:de l' 用于以元音字母或哑音 h 开始的名词前,
例如:

de l'eau, de l'huile

— 106 —

2. 用法

部分冠词用于不可数的物质名词前,表示整体中部分数量的概念,其含义相当于英语的 *some* 或 *any*。

Voulez-vous du pain? — Oui, je veux du pain et aussi de la confiture.

Il y a des fruits sur la table.

如果名词表示确指或总体概念,则用定冠词:

Où est le pain de mon petit frère?

Le soir, il y a de la soupe, la soupe est très bonne.

在否定句中,直接宾语前的部分冠词同不定冠词一样,由介词 de 代替:

Elle veut du beurre, mais moi, je ne veux pas de beurre.

Ah, cet enfant ne prend pas de légumes (*vegetables*)!

II. 副代词 en (le pronom adverbial «en») (1)

一般放在有关动词前,可以指物,也可以指人,代替的内容如下: en = de + ~

1. 不定冠词或部分冠词 + 直接宾语:

Elle a des sœurs, et j'en ai aussi. (en = des + sœurs)

Il y a du thé ici, en voulez-vous? (en = du + thé)

2. 在否定句中,介词 de + 直接宾语:

Je prends du café, mais elle n'en prend pas. (en = de + café)   *elle ne prend pas de café.*

Y a-t-il des dictionnaires français dans votre classe?

— Non, il n'y en a pas. (en = de + dictionnaires)

3. 介词 de 引导的地点状语

Vous venez de Paris? — Oui, j'en viens. (en = de + Paris)

Ⅲ. 最近过去时 (le passé immédiat)

1. 构成

> venir (直陈式现在时) + de + 动词不定式：
>
> je viens de parler

2. 用法

表示不久前刚发生的动作, 相当于英语的 *have just done*。

Je viens de voir ce film.

Les étudiants viennent de passer les examens.

EXERCICES DE GRAMMAIRE

Ⅰ. 用合适的冠词或介词 de 填空：

1. Pour le petit déjeuner, M. Dupont demande ... thé et ... croissants.

2. Paul veut ... café; mais Marie, elle ne veut pas ... café.

3. Tu prends trop ... fruits, tu vas être malade.

4. Est-ce que cette marchande vend ... fruits? — Non, elle vend ... légumes.

5. Généralement, les enfants n'aiment pas ... légumes.

6. Le matin, je prends ... pain avec ... beurre ou ... confiture.

7. Les Chinois aiment beaucoup ... thé, et ils en prennent très souvent.

8. Y a-t-il ... soupe pour le dîner? — Non, il n'y a pas ... soupe aujourd'hui.

II. 用副代词 en 回答下列问题:

1. Est-ce qu'ils viennent de la bibliothèque?

   Oui, ...

2. Y a-t-il des laboratoires à l'université?

   Oui, ...

3. Votre père prend-il du café?

   Non, ...

4. Avez-vous des journaux français?

   Oui, ...

5. Et vous, vous voulez du lait?

   Non, ...

6. Veulent-ils du thé?

   Oui, ...

7. Il a des amis français, tu en as aussi?

   Non, ...

8. Vous venez de Shanghai?

   Oui, ...

III. 将下列句子改成最近过去时:

Exemple: Je prends du café.

→ Je viens de prendre du café.

1. Juliette met un peu de lait dans son verre.

2. Nous finissons la conférence.

3. Elles prennent le petit déjeuner à la maison.

4. Je fais un voyage à Paris.

5. Est-ce que vous passez les examens?

6. Les voyageurs arrivent dans un hôtel de province.

7. Je rencontre Paul dans la rue.

8. Maurice trouve une place à Toulouse.

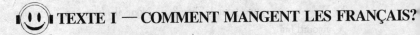 **TEXTE I — COMMENT MANGENT LES FRANÇAIS?**

Leur petit déjeuner est vraiment petit! Le matin, les Français prennent seulement du café au lait dans[1] un grand bol et des croissants. Ah! les croissants chauds du matin!

A midi, beaucoup de Parisiens n'ont pas le temps de rentrer chez eux et préfèrent manger dans un restaurant ou un café près de leur bureau. Pour beaucoup d'entre eux[2], le menu du déjeuner, c'est souvent un sandwich et une tasse de café. Mais dans les petites villes et à la campagne, le déjeuner est un très gros repas: on mange des hors-d'œuvre, de la viande, des légumes, du fromage, des fruits ou un dessert; on boit du vin, de la bière ou de l'eau.

Le soir, à sept heures, le dîner est encore un gros repas, mais il y a souvent de la soupe à la place[3] des hors-d'œuvre. On passe beaucoup de temps à table en France: un bon repas est souvent un grand plaisir.

VOCABULAIRE

comment *adv.* *how*

manger *v. t.* *to eat*

petit -e *a.* *little, small*

le café *coffee, café*

le bol *bowl*

chaud -e *a.* *hot, warm*

beaucoup *adv.* *many, much*

le temps *time, weather*

le restaurant *restaurant*

pour *prép.* *for*

entre *prép.* *between*

le menu *menu*

le déjeuner *lunch*

la tasse *cup*

la ville *city, town*

la campagne *countryside*

gros -se [gro, o:s] *a.* *big, stout*

le repas *meal*

le hors-d'œuvre *n. inv.* *cold dish*

la viande *meat*

les légumes *m.* *vegetables*

le fromage *cheese*

le fruit *fruit*

le dessert *dessert*

boire *v. t.* *to drink*

le vin *wine*

la bière *beer*

l'eau *f.* *water*

le dîner *dinner, supper*

encore *adv.* *still, again*

la soupe *soup*

la table *table*

à table *at table*

TEXTE II — ON RECONNAÎT L'ÂGE DES POULES AUX DENTS[4]

Dans une école, la classe vient de commencer. Le maître demande à un élève:

— Martin, pouvez-vous dire à quoi on reconnaît l'âge des

poules?

— Aux dents, Monsieur.

— Mais ... les poules n'ont pas de dents, mon cher!

— Les poules n'en ont pas, peut-être; mais j'en ai! Si sa chair est tendre, la poule est jeune; si sa chair est dure, la poule est vieille!

 VOCABULAIRE

reconnaître *v. t.*	*to recognize*	cher -ère *a.*	*dear*
l'âge *m.*	*age*	la chair	*flesh*
la poule	*hen*	tendre *a.*	*tender*
la dent	*tooth*	jeune *a.*	*young*
l'élève *n.*	*pupil*	dur -e *a.*	*tough, hard*
quoi *pron. interr.*	*what*		

NOTES

1. 介词 dans 在这里表示方式, 相当于英语的 *out of,* 又如: Il prend du café dans un verre. (*He has some coffee out of a glass.*)

2. Beaucoup d'entre eux 意为 *many of them*; 又如: beaucoup d'entre nous / vous (*many of us / you*)。

3. A la place de (*instead of, in place of*)

4. Reconnaître qn / qch. à ... 介词 à 相当于英语的 *by,* 又如: reconnaître qn à sa voix (*to recognize sb. by his voice*)。

COMPTONS

1 000	1 001	1 100
mille *a.*	mille un	mille cent (onze cents)
	10 000	100 000
	dix mille	cent mille

CONJUGAISON

manger	
je mange	nous mangeons
tu manges	vous mangez
il mange	ils mangent

boire	
je bois	nous buvons
tu bois	vous buvez
il boit	ils boivent

reconnaître 同 connaître

MOTS ET EXPRESSIONS

Ⅰ. **pour** *prép.*　　*for*

　　　Le professeur est là pour vous parler de son voyage en France.

　　　Les voyageurs vont prendre le train pour Londres.

　　　Le professeur va être absent pour huit jours.

　　　Voilà une lettre pour vous.

　　　Je travaille aujourd'hui pour mon collègue.

　　　Le marchand veut vendre cette montre (*watch*) pour cent yuans.

Ⅱ. **entre** *prép.*　　*between*

　　　Je vais à la poste entre midi et deux heures.

　　　Il y a une autoroute entre ces deux villes.

Ⅲ. **encore** *adv.*　　*still, again, more*

　　　Ma sœur est encore dans cette usine.

　　　Que voulez-vous encore?

EXERCICES SUR LES TEXTES

Ⅰ. 将下列词组译成法语, 然后用直陈式现在时变位:

用碗喝牛奶　　　　　　　　　　　在家吃晚饭

没有时间回家　　　　　　　　　　喝茶而不喝咖啡

每天晚上在图书馆度过 3 小时　　　从一张照片认出一位旅游者

II. 用课文里的词语填空：

1. Il ... du café ... une tasse. Moi, je ... de l'eau ... un verre.

2. Les Chinois préfèrent le riz (*rice*). Ils ... ... viande, ...
légumes, du poisson (*fish*) et ... fruits. Quelquefois, ils ... ...
bière et ... vin. On n'aime pas ... fromage.

3. A midi, beaucoup d'entre nous ne ... pas le temps ... rentrer
chez ... et ... au restaurant de l'usine.

4. Beaucoup de Parisiens ... manger ... les cafés ... de leur bureau.

5. Le samedi soir, ... beaucoup d'entre nous, le dîner est un gros ...
Nous rentrons chez ... et passons ... temps ... table.

6. ... la campagne, on ne mange pas ... dessert.

7. ... midi, on prend ... hors-d'œuvre ... la place de ... soupe.

8. Le soir, il y a souvent ... soupe à ... place ... hors-d'œuvre.

9. On ... ... lait dans cette soupe.

10. Il ... son amie à sa voix.

III. 用法语读下列数字：

1 003   1 025   1 540   3 700
20 030   45 600   56 820   75 900

IV. 用 beaucoup, trop, peu, un peu 填空并译成汉语：

1. Maurice travaille ..., il voyage ... .

2. Tu voyages ..., toi?

3. Paul ne va pas bien, il mange ... .

4. La marchande de journaux parle ... .

5. On ne mange pas ... au petit déjeuner.

V. 用 beaucoup de, trop de, peu de, un peu de 填空并译成汉语：

1. A Shanghai, il y a ... vélos dans les rues.

2. Avez-vous ... vacances?

3. En France, on boit ... vin, mais on mange ... viande.

4. On passe ... temps à table le soir.

5. ... place, s'il vous plaît!

Ⅵ. 用 c'est vrai 或 c'est faux 回答下列问题:

1. Le matin, les Français prennent seulement du café.

2. A Paris, le déjeuner est un très gros repas.

3. En France, on ne boit jamais de thé le matin.

4. Pour beaucoup de Parisiens, le menu du déjeuner, c'est souvent un sandwich et une tasse de café.

5. Dans les petites villes en France, le dîner est encore un gros repas.

6. En France, on ne boit jamais de vin.

7. Le matin, beaucoup de Français mangent au restaurant.

8. A l'hôtel, le petit déjeuner est délicieux.

Ⅶ. THEME:

早晨,他吃牛奶、面包、果酱或者黄油。中午,他只吃一块三明治,喝一杯牛奶咖啡,因为他没有时间象样地吃顿饭。晚上,他在饭桌上要消磨一两个小时。对他来说,一顿丰盛的晚餐常常是一种莫大的乐趣。

Ⅷ. VERSION — **Dans le train**

(Entre voyageurs)

— On ne fume (*smoke*) pas, Monsieur, dans ce compartiment.

— Est-ce que je fume?

— Mais vous avez votre pipe dans votre bouche (*mouth*).

— Qu'est-ce que ça prouve? J'ai bien mes pieds (*feet*) dans mes souliers (*shoes*) et je ne marche pas.

Ⅸ. DIALOGUE:

— Qu'est-ce que tu prends, Elise?

— Je prends une glace.

— Et toi, Julie?

— Un thé.

— Moi, je prends un jus d'orange. Voilà le garçon.

— Garçon, s'il vous plaît.

— 115 —

— Oui, Monsieur. J'arrive, j'arrive.

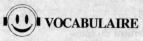 **VOCABULAIRE**

la glace *ice*

le jus *juice*

le garçon *waiter, boy*

Leçon *14*

~~~~~~

GRAMMAIRE

I. 句子的成份 (les constituants de la phrase)

构成句子的成份及其相互关系,基本上与英语相同,不同的动词可形成不同的句子结构。有些及物动词可有两个宾语,这类句子结构图如下:

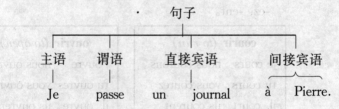

句子

| 主语 | 谓语 | 直接宾语 | 间接宾语 |
| Je | passe | un journal | à Pierre. |

及物动词有直接和间接之分:宾语需用介词 à 或 de 引导的,则为间接及物动词;不需介词的,为直接及物动词。前者的结构图为:

句子

| 主语 | 谓语 | 间接宾语 |
| Cet enfant | ressemble | à son père. |

句子中还有一些其他成份,如形容语(即英语的定语)、同位语和补语。补语一般由介词引导,补充说明句中某一成份的意义(英语中无类似语法分类),如:

名词补语	形容词补语	副词补语
un cours d'histoire le manteau de Paul une promenade après le dîner	être content de mon travail un enfant agréable à regarder	beaucoup de voitures loin de l'école

II. 第三组动词 (le verbe du 3e groupe)

　　一般来说,这组动词可归纳为四种类型:

1. 以-ir 结尾的原形动词,其直陈式现在时的变位词尾是:-s, -s, -t, -ons, -ez, -ent;或是-e, -es, -e, -ons, -ez, -ent。

courir (*to run*)	
je cours	nous courons
tu cours	vous courez
il court	ils courent

ouvrir (*to open*)	
j'ouvre	nous ouvrons
tu ouvres	vous ouvrez
il ouvre	ils ouvrent

2. 以-re 结尾的原形动词,其变位词尾是: -s, -s, -t (ø), -ons, -ez, -ent。

peindre (*to paint*)	
je peins	nous peignons
tu peins	vous peignez
il peint	ils peignent

vendre	
je vends	nous vendons
tu vends	vous vendez
il vend	ils vendent

3. 以-oir 结尾的原形动词,其变位词尾是: -s, -s, -t, -ons, -ez, -ent;或者-x, -x, -t, -ons, -ez, -ent。

recevoir	
je reçois	nous recevons
tu reçois	vous recevez
il reçoit	ils reçoivent

vouloir	
je veux	nous voulons
tu veux	vous voulez
il veut	ils veulent

4. 还有两个以-er 结尾的不规则动词:aller 和 envoyer。

EXERCICES DE GRAMMAIRE

Ⅰ. 分析下列各句的句子成份:

1. Il regarde la cravate du professeur.

2. La marchande vend des revues mensuelles.

3. Xiao Li pose une question au conférencier.

4. Cet enfant ressemble beaucoup à sa mère.

5. Mon frère est un étudiant de français à l'Université de Beijing.

6. Elle va au cinéma ce soir.

Ⅱ. 用主有形容词填空:

1. S . . . mère est-elle dactylo?

2. Voilà n . . . camarades de classe, ils parlent bien français.

3. J'habite très loin de l . . . université.

4. Ah voilà, s . . . stylo est dans v . . . dictionnaire.

5. N . . . professeur connaît quatre langues étrangères.

6. Merci de v . . . belles photos.

Ⅲ. 用指示形容词填空:

1. Il ne veut pas lire . . . journal.

2. . . . voiture est trop petite, mais elle marche très bien.

3. . . . ingénieurs travaillent dans . . . usine.

4. Pourquoi regarde-t-il attentivement . . . photo?

IV. 用重读人称代词代替划线部分:

1. Le zoo est près de chez <u>Paul</u>.

2. Après le dîner, je regarde un peu la télévision avec <u>mes parents</u>.

3. <u>Georges</u> et moi, nous voulons du café au lait.

4. Oh, ce n'est pas <u>Marie</u>, c'est <u>Pierre</u>, il veut faire un voyage à Londres.

5. <u>Jeanne</u>, tu as des questions à poser?

Ⅴ. 用适当的冠词、介词 de 填空,或取消虚点:

1. Aimez-vous . . . cours . . . français?

2. Cet enfant ne veut pas . . . viande.

3. La fille de M. Durand n'aime pas . . . légumes, mais elle prend souvent . . . fruits.

4. Elles sont . . . étudiantes . . . espagnol.

5. Il est souvent très occupé, parce qu'il a trop . . . amis.

6. Prenez-vous souvent . . . thé? et . . . café . . . lait? et . . . bière?

7. Où est . . . café . . . la petite Marie?

8. Sa mère est . . . médecin, elle travaille à . . . Hôpital N°4.

9. Savez-vous . . . numéro . . . téléphone . . . professeur . . . anglais?

10. Nous comprenons très bien . . . textes . . . la leçon 14.

11. Mme Dupont est . . . Française, elle est . . . professeur de la Classe B.

12. Nous étudions . . . français et . . . anglais.

13. Notre professeur a . . . jolis timbres.

14. Je n'ai pas . . . sœur, il n'a pas . . . frère, mais nous avons . . . amis.

15. Elle vient de mettre un peu . . . lait dans . . . café.

16. Le matin, je prends quelquefois . . . pain avec . . . confiture.

TEXTE I — LA JOURNÉE DE MONSIEUR LAMY

Lucien	Bonsoir, Monsieur Lamy. Vous rentrez bien tard, ce soir.
M. Lamy	Oui, d'habitude, je rentre vers six heures et demie. Mais à la fin de chaque mois, nous avons une réunion.
Lucien	Quelles sont vos heures de travail?
M. Lamy	Eh bien! De huit heures à midi[1], je travaille dans les ateliers avec les ouvriers; à midi, je déjeune, à une heure et demie le travail recommence[2], et je travaille dans mon bureau jusqu'à six heures.
Lucien	Et vous travaillez ainsi tous[3] les jours?
M. Lamy	Oui, cinq jours par semaine[4]; mais le samedi, nous finissons le travail à une heure.

Lucien	Et les ouvriers?
M. Lamy	Les ouvriers arrivent très tôt le matin. Ils quittent l'usine à cinq heures du soir. Ils travaillent quarante heures par semaine et ils font quelquefois des heures supplémentaires[5].
Lucien	Quels sont vos jours de congé?
M. Lamy	L'usine est fermée les jours de fête: les jours de Noël, le 1er janvier, le 1er mai, le 14 juillet, jour de la fête nationale, et quelques autres jours.
Lucien	Quelles sont vos vacances?
M. Lamy	Les ingénieurs ont un mois de vacances, les ouvriers ont quatre semaines de congés payés.
Lucien	Les ouvriers prennent leurs vacances en été?
M. Lamy	Oui, généralement. Et moi aussi, je prends mes vacances en juillet ou en août pour partir avec ma famille.

VOCABULAIRE

la journée *day (time)*
bonsoir *n. m.* *good evening*
tard *adv.* *late*
vers *prép.* *towards*
à la fin de *loc. prép.* 在…末了
chaque *a. indéf.* *each, every*
le mois *month*
la réunion *meeting*
l'atelier *m.* *workshop, studio*

ouvrier -ère *n.* *worker*
déjeuner *v. i.* *to lunch*
jusqu'à *loc. prép.* *untill, till*
ainsi *adv.* *so*
tout *a.* *all, whole*
la semaine *week*
finir *v. t.* *to finish*
tôt *adv.* *early*
quitter *v. t.* *to leave*

supplémentaire *a.* *supplementary*

le congé *holiday*

les congés payés 工资照发的休假

fermé -e *a.* *closed*

la fête 节，节日

Noël *n. m.* *Christmas*

janvier *n. m.* *January*

mai *n. m.* *May*

juillet *n. m.* *July*

national -e (*pl.* ~aux) *a.* *national*

quelques *a. indéf. pl.* *some*

autre *a. indéf.* *another, other*

les vacances *f.* *holidays, vacation*

l'été *m.* *summer*

août *n. m.* *August*

partir *v. i.* *to start*

☺ TEXTE II — C'EST POUR FÊTER ...

— Comment, Durand, vous buvez du champagne pendant les heures de bureau?

— Patron, j'en bois, c'est pour fêter le vingtième anniversaire de ma dernière augmentation.

☺ VOCABULAIRE

fêter *v. t.* *to celebrate*

le champagne *champagne*

pendant *prép.* *during, for* 阿忠阁的

le patron(ne) *boss*

vingtième *a. num.* *twentieth*

l'anniversaire *m.* *anniversary, birthday*

dernier -ère *a.* *last*

l'augmentation *f.* *increase*

NOTES

1. Eh bien! De huit heures à midi, ... (*Well, from eight o'clock to twelve, ...*)

   Eh bien! 是感叹词短语，可引出说明和解释性的句子。

— 123 —

2. Recommencer, 前缀 re-表示"再、又、重新"。

3. Tout 泛指形容词,阳性复数 tous,阴性单数 toute,阴性复数 toutes,如:
tout le peuple (*all the people*), toute la famille (*the whole family*), tous mes amis (*all my friends*), toutes ces revues (*all these magazines*)。

4. Cinq jours par semaine (*five days a week*)

　　介词 par (*per*)表示分配,意思是"每…",英语中往往用冠词表示。若表示"每隔"的意思,则用泛指形容词 tous/toutes,例如:

　　Il y a un bus toutes les cinq minutes.

　　Mme Lamy va au supermarché tous les dix jours.

5. Faire des heures supplémentaires 相当于英语的 *be on overtime*。

CONJUGAISON

partir	
je pars	nous partons
tu pars	vous partez
il part	ils partent

MOTS ET EXPRESSIONS

Ⅰ. **finir** *v. t. ; v. i.*

1. finir qch. 　　*to finish sth.*

Je finis mon travail dans (*in*) dix minutes.

2. finir de faire qch. 　　*to finish doing sth.*

Peux-tu finir de travailler avant le dîner?

3. finir *v. i.* 　　*to finish*

Les vacances d'été vont bientôt (*soon*) finir.

Ⅱ. **partir** *v. i.* 　　*to start/leave (for), to set out*

Le train part à 6 heures.

Quand partez-vous en vacances?

Les voyageurs vont partir pour Marseille.

Ⅲ. **par** *prép.* 表示分配

Il retourne voir ses parents une fois (*time*) par an.

Nous travaillons cinq jours par semaine.

On donne 100 yuans par personne.

Ils partent un par un.

Ⅳ. **autre** *another, other*

1. autre *a. indéf.* 与不定冠词连用

Je reviens un autre jour.

Je parle de mon voyage une autre fois.

2. autre *a. indéf.* 与定冠词或主有形容词连用

J'aime bien l'autre bol.

Connais-tu son autre fille?

3. autre *pron. indéf.* 与冠词连用

Toi, tu veux cette revue; moi, je veux une autre.

Tu veux partir, et les autres?

D'autres mangent à l'hôtel, pas moi.

Ils quittent la classe l'un après l'autre.

EXERCICES SUR LES TEXTES

Ⅰ. 选择下列合适的动词填空:

| partir | quitter | retourner |
| rentrer | entrer | arriver |

1. Le voyageur ... à l'hôtel pour prendre son passeport.

2. Je ... : il est bien tard.

3. Quelques étudiants ... à la maison le samedi soir.

4. Pourquoi ne ... il pas dans le salon?

5. Nous allons bientôt ... à Paris.

6. Il ... sa famille pour aller en ville.

Ⅱ. 用泛指形容词 tout, toute, tous, toutes 填空并补充有关的词：

1. ... étudiants prennent trois mois de vacances par an. (所有的)

2. Nous avons cours de français .... (每两天)

3. ... , on prend un bon repas. (每星期六晚上)

4. Il part en vacances avec .... (全家)

5. Marie travaille .... (整天)

6. Il retourne en Chine voir ses parents .... (每三年)

Ⅲ. 用课文里的词语填空：

1. Le matin, nous avons cours ... huit heures ... onze heures et demie; à deux heures de l'après-midi, le cours ... .

2. Monsieur Durand n'est pas là, il vient de ... en vacances.

3. Il est ... congé pour 3 jours.

4. Sa femme ... la maison tous les jours ... 8 heures.

5. Vous pouvez venir à la ... de l'après-midi.

6. ... ouvrier fait des heures ... une fois ... semaine.

7. Tous les ... ,il rentre ... à la maison, vers onze heures.

8. Le dimanche, la poste est ... .

9. Pourquoi boit-il du vin ... après le dîner?

10. Comment va-t-on ... Noël?

11. Vous allez ... vos études dans deux mois.

12. Ce n'est pas un gros patron; il a seulement ... ouvriers.

Ⅳ. 用下列动词填空 pratiquer, regarder, sortir, travailler, prendre, connaître, aimer, lire, écrire, discuter (to discuss), critiquer (to criticize), conduire (to drive):

Les Parisiens ... peu les sports; mais ils ... les matchs à la télévision; ils ... tous les samedis soirs; ils ... huit heures par jour; ils ... un mois de vacances en août; ils ... et ... bien les vins et les fromages; ils ... beaucoup mais ils ... peu; ils ... surtout (especially) de politique et de sport; ils ... tout le monde et ils ... très vite.

— 126 —

V. THEME:

1. 我习惯在晚上将近 10 点钟结束学习。

2. 我父亲天天早出晚归。

3. 大学生有哪些假期?——他们每年有两个月暑假 (vacances d'été),一个月寒假 (vacances d'hiver)。

4. 公共汽车每 3 分钟过一辆。

5. 每星期有 5 天都是这样工作的。

6. 所有的法国人都在七八月份度假。

VI. VERSION — **En classe**

Le maître demande à Paul:

— Paul, qui est le père de Charles VI?

— Charles V.

— Bien, et le père de François premier (*first*)?

— François zéro, sans doute (*probably*), Monsieur.

VII. DIALOGUE:

— Allô, je voudrais parler à M. Martin.

— Ne quittez pas, je vais le chercher ... Allô, M. Martin n'est pas là. Vous pouvez rappeler dans 20 minutes ou vous voulez laisser un message?

— Je vais rappeler tout à l'heure.

— Au revoir, Monsieur.

VOCABULAIRE

chercher *v. t.*	*to look for*	tout à l'heure *loc. adv.*	
laisser *v. t.*	*to leave*		*in a little while*
rappeler *v. t.*	*to call again*		

Leçon 15

Entrez, s'il vous plaît.

Allons-y ensemble.

Il pleut quelquefois à Paris.

Il faut apprendre deux langues étrangères.

Elle va m'attendre à la station de métro.

Attendez-moi à la station, s'il vous plaît.

GRAMMAIRE

Ⅰ. 命令式 (l'impératif)

1. 构成

直陈式现在时去掉主语便构成命令式。但以-er结尾的动词,第二人称单数的命令式要去掉词末 s。

parler ——	finir ——	lire ——
parle	finis	lis
parlons	finissons	lisons
parlez	finissez	lisez

在动词前后加上 ne ... pas 便构成命令式否定式：

| ne parle pas | ne finissons pas | ne lisez pas |

2. 用法

    1) 命令式第二人称单、复数相当于英语的祈使语气：

        Entrez, s'il vous plaît.

        Ne parle pas français.

    2) 命令式第一人称复数相当于英语的 *let's* 结构：

        Allons-y ensemble.

Ⅱ. 无人称动词 (les verbes impersonnels)

    少数动词仅用于第三人称单数，并以中性代词 il (*it*) 为主语，这类动词称为无人称动词。

1. 无人称动词 pleuvoir, neiger, tonner 等，相当于英语中指自然现象的 *it-*结构：

        Il pleut. (*It is raining.*)

        Il neige. (*It is snowing.*)

2. 无人称动词 falloir, 相当于英语的 *need, should, must*：

        Il faut deux jours pour finir ce travail.

        (*I/You/We etc. need two days to finish the work.*)

        Il faut apprendre deux langues étrangères.

        (*I/You/We etc. should learn two foreign languages.*)

3. 个别人称动词也可用于无人称短语中：

    1) Faire:il fait, 相当于英语中表示自然现象的 *it-*结构：

> Il fait du soleil. (*It's sunny.*)
>
> Il fait beau. (*It's fine.*)

2) Etre:il est,相当于英语中指时间等方面的 *it*-结构：

> Il est sept heures.
>
> Il n'est pas facile (*easy*) de parler français.

3) Avoir:il y a,相当于英语的 *there is/are*：

> Il y a beaucoup de visiteurs dans la salle.

Ⅲ. 直接宾语人称代词 (les pronoms personnels compléments d'objet direct)

1. 词形

me, m' (*me*)	nous (*us*)
te, t' (*you*)	vous (*you*)
le, l' (*him/it*)	les (*them*)
la, l' (*her/it*)	

2. 用法

相当于英语的人称代词宾格,在句中作直接宾语;但通常放在有关动词的前面：

> Ce texte n'est pas facile, le comprenez-vous?
>
> — Non, je ne le comprends pas.
>
> Elle va m'attendre à la station de métro.
>
> Ne les choisissez pas.

在肯定命令式中,直接宾语人称代词要放在动词的后面,并用连字号连接;me 改成重读词形 moi：

Choisissez-les si vous voulez bien.

Attendez-moi à la station, s'il vous plaît.

EXERCICES DE GRAMMAIRE

I. 将下列句子改成命令句:

Exemple: <u>Vous entrez</u> dans la classe.

→ <u>Entrez</u> dans la classe.

1. Nous regardons ces tableaux.

2. Tu ne prends pas le métro.

3. Vous parlez français.

4. Tu mets ton chapeau dans le salon.

5. Nous choisissons une valise pour lui.

6. Tu ne manges pas trop de viande.

II. 用直接宾语人称代词回答下列问题:

Exemple: Aimez-vous <u>le pain</u>?

→ Oui, je l'aime.

1. Comprenez-vous cette leçon?

2. Faut-il attendre Jeanne et Marie?

3. Voulez-vous ces livres?

4. Les Chinois aiment-ils le thé?

5. Savent-ils lire le texte?

6. Peux-tu finir ton travail avant 4 heures?

7. Connais-tu le peintre de ce tableau?

8. Je connais bien la femme du peintre. Et toi?

III. 用直接宾语人称代词填空:

1. Michel va arriver, attendons- . . . .

2. Voici le numéro de téléphone du docteur. Appelez- . . . ce soir.

3. Quelle belle chanson! Ecoutez (*listen to*)- . . . .

4. Ces tableaux sont vraiment magnifiques. Regardez- . . . .

— 131 —

5. Ce petit gâteau (*cake*) est bon. Prends- . . . .

TEXTE I — LE CLIMAT DE FRANCE

— Dis-moi[1], Paulette, où passes-tu tes vacances chaque année?

— Je les passe en France.

— Alors quel temps fait-il pendant les vacances, au mois de juillet?

— Il fait beau[2] et très chaud.

— Il ne pleut jamais à Paris, en été?

— Mais si, il pleut quelquefois. En automne et en hiver il fait mauvais, il fait du vent et il pleut souvent. Alors, il fait humide et il y a du brouillard. Quelquefois, en janvier et en février, il neige et il fait très froid: les oiseaux sont malheureux, ils ont faim et froid jusqu'au printemps. Ils n'aiment pas l'hiver, ils préfèrent la saison chaude: heureusement, le printemps vient après l'hiver et l'été vient avant l'automne.

— Alors quelle saison préfères-tu?

— Je préfère le printemps, c'est une belle saison. Au printemps, le temps est très agréable; je fais souvent une promenade à bicyclette[3] à la campagne.

— Nous sommes déjà au printemps, n'est-ce pas?[4] alors veux-tu faire un pique-nique avec moi?

— Ah! c'est une bonne idée. Allons-y!

— Mais attends, je vais chercher mon appareil photo.

VOCABULAIRE

le climat *climate*

l'année *f.* *year*

pleuvoir *v. impers.* *to rain*

l'automne [ɔ(o)tən] *m.*

 autumn

l'hiver [ivɛːr] *m.* *winter*

mauvais -e *a.* *bad*

le vent *wind*

humide *a.* *damp, moist*

le brouillard *fog*

février *m.* *February*

neiger *v. impers.* *to snow*

froid -e *a.* ; *n. m.* *cold*

l'oiseau *m.* *bird*

malheureux -se *a.* *unlucky,*

 unfortunate

la faim *hunger*

 avoir faim *to be hungry*

le printemps *spring*

la saison *season*

après *prép.* *after*

agréable *a.* *agreeable*

la promenade *walking*

la bicyclette *bicycle*

déjà *adv.* *already*

le pique-nique *picnic*

l'idée *f.* *idea*

chercher *v. t.* *to look for*

l'appareil *m.* *apparatus*

 l'appareil photo *camera*

— 133 —

☺ TEXTE II — UNE HISTOIRE DE PARAPLUIE

Il fait mauvais temps. Il pleut tous les jours.

Un voyageur quitte l'hôtel. Il est très pressé car il est en retard. Il n'a plus une minute à perdre. Au moment de quitter l'hôtel, il s'adresse au garçon:

— Garçon, allez voir, s'il vous plaît, si mon parapluie est dans ma chambre[5].

Trois minutes après[6], le garçon revient et répond, tout essoufflé:

— Votre parapluie est toujours là, près de l'armoire, Monsieur.

☺ VOCABULAIRE

le parapluie *umbrella*

pressé -e *a.*   *in a hurry*

ne . . . plus *loc. adv.*   *no more,*
  no longer

la minute *minute*

perdre *v. t.*   *to lose*

au moment de *loc. prép.*

  正当…时候

s'adresser (à) *v. pr.*

to address, to speak to

le garçon   *boy, waiter*

revenir *v. i.*   *to come back/*
  again

essoufflé -e *p. p.*   *out of breath*

toujours *adv.*   *always*

là *adv.*   *there*

l'armoire *f.*   *wardrobe*

NOTES

1. 在 Dis-moi . . . 中，moi 是间接宾语人称代词，详见下课语法。

2. Beau 在以元音字母或者哑音 h 开始的阳性单数名词前为 bel (un bel

enfant), beau 的阳性复数为 beaux, 阴性单数为 belle, 阴性复数为 belles。

3. 交通工具名称, 除了 à bicyclette, à moto 外, 一般用介词 en (*by*), 表示"乘, 使用"。如: en voiture, en autobus; 但也可以说 en bicyclette, en moto。

4. N'est-ce pas? 相当于英语的反意疑问句, 如:

> Il parle français, n'est-ce pas? (*He speaks French, dosn't he?*)

5. ... si mon parapluie est dans ma chambre 是间接疑问句; si: *if, whether*。

6. Trois minutes après ... (*Three minutes later ...*)

COMPTONS

110 000	cent dix mille
900 010	neuf cent mille dix
1 000 000	un million
24 500 000	vingt-quatre millions cinq cent mille
900 000 000	neuf cents millions

Million 是名词, 故复数加 s; 后跟名词时要加介词 de, 如: deux millions d'étudiants (试比较: deux cents étudiants, deux mille étudiants)。

CONJUGAISON

> pleuvoir: il pleut

perdre 同 répondre

MOTS ET EXPRESSIONS

I. **préférer** *v. t.*

— 135 —

1. préférer qch.　　*to prefer sth.*

　　　Entre toutes ces couleurs, je préfère le blanc.

2. préférer qch. à qch.　　*to prefer sth. to sth.*

　　　Marie préfère le français à l'allemand.

3. préférer faire qch.　　*to prefer to do sth.*

　　　Préférez-vous travailler à la banque?

II. **chercher** *v. t.*

1. chercher qn/qch.　　*to look for sb./sth.*

　　　Elle cherche sa petite sœur dans la maison, mais elle n'arrive

　　pas à la trouver.

2. aller chercher qn/qch.　　*to (go and) fetch sb./sth.*

　　　Je vais chercher la photocopie de mon passeport.

　　　Va vite chercher le médecin.

3. chercher à faire qch.　　*to try to do sth.*

　　　Les élèves cherchent à bien comprendre cette leçon difficile.

EXERCICES SUR LES TEXTES

I. 找出合适的搭配,然后用直陈式现在时变位:

faire passer prendre	mes vacances d'été
	un voyage à Paris
	le petit déjeuner
	des examens
	le train pour aller à Beijing
	du café au lait dans une tasse
	deux heures à table

II. 用课文里的词语填空:

　1. ... hiver, ... neige et il fait très ... .

　2. ... été, il fait très ... ; je n'aime pas l'été, je préfère la ...

froide.

3. Dans cette ville, ... printemps, il fait mauvais, il ... ... vent, et ... pleut souvent. Il ... a aussi ... brouillard. Mais ... automne, il fait beau, ... temps est ... ; c'est une belle ... .

4. L'enfant ... très froid; moi, j' ... faim.

5. ... -vous souvent ... promenade ... bicyclette ... la campagne?

6. ... janvier, il fait très froid ... Nanjing.

7. ... -moi où vous passez ... vacances d'été chaque année. —Je ... passe à la campagne.

8. A Beijing, quel ... fait-il ... mois de juillet?

9. Nous sommes déjà ... hiver, n'est-ce pas? — Non, nous sommes encore ... automne.

10. Le garçon demande à Madame Lamy ... elle veut un autre café.

11. Nous sommes ... contents de travailler 5 jours par semaine.

12. Les bureaux sont fermés, il faut vous ... au gardien (*keeper*).

13. Il est tard, mais j'ai encore une lettre importante ... écrire.

14. ... de partir, le voyageur retourne dans sa chambre et ... son parapluie.

15. Tu vas ... ton temps.

Ⅲ. 把直接问句改成间接问句:

1. Il y a un train de nuit pour Shanghai, s'il vous plaît?
   Il demande ...

2. Pardon Madame, la poste est-elle fermée à l'heure du déjeuner?
   Il demande ...

3. Tu connais l'adresse de Robert?
   Il demande ...

4. Est-ce que Monsieur Durand a un numéro de téléphone personnel?
   Il demande ...

Ⅳ. 用 c'est vrai 或 c'est faux 回答下列问题:

1. Chaque année, Paulette passe ses vacances en France.

2. Il ne pleut jamais à Paris en été.

3. Il fait beau à Paris en automne.

4. Au printemps, le temps est très agréable.

5. L'automne vient après l'été.

6. Le printemps vient avant l'hiver.

V. 回答下列问题：

1. En quelle année sommes-nous?

— Nous sommes en . . .

2. En quelle saison sommes-nous?

— Nous sommes . . .

3. En quel mois sommes-nous?

— Nous sommes en . . .

4. Quel jour sommes-nous?

— Nous sommes . . . (On est . . .)

5. Quelle date sommes-nous?

— Nous sommes le . . . (On est le . . .)

6. Quel temps fait-il aujourd'hui?

7. Dites-nous le climat de votre ville.

janvier   février   mars   avril   mai   juin   juillet   août
septembre   octobre   novembre   décembre   lundi   mardi
mercredi   jeudi   vendredi   samedi   dimanche

VI. 用法语读下列数字：

| 140 000 | 536 000 | 700 310 |
| 980 024 | 2 000 000 | 14 600 200 |

VII. THEME:

1. 上海的冬天从来不下雪吗？——不，有时候下雪。

2. 春天，上海的气候很潮湿，还有雾。

3. 我们的老师在我们之前走出教室。

4. 咱们到乡下去搞一次野餐好吗？带上你的照相机。

5. 那位游客回到旅馆,气喘吁吁地对服务员说:"您去看看我的护
   照还在书桌上吗?"

Ⅷ. VERSION — **Mentir, c'est vilain**   *démentir* 揭穿

Un père dit à son fils:

— Il ne faut pas mentir (*to lie*), c'est vilain (*ugly*).

Et le fils répond:

— Oui, papa, je vous écoute.

Puis (*then*) le père dit:

— Va voir qui frappe (*is knocking*) à la porte, et si c'est pour
moi, dis que je ne suis pas là.

Ⅸ. DIALOGUE:

— Pardon, Monsieur, pour aller au supermarché «Carrefour», s'il
vous plaît?

— Vous voyez cette poste-là, Mademoiselle?

— Oui, Monsieur.

— Bon! après cette poste, vous prenez la première rue à gauche et
ensuite la deuxième rue à droite, puis, c'est tout droit.

— C'est loin?

— Non, c'est à dix minutes.

— Merci, Monsieur.

— De rien.   *Je vous en prie.*

VOCABULAIRE

à gauche *loc. adv.*	*on the left*	droit *adv.*	*straight*
ensuite *adv.*	*afterwards, then*	De rien.	不用谢。
à droite *loc. adv.*	*on the right*		

Leçon *16*

᠙ᠣ᠘ᠣ᠘ᠣ᠘ᠣ᠘ᠣ᠘ᠣ᠘ᠣ᠘ᠣ᠘ᠣ᠘ᠣ᠘ᠣ᠘ᠣ᠘ᠣ᠘ᠣ᠘ᠣ᠘ᠣ᠘ᠣ

POINTS DE REPERE

Elle se regarde souvent dans le miroir.

Comment! vous vous moquez de moi!

Sa sœur lui écrit quelquefois.

Parlez-nous de votre voyage à Paris.

Quel film! je vais vous en parler au dîner.

Le professeur est-il content de votre travail? — Oui, il en est très content.

GRAMMAIRE

I. 代动词 (les verbes pronominaux) (1)

与自反人称代词 se 一起使用的动词称代动词；se 的性、数要和主语的性、数相一致。

se lever 的直陈式现在时		
肯 定 式	否 定 式	疑 问 式
je me lève	je ne me lève pas	me lève-je?

tu te lèves	tu ne te lèves pas	te lèves-tu?
il se lève	il ne se lève pas	se lève-t-il?
nous nous levons	nous ne nous levons pas	nous levons-nous?
vous vous levez	vous ne vous levez pas	vous levez-vous?
ils se lèvent	ils ne se lèvent pas	se lèvent-ils

命　　令　　式	
肯　定　式	否　定　式
lève-toi	ne te lève pas
levons-nous	ne nous levons pas
levez-vous	ne vous levez pas

代动词可以表示:

1. 自反意义——这类动词由直接或间接及物动词加 se 构成;动作的对象反及主语本身。Se 是直接宾语, 有时也可以是间接宾语;相当于英语的反身代词 *one-self*。

Elle se regarde souvent dans le miroir. (se 是直接宾语) (*She often looks at herself in the mirror.*)

Il se demande pourquoi M. Li ne vient pas. (se 是间接宾语) (*He asks himself why Mr Li doesn't come.*) demander à qn

2. 绝对意义——这类动词中的自反人称代词是固有成份,不起任何作用。

Comment! vous vous moquez de moi! (*What!*

无任何实法意义

— 141 —

You are laughing at me!）

II. 间接宾语人称代词（les pronoms personnels compléments d'objet indirect）

1. 词形

me, m' (*me*)	nous (*us*)
te, t' (*you*)	vous (*you*)
lui (*him/her/it*)	leur (*them*)

2. 用法

相当于英语的人称代词宾格；但一般放在有关动词之前，代替由介词 à 引导的间接宾语。

Ma sœur m'écrit quelquefois.

Je vais lui demander un verre de lait.

Ne leur dites pas cette nouvelle.

在肯定命令式中，放在动词之后，并用连字号连接；me 要改成重读词形 moi：

Passe-moi le dictionnaire.

Parlez-nous, s'il vous plaît, de votre voyage à Paris.

III. 序数词（l'adjectif numéral ordinal）

一般由基数词加 -ième (*-th*) 构成	以-e 结尾的基数词去掉 e 加上 -ième	几 个 例 外
deuxième	quatrième	premier

troisième	onzième	cinquième
sixième	douzième	neuvième
huitième	trentième	vingt et unième
vingtième	millième	cent unième
vingt-deuxième		
centième		

序数词与定冠词连用,与名词的性、数一致,但本身无词形变化;只有 premier 例外:

le premier jour du mois

la première leçon

les trois premières années (*the first three years*)

Ⅳ. 副代词 en (le pronom adverbial «en») (2)

1. 代替介词 de 引导的间接宾语(指物):

Le film est très intéressant, je vais vous en parler au dîner. (en = de ce film)

2. 代替介词 de 引导的形容词补语(指物):

Le professeur est-il content de votre travail? — Oui, il en est très content. (en = de mon travail)

EXERCICES DE GRAMMAIRE

Ⅰ. 用各人称变位 (肯定式和否定式):

1. se regarder souvent dans le miroir

2. se demander pourquoi M. Li ne vient pas

3. se moquer de Paul

Ⅱ. 用间接宾语人称代词重新组合下列句子:

Exemple: Le garçon parle au maître.

　　　　→ Le garçon lui parle.

1. Je parle à ma mère de mon voyage au Japon. *Je lis en parle p309.*

2. A-t-elle le temps d'écrire à ses camarades de classe?

3. Ne parle pas à Marie.

4. Le voyageur demande au propriétaire de l'hôtel: «Qui parle ici les langues étrangères?»

5. Passe le livre à Martin.

6. Je vais remettre le cahier au professeur.

7. Le conférencier veut demander un verre de lait au président de l'université.

8. La marchande veut-elle vendre cette montre à l'étranger?

Ⅲ. 说出下列句子中 en 的语法功能:

1. S'il y a des légumes, je veux bien en prendre.

2. En automne, le temps est agréable.

3. Le travail est fini, nous en sommes très contents.

4. Il rentre à la maison en voiture.

5. Quand mon père rentre, je vais lui en parler.

6. Tu viens de Londres? — Oui, j'en viens.

7. Les Américains passent souvent leurs vacances en France.

8. Il a des frères, mais moi, je n'en ai pas.

TEXTE I — LETTRE DE PARIS

Paris, le 10 octobre

Chers parents,

Je suis à l'université depuis une semaine. Comme d'habitude, je me lève à 6 heures; après le déjeuner, je me repose un peu; et le soir, je me couche à 10 heures. Les cours vont commencer dans quinze jours[1], donc j'ai le temps de visiter Paris et d'aller voir mes amis. Je me promène dans les grands magasins avec Jeanne et nous essayons d'acheter ce qu'il nous

faut[2] pour bien travailler. Je ne vous oublie pas et je pense souvent à vous et aux trois chats.

J'essaie de ne pas dépenser trop d'argent, mais tout est très cher à Paris. Vous savez, ici, je ne m'ennuie pas. Le mois prochain, il va y avoir un bal à l'université et justement j'ai besoin d'une robe. Pouvez-vous m'envoyer un petit mandat? Il ne me reste pas assez d'argent[3] pour payer la robe ... Je veux m'en occuper maintenant avant de[4] commencer à travailler.

Je vais vous écrire après la visite du Louvre, de Notre-Dame de Paris et de la Tour Eiffel[5], et je vais vous en parler en détail avec des photos et des cartes postales.

Envoyez-moi un mot avec le mandat pour me donner des nouvelles des chats et de vous.

Je vous embrasse affectueusement.

Catherine

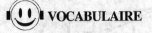

octobre *m.*　*October*

les parents *m.*　*parents*

comme d'habitude　*as usual*

se lever *v. pr.*　*to get up*

se reposer *v. pr.*　*to take a rest*

se coucher *v. pr.*　*to go to bed*

dans *prép.*　*in*

donc *conj.*　*therefore, so*

visiter *v. t.*　*to visit*

se promener *v. pr.*　*to walk, to go for a walk*

essayer *v. t.*　*to try*

acheter *v. t.*　*to buy*

falloir *v. impers.*　应该, 需要

oublier *v. t.*　*to forget*

le chat　*cat*

dépenser *v. t.*　*to spend*

l'argent *m.*　*money*

tout *pron. indéf.*　*all, everything*

s'ennuyer *v. pr.*　*to be bored*

prochain -e *a.*　*next*

le bal　*dance* (舞会)

justement *adv.*　*just* (正好)

avoir besoin de *loc. verb.*　*to need*

la robe　*woman's dress*

envoyer *v. t.*　*to send*

le mandat　*order* (汇票)

assez *adv.*　*enought*

payer *v. t.*　*to pay*

s'occuper (de) *v. pr.*　*to attend to*

la visite　*visit*

en détail *loc. adv.*　*in detail*

le mot　*word, line* (短信)

donner *v. t.*　*to give*

la nouvelle　*news*

embrasser *v. t.*　*to embrace*

affectueusement *adv.*　*affectionately*

TEXTE II — JE ME REPOSE UN PEU

Grondé par[6] ses parents, un petit garçon se met à pleurer et il pleure pendant des heures. Enfin, il s'arrête.

— Alors, lui demandent ses parents, tu finis de pleurer?

— Ce n'est pas fini, seulement je me repose un peu.

☺ VOCABULAIRE

grondé -e *p. p.*   *scolded*   pleurer *v. i.*   *to cry*

par *prép.*   *by*   enfin *adv.*   *finally, at last*

se mettre (à) *v. pr.* 青子们第事   s'arrêter *v. pr.*   *to stop*

　　to set about, to begin   fini -e *a.*   *finished*

NOTES

1. 在法语中,quinze jours 的含义为两星期,huit jours 为一星期。

2. Il faut 中可插入间接宾语人称代词。... nous essayons d'acheter ce qu'il nous faut pour ... (... *we try to buy what we need to* ...)。又如:

　　Il lui faut une nouvelle robe. (*She needs a new dress.*)

　　Il me faut deux jours pour lire ce roman. (*It takes me two days to read this novel.*)

　　Ce que 由直接疑问句中的 que/qu'est-ce que 转变而来,相当于英语的关系代词 *what*。又如:

　　Je ne comprends pas ce que vous dites. (*I don't understand what you say.*)

3. Rester 可用作无人称动词,且可插入间接宾语人称代词,如:

　　Il lui reste cinq francs. (*He/She has five francs left.*)

　　在 Il ne me reste pas assez d'argent pour payer la robe 中,assez ... pour 相当于英语的 *enough ... to/for; assez de* 后跟名词。

4. 介词 avant 后跟名词,avant de 后跟动词不定式,词义不变,相当于英语的 *before, before doing*,如:

　　Je me lève avant 6 heures.

　　Nous étudions la grammaire avant de lire le texte.

5. Le Louvre 卢浮宫,1204 年开始兴建,建成于 1857 年,现已成为博物馆,收藏的珍品极多,达·芬奇的《永恒的微笑》也陈列于此。

Notre-Dame de Paris 巴黎圣母院,位于巴黎塞纳河中的西岱岛上,建于 1163 年,建成于 1320 年。

La Tour Eiffel 埃菲尔铁塔,位于塞纳河畔,1887 年动工,两年后竣工。

6. 过去分词 grondé 起状语作用,表示原因;grondé par ... 英语中相同的表达方式是 *scolded by ...* 。

7. 法语书信格式,除课文所示外,称呼和正文的第一行也可顶格写。

... ...

Cher ami,

... ...

... ...

... ...

Amicalement,

Li Ping

... ...

Cher Jean,

... ...

... ...

... ...

Bien à toi

Nicole

信封格式与英语信封格式相同:

Expéditeur:

... ...

... ...

... ...

Monsieur Jean PAULIN

48, rue Victor-Hugo

75009 Paris

France

寄信人的姓名地址常写在信封背面：

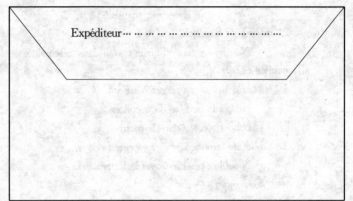

Expéditeur… … … … … … … … … … … … … … … …

CONJUGAISON

	s'ennuyer
je m'ennuie	nous nous ennuyons
tu t'ennuies	vous vous ennuyez
il s'ennuie	ils s'ennuient

essayer	
j'essaie	nous essayons
tu essaies	vous essayez
il essaie	ils essaient

envoyer	
j'envoie	nous envoyons
tu envoies	vous envoyez
il envoie	ils envoient

payer 同 essayer

MOTS ET EXPRESSIONS

I. **essayer** *v. t.*

  1. essayer qch.   *to try sth.*

Il veut essayer ce remède.

Voulez-vous essayer ce manteau?

2. essayer de faire qch.   *to try to do sth.*

Nous essayons de finir le travail dans la semaine.

II. **oublier** *v. t.*

1. oublier qch.   *to forget/leave sth.*

oublier le numéro de téléphone

oublier son sac dans le métro

2. oublier de faire qch.   *to forget to do sth.*

N'oubliez pas d'envoyer la lettre.

III. **tout** *pron. indéf.*

1. tout *m. sing.*   *everything, all*

Tout va bien chez nous.

On ne peut pas tout savoir.

C'est tout (= Voilà tout).

2. tous, toutes *pl.*   *all*

Voilà dix candidats, tous parlent bien anglais.

Sont-ils tous d'accord? — Non, pas tous.

Elles sont toutes là en ce moment.

EXERCICES SUR LES TEXTES

I. 朗读下列句子,然后变换人称代词 (je⇆nous, tu⇆vous),注意动词
的变化:

1. Te lèves-tu à six heures tous les matins?

— Non, je me lève à sept heures.

2. Vous reposez-vous à midi?

— Oui, nous nous reposons un peu, et nous nous remettons à travailler à une heure de l'après-midi.

3. Te couches-tu aussitôt après le dîner?

— Ah non, tu te moques de moi! Après le dîner, je me promène un peu, puis je m'occupe des enfants avant d'aller me coucher.

4. Pourquoi te regardes-tu dans le miroir?

— Je m'ennuie dans cette chambre d'hôtel.

Ⅱ. 用课文里的词语填空：

1. Je pense ... mes parents, je vais ... écrire ... deux jours.

2. Mon travail est ..., je peux maintenant ... promener ... la rue.

3. Il me faut finir mon devoir avant ... aller au cinéma.

4. J'ai besoin ... ... reposer un peu.

5. Il me reste assez ... argent ... acheter ce dictionnaire.

6. Nous vous écrivons pour ... donner ... nouvelles ... vos parents.

7. Je pense souvent ... mon ami français Robert; je ne peux pas ...
oublier, car c'est un garçon très gentil.

8. Tu vas finir ... lire le journal? Nous nous mettons ... travailler.

9. J'essaie ... ne ... lui parler ... mon travail.

10. Demain, il ... y avoir une conférence sur Notre-Dame de Paris.

Ⅲ. 用 il (me, lui ...) faut ... pour ... 的句型将下列词组连接起来：

partir avant six heures (me)	finir ce travail
être en bonne santé (lui)	lire des journaux
deux ans (leur)	arriver demain soir
avoir trois mille mots (vous)	bien travailler

Ⅳ. 用 elle, nous, ils 改写课文的第一、二、三、四段。

Ⅴ. 将下列句子译成汉语：

1. Tu as de l'argent sur toi?

2. Faites comme moi.

3. Tu dépenses trop.

4. Tu m'ennuies, toi.

5. La maman promène sa fille au Luxembourg.

Ⅵ. 用 assez, assez de 填空并译成汉语：

1. Monsieur Durand rentre ... tard.

— 151 —

2. Tu parles . . . , arrête!

3. Ton fils est . . . grand pour son âge.

4. Cette fille est . . . jolie.

5. Il a . . . argent pour acheter cette maison.

6. Il ne lui reste pas . . . temps pour finir cela.

Ⅶ. 用 ce que, que, si 填空:

1. Il lui demande . . . elle fait généralement pendant le week-end.

2. Elle dit . . . elle passe son temps à écouter de la musique.

3. Elle lui dit . . . elle adore le jazz américain.

4. Il lui demande . . . elle aime le cinéma italien.

5. Elle répond . . . elle ne lit pas beaucoup.

6. — Qu'est-ce que vous faites là?

   — Pardon?

   — Je vous demande . . . vous faites là.

7. — Est-ce que vous voulez prendre un café?

   — Comment?

   — Je vous demande . . . vous voulez prendre un café.

8. — Je prends mes vacances le mois prochain.

   — Quoi? Qu'est-ce que tu dis?

   — Je dis . . . je prends mes vacances le mois prochain.

Ⅷ. THEME:

1. 我到学院已有两年了。我父亲经常寄给我小额汇票。

2. 下星期有一个关于巴黎圣母院的讲座;您知道它的历史吗?
   ——我不知道。

3. 10 点钟了,你要休息一下吗?

4. 他剩下两个练习。20 分钟后,他可以跟你一起去散步;但我还剩许多作业 (le devoir) 要做。

5. 大学里,一切都十分有趣,人们从不会感到厌倦。我经常写短信给朋友们,告诉他们我的生活情况。

Ⅸ. VERSION — **Les mêmes questions**

Françoise a vingt-deux ans. Un soir, elle dit à son père:

— Mon cher papa, je connais un garçon très gentil, très sérieux; nous voulons nous marier (*to get married*). Est-ce que je peux te présenter ce jeune homme?

— Oui, euh ... Mais, attends, dis-moi d'abord (*at first*) ce que fait ton ami et combien il gagne (*earns*) par mois.

— Oh! c'est drôle (*funny*), papa! Il m'a posé les mêmes questions sur toi.

X. DIALOGUE:

— Quelle heure est-il? Oh! Il est 8 heures: je m'en vais.

— Reste, il est encore tôt.

— Je n'ai pas le temps!

— A quelle heure dînes-tu donc?

— A 7 heures et demie. Je me couche à 9 heures. Ma femme aime dormir. Au revoir ...

— Eh bien, moi, je me couche à minuit.

— Mais toi, tu commences ton travail à 9 heures du matin. Et puis, tu n'as pas de femme.

VOCABULAIRE

s'en aller *v. pr.*   *to go away,*
    to be off

la femme   *wife*
dormir *v. i.*   *to sleep*

Leçon *17*

꽃꽃꽃꽃꽃꽃꽃꽃꽃꽃꽃꽃꽃꽃꽃꽃꽃꽃꽃꽃꽃꽃꽃꽃꽃꽃꽃꽃꽃

━ POINTS DE REPERE ━

Les deux jumeaux se regardent.

Les journaux se vendent partout.

Ecoute, on frappe à la porte.

aller/être en Chine, en Iran

aller/être au Japon, au Maroc

aller/être à Paris, à Shanghai

GRAMMAIRE

I. 代动词 (les verbes pronominaux) (2)

代动词还可以表示:

1. 相互意义——这类动词由直接或间接及物动词加自反人称代词 se 构成;主语一般为复数,动作在数者之间进行。Se 可以是直接宾语或间接宾语;相当于英语的相互代词 *each other* 或 *one another*。

   Les deux jumeaux se regardent quand ils s'habillent. (se 是直接宾语) (*The twins look at each other when they dress.*)

Nous nous écrivons souvent. （nous 是间接宾语）

（*We often write to each other.*）

2. 被动意义——这类动词由直接及物动词加 se 构成；主语一般是指物的名词。英语中用被动语态表示。

Le fromage se mange avec du pain. （*Cheese is eaten with bread.*）

Les journaux se vendent partout. （*Newspaper is sold everywhere.*）

Ⅱ. 泛指代词 on (le pronom indéfini «on»)

这个代词广泛用于日常谈话，类似英语的 *one, someone, they, people* 等，而且几乎可以代替所有的主语人称代词，但动词谓语仅用第三人称单数。

Ecoute, on frappe à la porte. （*Listen, someone is knocking at the door.*）

Dans notre école, on apprend l'anglais. （*In our school, we learn English.*）

当 on 的词义是 *they, people* 时，在英语中往往用被动语态来表示：

On parle français dans beaucoup de pays. （*French is spoken in many countries.*）

Ⅲ. 国家、城市名词前介词的用法

1. 在阴性国名和以元音字母开始的阳性国名前，用介词 en, 表示去或在某国；用介词 de, 表示来自某国。国名前均不用冠词。

aller/être en Chine, en Iran

venir de France, d'Irak

2. 在以辅音字母开始的阳性国名前用介词 à，表示去或在某国；用介词 de，表示来自某国。国名前一般均用冠词。

　　　　aller/être au Japon, au Maroc

　　　　venir du Canada, du Portugal

复数国名前一律用介词 à 或 de 表示上述意思：

　　　　aller/être aux Etats-Unis

　　　　venir des Philippines

3. 城市名一般为阳性，通常不用冠词。用介词 à 表示去或在某市；用介词 de，表示来自某市。

　　　　aller/être à Paris

　　　　venir de Shanghai

EXERCICES DE GRAMMAIRE

Ⅰ. 用代动词改写下列句子：

Exemple: je te parle et tu me parles.

　　　　→ Nous nous parlons.

1. Je vous dis bonjour et vous me dites bonjour.

2. Marie aime Paul et Paul aime Marie.

3. Vous connaissez Lucie depuis longtemps et Lucie vous connaît depuis longtemps.

4. Le professeur regarde Anne et Anne regarde le professeur.

5. Elle écrit à sa mère quand elle ne peut pas voir sa mère et sa mère lui écrit quand elle ne peut pas la voir.

6. Paul ressemble à son père et son père ressemble aussi à Paul.

Ⅱ. 根据例句改写下列句子：

Exemple: On lit ce livre facilement.

→ Ce livre se lit facilement.

1. On voit de loin (*from afar*) la Tour Eiffel.

2. Comment dit-on ça en français?

3. On comprend sans (*without*) difficultés les poèmes de Verlaine.

4. On vend aussi des revues chez la marchande de journaux.

Ⅲ. 用泛指代词 on 代替句子中的主语:

Exemple: Les Français dînent à 7 heures ou à 8 heures.

　　　　　→ On dîne à 7 heures ou à 8 heures en France.

1. Les spectateurs ne fument pas au théâtre.

2. Nous ne travaillons pas le dimanche.

3. A quelle heure prenez-vous le dîner à l'université?

4. Ecoutez, quelqu'un frappe à la porte.

5. Les Français mangent beaucoup de pain.

6. Vite, les camarades vous attendent.

Ⅳ. 填写合适的介词:

1. La statue de la Liberté est ... New York; mais la Tour Eiffel est
   ... Paris.

2. ... Chine, il y a une grande muraille (*wall*); il y a aussi un mur
   (*wall*) célèbre ... Berlin, ... Allemagne.

3. Les Champs-Elysées sont ... Paris, ... France; mais le Vatican est
   ... Rome, ... Italie.

4. Madrid est ... Espagne et Buenos Aires est ... Argentine.

5. Le Kremlin est ... Moscou, ... Russie et la Maison Blanche est
   ... Washington, ... les Etats-Unis.

6. Nous venons ... le Canada; et eux, ils viennent ... France.

TEXTE I — LE TOUR DE FRANCE

Aimez-vous les courses? Je ne veux pas parler des courses
dans les magasins, naturellement! mais des courses de chevaux,

des courses à pied et surtout des courses de bicyclettes. Les Français aiment beaucoup les courses de bicyclettes, et il y a en France, en été, une très grande course populaire appelée «le Tour de France». Les coureurs se rencontrent à cette occasion et ils font à bicyclette le tour de la France: 3 000 km en un mois, et aussi un «petit tour» en Allemagne, en Espagne ou en Belgique.

Bien sûr, c'est une course très longue et très dure, et il faut être très courageux pour arriver jusqu'au bout! On part de Paris le 15 juin et arrive à Paris le 14 juillet. Tous les jours les coureurs roulent entre 150 et 200 km, en plaine ou en montagne, sous le soleil ou sous la pluie. A Bordeaux, à Marseille, à Lyon[1], partout où[2] ils passent, c'est la fête. Il y a des gens dans les rues, au bord des routes pour voir les coureurs et leur donner du courage. «Allez-y», «bravo», ces cris s'entendent

— 158 —

partout. Mais les coureurs ne pensent qu'à aller plus vite pour arriver avant les autres ...

😊 VOCABULAIRE

le tour 环绕,环行
la course *race, shopping*
naturellement *adv.* *naturally*
le cheval (les chevaux) *horse*
le pied *foot*
surtout *adv.* *especially*
populaire *a.* *popular* = courant(e)
appelé -e *p. p.* *called*
le coureur *runner*
l'occasion *f.* *opportunity*
km (kilomètre) *m.* *kilometre*
en *prép.* *within, in*
l'Allemagne *n. pr. f.*
　Germany
l'Espagne *n. pr. f.* *Spain*
la Belgique *n. pr.* *Belgium*
bien sûr *loc. adv.* *of course*
long -gue *a.* *long*
courageux -se *a.* *courageous*

le bout *end*
juin *m.* *June*
rouler *v. i.* *to roll, to ride*
la plaine *plain*
la montagne *mountain*
sous *prép.* *under*
la pluie *rain*
partout *adv.* *everywhere*
les gens *people*
au bord de 在…边上
la route *road*
le courage *courage*
bravo! *interj.* *bravo*
le cri *shout*
entendre *v. t.* *to hear*
ne ... que *loc. adv.* *only*
plus *adv.* *more*
vite *adv.* *quickly*
autre *pron. indéf.* *another*

😊 TEXTE II — UNE HISTOIRE DRÔLE

Madame Leblanc vient d'acheter, pour ses deux jumeaux, des vêtements identiques. Les deux enfants les mettent aussitôt.

Madame Leblanc demande à la vendeuse:

— Il y a un miroir pour se regarder?

— Pourquoi un miroir Madame? répond la vendeuse. Ils n'ont qu'à se regarder l'un l'autre.[3]

VOCABULAIRE

drôle *a.*   *funny*   l'enfant *n.*   *child*

jumeau -elle *n.* ; *a.*   *twin*   aussitôt *adv.*   *at once*

le vêtement   *garment*   vendeur -se *n.*   *shop assistant*

identique *a.*   *identical*   le miroir   *mirror*

' NOTES

1. Bordeaux 波尔多, Marseille 马赛, Lyon 里昂,均为法国城市名。

2. Où 是关系代词,与英语关系代词 *where* 的用法基本相同。

   J'aime le village où je passe mes vacances chaque année. (*I like the village where I spend my vacation every year.*)

   Partout où 凡在 … 之处, Partout où ils passent, c'est la fête. (*Wherever they pass by, there is festival atmosphere.*)

3. Avoir à faire qch. (*to have to do sth.*) 表示"应该,需要做某事";n'avoir qu'à faire qch. 表示"只需要做某事";l'un, l'autre 都是泛指代词,放在一起用来强调相互关系。Ils n'ont qu'à se regarder l'un l'autre. (*They only have to look at each other.*)

CONJUGAISON

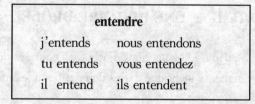

entendre	
j'entends	nous entendons
tu entends	vous entendez
il entend	ils entendent

MOTS ET EXPRESSIONS

I. **sous** *prép.*   *under*

   Votre crayon est sous la machine à écrire.

   En été, ils prennent souvent le dîner sous un grand arbre.

   Nous travaillons sous la direction du Parti. 党

II. **entendre** *v. t.*   *to hear*

   Est-ce que vous entendez des cris dans la chambre?

   D'ici, j'entends très bien le conférencier.

III. **ne ... que** *loc. adv.*   *only*

   Je n'ai qu'un dictionnaire français.

   Cet enfant n'écoute que son père.

   Son grand-père ne se promène qu'après le dîner.

EXERCICES SUR LES TEXTES

I. 用课文里的词语填空:

1. ... un mois, les coureurs font ... bicyclette le tour ... ... France.

2. Après le dîner, nous faisons ... petit tour ... l'école.

3. Ils aiment les courses ... pied, nous préférons les courses ... chevaux, mais les Français aiment les courses ... bicyclettes.

4. Ces jeunes filles font souvent ... courses ... les magasins.

5. Ces coureurs font ... longue course ... montagne.

6. Il faut ... du courage ... arriver jusqu' ... bout.

7. Tous les jours, les coureurs cyclistes ... 150 km ... plaine ou ... montagne.

8. «Allez-y», «bravo», ces cris ... entendent partout ... les coureurs passent.

9. Beaucoup de gens attendent ... des routes pour donner ...

courage ... coureurs.

10. Vous ... avez ... lui demander: c'est un dictionnaire vivant.

Ⅱ. 翻译下列句子,注意 ne ... que 的用法:

1. A. Les coureurs ne roulent que 150 km en plaine.

   B. Les coureurs ne roulent 150 km que sous la pluie.

2. A. Elle ne se lève à dix heures que le dimanche.

   B. Elle ne se lève qu'à dix heures le dimanche.

3. A. Nous ne regardons que la télévision le samedi soir.

   B. Nous ne regardons la télévision que le samedi soir.

Ⅲ. 用 c'est vrai 或 c'est faux 回答下列问题:

1. Il y a en France, toujours en automne, une très grande course cycliste.

2. Les coureurs français font à bicyclette un tour dans le pays.

3. Le Tour de France dure (*lasts*) un mois, du 15 juin au 14 juillet.

4. Quelquefois, les coureurs roulent 200 km en montagne, sous la pluie.

5. Il faut être très courageux pour arriver avant les autres.

Ⅳ. 回答问题:

Quel sport pratiquez-vous?

Je fais
- du vélo
- du ski
- de la natation
- de la montagne
- de la gymnastique

Je joue
- au football
- au volley-ball
- au basket-ball
- au tennis
- au ping-pong

jouer à

V. THEME:

1. 好好休息吧!明天我们要在太阳底下走一大段山路呢。

2. "加油啊!""坚持到底呀!"赛车人在他们所到之处都听到这些叫喊声。

3. 每年,他和他全家人都到海(la mer)边去度假。

4. 你为什么要词典呢?只要问问他就行了。

Ⅵ. VERSION — **Plaisanterie anglo-française**

Un Français, comme il est à Londres pendant trois jours d'un brouillard intense, dit à un ami anglais avec un sourire (*smile*):

— Ah! je vois maintenant que votre phrase (*sentence*) se comprend facilement: «Le soleil ne se couche jamais sur notre empire.» Il ne s'y lève jamais!

Ⅶ. DIALOGUE:

Elle	On sort ce soir?
Lui	Tu sais, moi, ce soir, je préfère rester à la maison. Je vais regarder le match de foot à la télévision.
Elle	Quel sportif! Tu aimes tout: le football, le rugby, le volley, le tennis ... Tout! mais ... à la télévision ... et dans un bon fauteuil ... Sportif en chambre, quoi!
Lui	Tu exagères un peu ... Tu oublies le ski. Je fais du ski, moi!
Elle	Oui, c'est vrai ... Tu en fais beaucoup ... Huit jours par an! Alors, nous restons ici? ... Je vais reprendre mon livre. Heureusement pour moi, il y a la lecture.
Lui	... et le tricot!

VOCABULAIRE

le sportif	*sportsman*	exagérer *v. t.*	*to exaggerate*
le fauteuil	*armchair*	le tricot	*knitting*

— 163 —

Leçon *18*

Balzac a écrit beaucoup de romans.

Hier, ils ont visité Notre-Dame de Paris.

Combien avez-vous de sœurs? — J'en ai une.

Y a-t-il beaucoup de professeurs français dans votre institut?

    — Non, il n'y en a pas beaucoup.

GRAMMAIRE

I. 过去分词 (le participe passé)

和英语过去分词相同,可以与助动词一起构成各种复合时态。过去分词的构成如下:

第一组动词	将词尾-er 换成-é	parler	→parlé
第二组动词	将词尾-ir 换成-i	finir	→fini
第三组动词	有四种词尾: -i -u -s -t	sortir répondre mettre dire	→sorti →répondu →mis →dit

部分第三组动词的过去分词如下表:

avoir	→ eu [y]	attendre	→ attendu
être	→ été	entendre	→ entendu
faire	→ fait	connaître	→ connu
lire	→ lu	vouloir	→ voulu
		pouvoir	→ pu
prendre	→ pris	savoir	→ su
comprendre	→ compris	voir	→ vu
écrire	→ écrit	boire	→ bu
		falloir	→ fallu
		pleuvoir	→ plu

Ⅱ. 复合过去时 (le passé composé) (1)

1. 构成

avoir (直陈式现在时) + 过去分词: j'ai parlé

肯 定 式	否 定 式	疑 问 式
j'ai parlé	je n'ai pas parlé	ai-je parlé?
tu as parlé	tu n'as pas parlé	as-tu parlé?
il a parlé	il n'a pas parlé	a-t-il parlé?
nous avons parlé	nous n'avons pas parlé	avons-nous parlé?
vous avez parlé	vous n'avez pas parlé	avez-vous parlé?
ils ont parlé	ils n'ont pas parlé	ont-ils parlé?

2. 用法

复合过去时表示一个已经完成的过去动作；动作发生的时间可确定，也可不确定。相当于英语的现在完成时或一般过去时。例如：

Balzac a écrit beaucoup de romans.

Avez-vous fini votre composition?

Nous avons dîné dans un restaurant français.

Hier, les étudiants ont visité Notre-Dame de Paris.

Bien, déjà, beaucoup, encore 等副词放在助动词与过去分词之间，如：Vous avez bien dit.

作直接宾语或间接宾语的人称代词要放在助动词前；在否定句中，更要注意 ne … pas 的位置，如：Nous ne l'avons pas encore visité.

III. 副代词 en (le pronom adverbial «en») (3)

1. 代替用作直接宾语的数词后的名词：

Combien avez-vous de sœurs? — J'en ai une (en = sœur)

Il y a des gâteaux: prends-en un. (en = gâteau)

2. 代替数量副词的补语：

Y a-t-il beaucoup de professeurs français dans votre institut? — Non, il n'y en a pas beaucoup. (en = de professeurs)

EXERCICES DE GRAMMAIRE

I. 说出下列动词的过去分词：

étudier   travailler   choisir   prendre   boire

faire	commencer	attendre	avoir	mettre
donner	téléphoner	finir	répondre	écrire
acheter	pleuvoir	vendre	être	voir

Ⅱ. 把下列句子先改成复合过去时(注意变动介词),然后译成汉语:

Exemple: Je mange beaucoup.

→J'ai beaucoup mangé.

1. Il pleut depuis 5 jours.

2. Elle habite Shanghai.

3. Il travaille dans le restaurant «Soir de Lyon».

4. Ils finissent le travail à 11 heures.

5. Michel téléphone depuis une demi-heure.

6. Nous avons une voiture.

Ⅲ. 将动词不定式变成复合过去时:

1. Le matin, je prends un croissant, mais ce matin, j'en (prendre) trois.

2. Tu (dépenser) mille yuans en un jour, mais, qu'est-ce que tu (acheter)?

3. Ne (trouver) tu pas de travail?

4. Vous (être) aux Etats-Unis?

5. — Je suis là depuis une heure.

— Excuse-moi, je ne (pouvoir) pas venir plus tôt; je (avoir) une visite.

6. Pendant mes voyages de l'an dernier, je (voir) beaucoup de pays, je (travailler) un peu partout, je (connaître) beaucoup de gens, je (pouvoir) vivre (*live*) un peu avec eux.

Ⅳ. 用副代词 en 回答下列问题:

Exemple: Avez-vous mis du lait dans le café?

→ Oui, j'en ai mis dans le café.

1. Y a-t-il un tableau dans la classe?

2. Avez-vous beaucoup de timbres français?

3. A-t-elle vraiment besoin de cette robe?
4. Votre professeur est-il très content de votre travail?
5. Combien a-t-elle de frères?
6. Avez-vous assez d'argent pour faire ce voyage?
7. M. Martin vous a-t-il parlé de son voyage à Beijing?
8. A-t-il beaucoup d'amis à Shanghai?
9. Qui va s'occuper de ce travail?
10. Avez-vous des revues étrangères?

😊 TEXTE I — APRES LA CONSTRUCTION D'UNE USINE ...

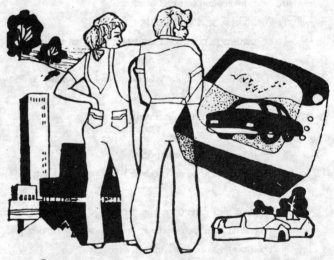

On a construit une grande usine très moderne à 20 kilomètres du village. Tout autour de l'usine, on a bâti des cités pour le personnel administratif et les ouvriers. Au début, seulement quelques jeunes gens sont allés[1] y travailler, mais la population a vite augmenté et la ville, ainsi née près de l'usine, compte aujourd'hui 10 000 habitants.

En effet, les plaisirs de la ville ont attiré les jeunes gens. Les jeunes filles n'ont plus voulu rester à la ferme à attendre un mari[2]. Elles ont eu envie, elles aussi, de[3] gagner de l'argent, comme les garçons. Certains pères de famille ont pensé à l'avenir de leurs jeunes enfants. Ils ont quitté le village, eux aussi, pour aller travailler à l'usine.

Dès le premier été, ils ont pris des vacances. Puis, ils ont tous[4] fait des économies. Ils ont acheté d'abord un téléviseur, ensuite une voiture, cela leur permet de retourner de temps en temps dans leur village natal.

VOCABULAIRE

la construction *construction*
construire *v. t.* *to construct*
le village *village*
autour de *loc. prép.* *round*
bâtir *v. t.* *to build*
la cité *housing estate*
le personnel *staff*
administratif -ve *a.* *administrative*
le début *beginning*
la population *population*
augmenter *v. i.* *to increase*
né -e *p. p.* *born*
compter *v. t.* *to number,*
to count
habitant -e *n.* *inhabitant*
en effet *loc. adv.* *indeed, in fact*
attirer *v. t.* *to attract*
la ferme *farm*
le mari *husband*
avoir envie de 想,渴望
gagner *v. t.* *to earn, to gain*
certain -e *a. indéf.* *certain, some*
l'avenir *m.* *future*
dès *prép.* *since, from* (从…(时间)起)

— 169 —

puis *adv.* *then*	cela (ça) *pron. dém.* *that*
l'économie *f.* *economy*	permettre *v. t.* *to allow,*
les économies *savings*	*to permit*
d'abord *loc. adv.* *at first*	de temps en temps *loc. adv.*
le téléviseur *TV set*	*from time to time*
ensuite *adv.* *afterwards, then*	natal -e *a.* *native*

 ## TEXTE II — A L'EXAMEN

A l'examen, le professeur interroge un étudiant en histoire[5]. Il ne sait vraiment rien. Alors le professeur demande pour lui donner une dernière chance:

«Voyons[6], hum ... Qui a découvert l'Amérique?»

Pas de réponse.

Fatigué[7], le professeur crie:

«Christophe Colomb!»

A ce moment, l'étudiant s'en va. Très étonné, le professeur l'appelle:

«Eh bien, vous partez?

— Oh! pardon, je crois que vous en[8] avez appelé un autre.»

 ## VOCABULAIRE

interroger *v. t.* *to interrogate,*	fatigué -e *a.* *tired*
to examine	crier *v. i.* *to shout*
ne ... rien *nothing*	s'en aller *v. pr.* *to go away,*
la chance *chance, luck*	*to be off*
découvrir *v. t.* *to discover*	étonné -e *a.* *astonished*
l'Amérique *n. pr. f* *America*	appeler *v. t.* *to call*

pardon *n. m.*   *pardon, sorry*   croire *v. t.*   *to think*

NOTES

1. ... sont allés 是 aller 的复合过去时。少数动词的复合过去时以 être 为
   助动词,详见下一课语法。

2. Rester (某处) à faire qch. 留在某处做某事。例如:

   > Lui, il préfère rester à la maison à regarder la télévision.

3. Avoir envie de qch. (de faire qch.) (*to want, to have a mind to do sth.*) 例如:

   > Sa famille a envie d'un téléviseur en couleurs depuis longtemps.

   > Je n'ai pas envie d'aller au théâtre ce soir.

4. Ils ont tous fait des économies. Tous [tus] 是泛指代词 tout 的复数形
   式,这里作主语的同位语。

5. Un étudiant en histoire 历史系学生

   > 介词 en 表示"在某个方面",又如 étudiant en médecine 医科大学
   生,docteur en droit 法学博士。

6. Voyons 用来表示鼓励。

7. Fatigué 是过去分词,作同位语,表示原因。

8. ... vous en avez appelé un autre. 副代词 en 可以与泛指代词 autre 一起
   使用,代替一个名词。这个句子的意思是"vous avez appelé un autre
   étudiant"。

CONJUGAISON

<table>
<tr><td colspan="2">construire</td></tr>
<tr><td>je construis</td><td>nous construisons</td></tr>
<tr><td>tu construis</td><td>vous construisez</td></tr>
<tr><td>il construit</td><td>ils construisent</td></tr>
<tr><td colspan="2">participe passé: construit</td></tr>
</table>

<table>
<tr><td colspan="2">croire</td></tr>
<tr><td>je crois</td><td>nous croyons</td></tr>
<tr><td>tu crois</td><td>vous croyez</td></tr>
<tr><td>il croit</td><td>ils croient</td></tr>
<tr><td colspan="2">participe passé: cru</td></tr>
</table>

découvrir		appeler	
je découvre	nous découvrons	j'appelle	nous appelons
tu découvres	vous découvrez	tu appelles	vous appelez
il découvre	ils découvrent	il appelle	ils appellent
participe passé: découvert		participe passé: appelé	

bâtir 同 finir, permettre 同 mettre

MOTS ET EXPRESSIONS

Ⅰ. **à ... (de) ...**   ... *(from)* ...

Le zoo est à 20 km.

Nanjing est à 305 km de Shanghai.

On a bâti des cités à 5 km de la ville.

Ⅱ. **compter** *v. t; v. i.*   *to count*

Mme Dupont compte ses poules chaque soir.

Cet enfant sait compter jusqu'à cinquante.

Ⅲ. **appeler** *v. t.*

1. appeler qn   *to call sb.*

On l'appelle Pierrot.

Je t'appelle ce soir.

appeler la police

appeler un médecin

2. s'appeler *v. pr.*   *to be called, named*

Comment vous appelez-vous? — Je m'appelle Lucien Delon.

Comment ça s'appelle, cette fleur (*flower*)?

Ⅳ. **permettre** *v. t.*   *to allow, to permit*

1. permettre qch. à qn

Le médecin ne lui permet pas l'alcool.

2. permettre à qn de faire qch.

> Son père ne lui permet pas de regarder la télévision tous les soirs.

> Permettez-moi de vous présenter M. Li, notre professeur de français.

V. **croire** *v. t.*   *to believe, to think*

1. croire qch.   *to believe sth.*

> Je crois ce que vous dites.

> Personne ne (*nobody*) veut croire cette nouvelle.

2. croire que ...   *to think (that)* ...

> Je crois qu'il nous reste assez d'argent pour cet achat.

> Je crois que oui/non.

EXERCICES SUR LES TEXTES

Ⅰ. 用复合过去时变位：

1. prendre des vacances le mois dernier

2. avoir envie de gagner de l'argent

3. envoyer un télégramme à la poste

4. ne plus vouloir rester à la campagne

5. quitter le village natal pour travailler en ville

Ⅱ. 用课文里的词语填空：

1. On a construit une cité ouvrière ... 3 km ... la ville.

2. Nous avons vu beaucoup d'arbres ... de cette école.

3. Au ..., nous parlons très peu français.

4. La population a ... après ... d'une usine.

5. Pourquoi la ville a-t-elle ... les jeunes gens?

6. Je reste ... la maison ... finir ce roman.

7. Cet enfant a ... de travailler ... son frère.

8. Ils ont acheté tout ... un téléviseur en couleurs.

9. Tout cela permet ... les jeunes gens ... bien travailler.

— 173 —

10. Enfin, la journée est finie; la dame est vraiment ... .

11. Sa fille est ... pour la musique.

12. La France ... 55 millions d'habitants.

13. Nous n'avons ... de fromage, il faut en acheter.

14. J'ai eu la ... de rencontrer Jean-Paul en Suisse.

15. ... contente, Joëlle a crié: «J'ai gagné, gagné. »

16. Jacques, on t' ... au téléphone.

17. L'étudiant n'a rien dit et s' ... .

18. Et le petit, tu t' ... comment?

Ⅲ. 用下列词组造句:

1. avoir envie de: Exemple: J'ai envie de sortir ce soir.

2. dès: Exemple: Tous les jours, il se lève dès 6 heures.

3. de temps en temps: Exemple: Je leur envoie de temps en temps un petit mandat.

4. ne ... plus: Exemple: Il n'y a plus de place dans le bus.

Ⅳ. 把下列句子改成复合过去时,注意 rien 的位置:

1. Elle ne dit rien.

2. Je ne réponds rien.

3. Tu ne vois rien?

4. Ils n'entendent rien.

5. Vous ne faites rien.

Ⅴ. 把下列句子译成汉语,注意代词 tout, tous 的含义:

1. Tout est bon dans ce roman.

2. C'est tout? — Non, ce n'est pas tout.

3. C'est tout ou rien.

4. Ses élèves l'aiment bien. Tous ont fait un cadeau (*gift*) pour son anniversaire.

5. On ne peut pas tout savoir.

6. On trouve tout au supermarché.

7. On ne peut pas dire cela à tous.

8. C'est une grande surprise pour nous tous.

9. Répétez tous ensemble.

10. Elle a tout dit.

VI. THEME :

1. 在离上海 40 公里的地方, 建造了一座现代化大工厂。在这座工厂的四周, 盖起几座新村。

2. 小伙子和姑娘们再也不愿呆在农村。他们中有许多人想到工厂去工作。

3. 这座小城市现在有 5 万居民。人口还在增长。

4. 从第一年开始, 年轻的工人们都有了积蓄。他们首先买起了自行车, 然后买电视机。有的还买了录像机(un magnétoscope)。

5. "哥伦布于 1492 年发现了美洲。"学生答道。老师感到很满意。于是, 他就叫了另外一个学生。

VII. VERSION — **Siffle, papa**

Pierrot et son père voyagent par le train.

Pierrot regarde par la fenêtre. Son père, vite, lui prend le chapeau et le cache (*hides*).

— Oh! papa, le vent a emporté (*has carried away*) mon chapeau!

— Ça ne fait rien, je vais siffler (*whistle*); il va revenir.

Il siffle et rend (*returns*) le chapeau à son fils.

Un peu plus loin, le père regarde aussi par la fenêtre pour voir le nom d'une gare. Pierrot prend le chapeau de son père et le jette dehors (*throws out*); le vent l'emporte ... Alors, tout content, il crie:

— Siffle, papa!

VIII. DIALOGUE :

— J'ai laissé mon parapluie dans le métro.

— C'est un parapluie comment?

— Mon parapluie? Il est bleu et blanc.

— Remplissez cette feuille, décrivez votre parapluie, où et quand vous l'avez perdu. C'est pour faciliter les recherches.

— Merci Madame.

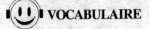 **VOCABULAIRE**

laisser *v. t.*   *to leave*   la feuille   *sheet*
bleu -e *a.*   *blue*   décrire *v. t.*   *to describe*
remplir *v. t.*   *to fill*

Leçon **19**

ᘯᘯᘯᘯᘯᘯᘯᘯᘯᘯᘯᘯᘯᘯᘯᘯᘯᘯᘯᘯᘯᘯᘯᘯᘯᘯᘯᘯᘯᘯᘯ

POINTS DE REPERE

Ils sont allés au Palais du Louvre.

Nous nous sommes promenés dans les magasins.

Les deux amis se sont rencontrés à Londres.

Elles se sont écrit le mois dernier.

GRAMMAIRE

Ⅰ. 复合过去时 (le passé composé) (2)

1. 一部分表示位置及状态变化的不及物动词的复合过去
   时,用 être 作助动词,如下表:

aller	→allé	venir	→venu
entrer	→entré	sortir	→sorti
rentrer	→rentré	partir	→parti
retourner	→retourné	descendre	→descendu
arriver	→arrivé	devenir	→devenu

monter	→monté	naître	→né
rester	→resté	mourir	→mort
tomber	→tombé		

在以 être 作助动词的复合过去时中，过去分词的性、数要与主语的性、数相一致：

Nous sommes arrivés par le train.

Sont-elles parties pour le Canada?

2. 代动词的复合过去时均用 être 作助动词，例如：

se lever：

je me suis levé (e)	je ne me suis pas levé (e)
tu t'es levé (e)	tu ne t'es pas levé (e)
il s'est levé	il ne s'est pas levé
elle s'est levée	elle ne s'est pas levée
nous nous sommes 　levés (es)	nous ne nous sommes pas 　levés (es)
vous vous êtes levé 　(e) (s) (es)	vous ne vous êtes pas levé 　(e) (s) (es)
ils se sont levés	ils ne se sont pas levés
elles se sont levées	elles ne se sont pas levées

1) 表示绝对意义和被动意义的代动词，过去分词的性、数与主语的性、数相一致：

Elle s'est occupée des enfants de M. Dupont.

Sa bicyclette s'est bien vendue.

2) 表示自反意义和相互意义的代动词，过去分词的性、数与作直接宾语的自反人称代词的性、数相一

致:

> Nous nous sommes déjà levés.

> Les deux amis se sont rencontrés à Londres.

如果自反人称代词是间接宾语,则过去分词无性、数变化:

> Elles se sont écrit le mois dernier.

II. 表示事物的名词的阴、阳性的识别 (1)

> 1. 下列名词为阳性:　　　金属名称 le bronze
>   树木名称 le peuplier　　星期、月份
>   语言名称 le français　　及四季名称 le dimanche
> 2. 以辅音字母结尾及以下列后缀构成的名词为阳性:
>
> | | | | |
> |---|---|---|---|
> | -age: | le village | -et: | le jouet |
> | -aire: | le dictionnaire | -il: | le travail |
> | -ard: | le foulard | -isme: | le socialisme |
> | -at: | le doctorat | -ment: | le développement |
> | -eau: | le chapeau | -oir: | le couloir |
> | -er: | le plancher | -on: | le crayon |

EXERCICES DE GRAMMAIRE

I. 说出下列动词的过去分词:

> rentrer　　　arriver　　　rester　　　aller
> partir　　　sortir　　　venir　　　naître

II. 将动词不定式变成复合过去时:

1. Ils (aller) à Paris.
2. Elle (sortir) tard du bureau.
3. Ta fille (naître) en quelle année?

— 179 —

4. Il (rester) au lit pendant un mois.

5. Son mari (partir) pour l'Allemagne.

6. Mes amis français (arriver) en Chine.

7. Nous (se rencontrer) dans la rue de Nanjing.

8. Nous (se regarder) un certain moment.

9. Vous (se reposer) bien?

10. Ils (s'aimer) pendant longtemps.

Ⅲ. 找出下列阳性名词相应的动词：

le travail	le passage
le conseil	le choix
l'appel	l'achat
le service	l'amour
le voyage	le commencement

Ⅳ. 将动词不定式变成复合过去时：

1. Est-ce que votre mère (revenir) déjà de Shanghai?

2. Hier, nous (visiter) Notre-Dame de Paris.

3. A quelle heure (arriver)-vous à la gare?

4. Dimanche dernier, on (partir) à 6 heures du matin.

5. Je crois qu'ils (comprendre) bien la grammaire de la leçon 19.

6. Marie et Sophie ne sont pas là, elles (rentrer) à la maison.

7. Je (entrer) à l'Université des Langues étrangères de Beijing l'été dernier.

8. (Lire)-elle le journal d'aujourd'hui?

Ⅴ. 将下列句子改成复合过去时：

Exemple: Après le repas, nous nous mettons à travailler.

→Après le repas, nous nous sommes mis à travailler.

1. Ma sœur et moi, nous nous embrassons avant de nous quitter.

2. Est-ce que vous vous dites bonjour?

3. Pendant les vacances, Nathalie s'occupe des enfants de Mme Leblanc.

4. Pourquoi se regarde-t-elle dans le miroir?

5. Ils s'écrivent pour demander des nouvelles de Marie.

6. Quand Henri et Georges se rencontrent-ils dans la rue?

7. Elles se promènent à pied sur les Champs-Elysées.

8. Nous nous levons avant 5 heures et nous nous couchons après 11 heures.

☺ TEXTE I — UN BON WEEK-END

Vendredi dernier, j'ai donné un coup de téléphone[1] à Jacques et lui ai proposé de faire une visite à la ferme de mon oncle. Le lendemain matin, nous nous sommes levés de bonne heure. Nous nous sommes mis en route[2] vers sept heures.

A l'entrée du village, au pied d'une montagne, nous avons aperçu de loin le clocher de l'église. Notre voiture s'est arrêtée devant la mairie. Nous en sommes descendus faire un tour sur la place[3]...

A notre arrivée près de la ferme, mon oncle m'a fait signe de la main.[4] Je lui ai présenté mon ami Jacques. Nous avons traversé une belle cour et nous sommes entrés dans la maison. Ma tante nous a servi un très bon apéritif. Puis nous sommes allés voir les lapins et les poules. Ensuite, nous avons aidé mon oncle à ramasser les œufs.

A midi, on a fait un pique-nique sous un grand arbre. Cette fois-ci, mon oncle nous a raconté des aventures de sa jeunesse. Après le déjeuner on s'est promené au bord d'un grand champ de blé. Ah, quel plaisir d'être en pleine campagne[5]!

Nous sommes restés à la ferme jusqu'à quatre heures et demie. Nous ne sommes rentrés qu'à six heures du soir, très contents de notre belle journée.

VOCABULAIRE

vendredi *n. m.*   *Friday*

le coup   (一)下

proposer *v. t.*   *to propose*

l'oncle *m.*   *uncle*

le lendemain   *next day*

de bonne heure *loc. adv.*   *early*

l'entrée *f.*   *entrance*

apercevoir *v. t.*   *to perceive, to see*

de loin *loc. adv.*   *from afar, at a distance*

le clocher   *belfry*

l'église *f.*   *church*

la mairie   *town hall*

descendre *v. i.*   *to descend, to come down*

l'arrivée *f.*   *arrival*

le signe   *sign*

faire signe à qn   *to beckon*

traverser *v. t.*   *to cross*

la cour   *court*

entrer *v. i.*   *to enter*

la tante   *aunt*

servir *v. t.*   *to serve*

l'apéritif *m.*   *appetizer*

le lapin   *rabbit*

aider *v. t.* *to help*   l'aventure *f.* *adventure*

ramasser *v. t.* *to gather,*   la jeunesse *youth*

  to pick up   le champ *field*

l'œuf (les œufs[lezø]) *m.* *egg*   le blé *wheat*

l'arbre *m.* *tree*   plein -e *a.* *full*

la fois *time* (次，回)   content -e *a.* *glad, content*

raconter *v. t.* *to relate, to tell*

TEXTE II — UNE DAME PRESSEE

Une dame est entrée dans un restaurant.

Elle est fatiguée et elle est très pressée. Alors elle dit au garçon:

— Garçon, je suis très pressée. Qu'est-ce que vous me conseillez?

— Beaucoup de patience, Madame ...

VOCABULAIRE

la dame *lady*   la patience *patience*

conseiller *v. t.* *to advise*

NOTES

1. Donner un coup de téléphone à qn (*to give sb. a call*), 类似的用法还有 donner un coup de poing (打一拳), donner un coup de pied (踢一脚), donner un coup de bâton (打一棍子), 等等。

2. Se mettre en route (*to set out*)

3. Nous en sommes descendus faire un tour sur la place ..., faire un tour sur la place 是目的状语，前面省略了介词 pour。某些表示位置变化的

— 183 —

动词(aller, venir, monter, descendre, etc.)在相同的情况下可以省略引导目的状语的介词 pour。例如：

  Il y est monté prendre son appareil photo. (*He has gone upstairs to fetch his camera.*)

4. Mon oncle m'a fait signe de la main. 介词 de 可以表示方式或工具,相当英语的 *with*, 又例如：

  La petite fille écrit de la main gauche.

5. En plein(e) + *n.* "在…中间,正值…" 例如：en pleine campagne (在野外),en plein air (在户外), en pleine mer (在大海中), en plein jour (在大白天), en pleine nuit (在深夜), en plein été (在盛夏), en plein hiver (在隆冬)。

CONJUGAISON

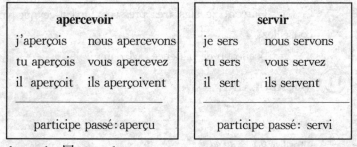

apercevoir	
j'aperçois	nous apercevons
tu aperçois	vous apercevez
il aperçoit	ils aperçoivent
participe passé: aperçu	

servir	
je sers	nous servons
tu sers	vous servez
il sert	ils servent
participe passé: servi	

descendre 同 répondre

MOTS ET EXPRESSIONS

Ⅰ. **apercevoir** *v. t.* *to perceive, to see*

  Il fait nuit, on aperçoit une lumière sur la montagne.

  je l'ai aperçu ce matin dans le métro.

Ⅱ. **descendre** *v. i.* *to come down*

  Les voyageurs descendent du train.

  Est-ce que vous descendez à la prochaine?

III. **aider** *v. t.*　　*to help*

　　1. aider qn

　　　　Beaucoup de gens m'ont aidé dans ce travail.

　　2. aider qn à faire qch.

　　　　J'ai aidé mon frère à réparer (*to repair*) son vélo.

IV. **conseiller** *v. t.*　　*to advise*

　　1. conseiller qch. à qn

　　　　Le médecin lui a conseillé le bord de la mer.

　　2. conseiller à qn de faire qch.

　　　　Mon ami me conseille d'aller me promener en pleine campagne
　　　　après une semaine de travail.

EXERCICES SUR LES TEXTES

I. 将下列词组先用直陈式现在时、然后用复合过去时变位：

　　1. donner un coup de téléphone à Wang

　　2. proposer à Jacques de faire une visite à mon oncle

　　3. passer le week-end à la campagne

　　4. se mettre en route vers six heures

　　5. apercevoir un village tout petit

　　6. lui faire signe de la main

　　7. s'arrêter au pied d'une montagne

　　8. nous servir de la soupe

　　9. aider sa sœur à écrire une lettre

　　10. présenter son amie Marie à ses parents

II. 用课文里的词语填空：

　　1. Ce matin, j'ai fait une visite ... mon professeur.

　　2. Dès cinq heures, elles se sont ... ... route.

　　3. ... l'entrée ... l'hôpital, on peut apercevoir ... loin une maison
　　　　toute blanche.

　　4. Je ... conseillé ... Jacques ... prendre de la bière.

5. ... son arrivée, le camarade Lin ... a fait signe ... la main.

6. Ma voiture s'est ... ... la ferme.

7. Permettez-moi ... ... présenter mon ami M. Leblanc.

8. Reposez-vous ... pied de cet arbre.

9. La grand-mère lui ... de temps en temps des ... de son enfance.

10. Nous avons ... un grand champ de blé; quel plaisir ... ... en pleine campagne!

III. THEME:

上星期六，玛丽一大早就起身，到她叔叔的农庄去参观。在她到达的时候，她婶婶和叔叔用手跟她打招呼。她先绕了农庄一圈。随后，她去看母鸡。她帮婶婶拣鸡蛋，但是打碎(casser)了5个。婶婶劝她要耐心些。由于受到叔叔的责备，玛丽再也不愿呆下去了，两点钟便动身回家。

IV. VERSION — **Un appareil extraordinaire**

Pendant les vacances, Alain est allé à la campagne faire une grande promenade avec ses camarades. Ils sont entrés dans un vieux château (*castle*) et ils y ont trouvé beaucoup de vieilles choses.

Le soir, Alain a raconté à sa maman:

«Oh, maman, tu sais, on a trouvé un appareil extraordinaire pour écouter des disques ...

— Ah! ...

— Oui, maman, on n'a pas besoin d'électricité, on n'a qu'à tourner une manivelle (*handle*).»

V. DIALOGUE:

— Tu es allée en mission en France, veinarde!

— Oui, ça a été un grand voyage.

— Tu as visité Paris au moins?

— Non, je n'ai pas visité Paris.

— Tu es montée à la Tour Eiffel?

— Non, je ne suis pas montée à la Tour Eiffel.

— Tu as mangé dans un grand restaurant français?

— Non, je n'ai pas mangé au restaurant.

— Eh bien, je peux dire que tu voyages comme une valise.

☺ VOCABULAIRE

en mission 出差

veinard -e *n.* *lucky person*

au moins *loc. adv.* *at least*

monter *v. i.* *to climb, to go up*

comme *conj.* *like, as*

Leçon 20

GRAMMAIRE

Ⅰ. 助动词为 avoir 的复合时态中过去分词的配合

以 avoir 为助动词的复合时态中,如果直接宾语在动词前,过去分词的性、数与直接宾语的性、数相一致。

A quelle heure avez-vous rencontré ma sœur? — Je l'ai rencontrée à 10 heures.

Combien de romans avez-vous lus pendant les vacances? — J'en ai lu quatre.

Ⅱ. 表示事物的名词的阴、阳性的识别 (2)

> 1. 下列名词为阴性:
>   疾病名称 la malaria   水果名称 la pomme
>   科学名称 la médecine
> 2. 以下列后缀构成的名词为阴性:
>   -ade: la salade   -ise: la surprise
>   -aison: la saison   -itude: l'habitude
>   -ance: la naissance   -sion: la discussion
>   -erie: la flatterie   -té: la beauté
>   -ière: la rivière   -ure: la culture
>   -ille: la famille   -tion: la révolution

EXERCICES DE GRAMMAIRE

Ⅰ. 根据例句改写下列句子:

Exemple: Vos parents, je les rencontre dans la rue.

  → Vos parents, je les ai rencontrés dans la rue.

1. Ce roman, je le commence ce matin.

2. Ces photos, il les prend à Paris.

3. Votre amie, je la reconnais déjà.

4. Leur professeur, ils le présentent à mon ami.

5. Ces revues scientifiques, je les achète dans la librairie Xin Hua.

6. Ces romans, j'en lis seulement deux.

7. Quels films voyez-vous?

8. Combien de revues prenez-vous?

Ⅱ. 将下列句子改成复合过去时,同时注意变动有关状语:

1. Mme Leblanc achète des vêtements identiques, et les deux jumeaux les mettent aussitôt.

2. La semaine prochaine, il va y avoir une course de bicyclettes.

3. Aujourd'hui, nous n'avons pas le temps de faire une visite à M. Wang.

4. Je me promène dans les grands magasins avec Nathalie.

5. Le père ne lui permet pas de faire une course de chevaux.

6. Quelques jeunes gens du village vont travailler à l'usine.

7. Les coureurs se rencontrent à cette occasion; ils partent de Paris le 15 juin et retournent à Paris le 14 juillet.

8. Mon oncle nous raconte une histoire drôle.

9. Les jeunes filles se mettent en route comme les garçons.

10. Tous les jours Marie se lève à 6 heures et se couche à 10 heures.

Ⅲ. 说出下列句中代动词的语法功能:

1. Les romans de Maupassant se lisent facilement.

2. Les deux amis s'écrivent très souvent.

3. Ils se reposent un peu après le dîner, et ils se remettent à travailler vers 7 heures.

4. De petits magasins se voient un peu partout à Shanghai.

5. Nous nous sommes dit au revoir quand nous nous sommes quittés à la gare.

6. Je suis très occupé et je ne peux me coucher qu'après 11 heures.

7. Après le travail, Jeanne s'occupe des enfants de Mme Dupont.

Ⅳ. 找出下列阴性名词相对应的动词:

l'entrée	la découverte
l'allée	la préférence
l'arrivée	la connaissance
la sortie	la présentation
la venue	l'augmentation
l'aide	l'interrogation
la demande	la proposition
la visite	la permission
la rencontre	la construction

☺ TEXTE I — ON DEMENAGE

Sophie   Avec le bébé, notre appartement de deux pièces est trop petit maintenant. Nous avons besoin d'un logement plus grand[1].

Mme Roche   Vous n'allez pas déménager?

Marco   Mais si: nous voulons nous installer en banlieue.

Mme Roche   Où ça?[2] Pas trop loin, j'espère.

Marco   A l'ouest de Paris, à Saint-Germain-en-Laye.

Mme Roche   C'est déjà loin.

Marco	Oh! à 20 km: un quart d'heure en voiture ou par le train.
M. Roche	Vous allez acheter un logement?
Marco	Non, pas maintenant. Dans quelques années peut-être. Mais pour l'instant, je vais simplement louer un pavillon.
Sophie	Nous sommes allés dans tous les quartiers de Paris, nous nous sommes adressés à toutes les agences, et nous avons été bien contents de trouver un pavillon à notre goût[3]. Et nous l'avons visité hier.
Mme Roche	Comment est-il, votre pavillon?
Sophie	Il est tout neuf et très grand. Au rez-de-chaussée: nous avons une belle salle de séjour, et une cuisine moderne.

Marco	Au premier[4]: deux chambres et une salle de bains. Au-dessus, un grenier, et au sous-sol, une cave.
Sophie	Et il y a dans le voisinage un supermarché avec boucherie, boulangerie, épicerie[5].
Mme Roche	Je n'aime pas la banlieue: je préfère Paris.
Sophie	A Saint-Germain, l'air est pur. Marco vous emmène tous deux[6] dimanche à Saint-Germain, voulez-vous?
Mme Roche	Bien sûr, si ça ne le dérange pas.
Marco	Mais non, Maman.

☺ VOCABULAIRE

déménager *v. i.* *to remove*

le bébé *baby*

l'appartement *m.* *apartment*

la pièce *room, piece*

le logement *lodging*

s'installer *v. pr.* *to settle (down)*

la banlieue *suburbs*

espérer *v. t.* *to hope*

l'ouest [wɛst] *m.* *west*

l'instant *m.* *instant*

  pour l'instant *for the moment*

louer *v. t.* *to rent*

le pavillon 小楼房,亭子,楼阁

le quartier *quarter, district*

l'agence *f.* *agency*

le goût *taste*

hier [jɛ:r] *adv.* *yesterday*

neuf -ve *a.* *new*

le rez-de-chaussée *ground floor*

la salle de séjour *sitting room*

la cuisine *kitchen, cooking*

la salle de bains *bathroom*

au-dessus *loc. adv.* *above*

le grenier *attic*

le sous-sol *basement*

la cave *cellar*

le voisinage *vicinity*

le supermarché *supermarket*

la boucherie *butcher shop*

la boulangerie *bakery*

l'épicerie *f.* *grocery*
l'air *m.* *air*
pur -e *a.* *pure*

emmener *v. t.* *to take away*
déranger *v. t.* *to disturb,*
 to trouble

TEXTE II — REPONSE DE VOLTAIRE

Voltaire se trouve souvent à la cour du roi de Prusse. Un jour le roi envoie à Voltaire une invitation à dîner.

Le grand écrivain lui envoie sa réponse. Le roi est bien étonné quand il ouvre l'enveloppe et trouve une feuille blanche avec deux lettres: G a.

— Qu'est-ce que cela veut dire?[7] se dit le roi. Encore une plaisanterie! G a . . .

Peut-être que cela veut dire: J'ai . . . Non, cela n'a pas de sens . . .

Eh bien, je comprends ce que cela veut dire. Ah, ce Voltaire, quel homme, quel esprit! Je comprends maintenant sa réponse: «G»grand, «a»petit:

J'ai grand appétit.

VOCABULAIRE

se trouver *v. pr.* *to be*
le roi *king*
la Prusse *n. pr.* *Prussia*
l'invitation *f.* *invitation*
dîner *v. i.* *to have supper*
l'écrivain *m.* *writer*
ouvrir *v. t.* *to open*

l'enveloppe *f.* *envelope*
la feuille *sheet, leaf*
se dire *v. pr.* 思量, 自忖
la plaisanterie *joke*
le sens [sɑ̃s] *sense, meaning*
l'homme *m.* *man*
l'esprit *m.* *wit, spirit*

— 193 —

l'appétit *m.*　　*appetite*

NOTES

1. Plus (grand) 为形容词比较级的较高程度, 其构成形式为 plus + *a.* + que, 由 que 引导的比较成份可以省略。例如:

    La chambre est plus petite que la salle de séjour.

    Votre appartement est plus confortable.

2. Ça 可放在疑问词后, 以加强问话的语气。又例如:

    Quand ça?　　Qui ça?　　Pourquoi ça?

3. Un pavillon à notre goût　我们中意的小楼房

    Au goût de qn 相当于英语表达方法 *to sb's liking*。

4. Au premier = au premier étage　在二楼

    在法语中, rez-de-chaussée 为一楼, 即底层, premier étage 二楼, deuxième étage 三楼, 依此类推。

5. 在迅速列举一连串的人或物的名词前, 可省略冠词。又例如:

    Au petit déjeuner, il y a lait, yaourt, café, beurre, confiture, pain et croissants.

6. Tous deux 作 vous 的同位语, 起限定作用。Tous (les) deux, tous (les) trois, tous les quatre 等在句中可用作主语或宾语的同位语; 阴性词形为 toutes les deux 等。例如:

    Elles sont parties en vacances toutes les trois.

7. Qu'est-ce que cela veut dire? (*What does it mean?*)

CONJUGAISON

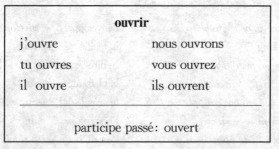

ouvrir

j'ouvre	nous ouvrons
tu ouvres	vous ouvrez
il ouvre	ils ouvrent

participe passé: ouvert

espérer 同 préférer, emmener 同 lever

MOTS ET EXPRESSIONS

I. **espérer** *v. t.*

1. espérer qch.　　*to hope sth.*

Les paysans espèrent une bonne récolte (*harvest*).

2. espérer faire qch.　　*to hope to do sth.*

Il va beaucoup mieux maintenant et il espère pouvoir reprendre son travail dans quelques jours.

3. espérer que …　　*to hope that …*

J'espère que vous arriverez à traduire (*to translate*) ce roman.

II. **louer** *v. t.*

1. louer　　*to rent, to hire*

M. Dupont a loué un appartement au bord de la mer.

On va louer une voiture pour une promenade.

2. louer　　*to reserve, to book*

Je voudrais louer une place dans le train Bucarest-Paris.

Nous avons loué trois places au théâtre.

3. louer　　*to rent out, to let (out)*

Chaque été, il loue des maisons à des voyageurs étrangers.

«Appartement à louer»

III. **ouvrir** *v. t.*

1. ouvrir　　*to open*

ouvrir une bouteille

ouvrir une valise

ouvrir une porte, une fenêtre

2. ouvrir　　*to turn on*

ouvrir le robinet (*tap*)

ouvrir le gaz

3. ouvrir   *to switch on*

ouvrir la lumière (*light*)

ouvrir la radio, la télévision

4. ouvrir   *to open, to start*

ouvrir un magasin

ouvrir une école

EXERCICES SUR LES TEXTES

I. 划出正确的句子:

1. a. Un appartement de deux pièces, c'est deux chambres.

   b. Un appartement de deux pièces, c'est une chambre et une salle de bains.

   c. Un appartement de deux pièces, c'est une chambre et une salle de séjour.

2. a. Sophie veut s'installer en banlieue.

   b. Sophie et Marco veulent s'installer en banlieue.

   c. Mme Roche veut s'installer en banlieue.

3. a. Marco va acheter un pavillon.

   b. Marco et Sophie vont vendre leur pavillon.

   c. Marco et Sophie vont louer un pavillon.

4. a. Au premier étage, on a une salle de séjour et une salle de bains.

   b. Au premier étage, on a deux chambres et une salle de bains.

   c. Au premier étage, on a une salle de séjour et une cuisine moderne.

5. a. Marco veut bien emmener sa belle-mère à Saint-Germain.

   b. Sophie veut bien emmener sa mère à Saint-Germain.

   c. Marco ne veut pas emmener sa belle-mère à Saint-Germain.

II. 重述课文 I 内容:

Exemple: famille/déménager/aller

→La famille va déménager.

1. ils/avec le bébé/chambre/avoir besoin

2. Marco/banlieue/vouloir/s'installer

3. ils/dans des années peut-être/aller/logement/acheter

4. Marco et Sophie/pavillon/aller/louer/à vingt km de Paris

5. ils/chambre/avoir/dans ce pavillon/salle de séjour

6. Mme Roche/ne pas aimer/banlieue/préférer Paris

Ⅲ. 用课文里的词语填空:

1. Monsieur et Madame Roux veulent ... un logement pour trois mois.

2. On est souvent dans la salle de ... .

3. Jean-Marie est bien sympa, on ... le revoir.

4. ..., un appartement de deux pièces pour cette famille, ce n'est pas encore un gros problème.

5. Le pavillon est au ... de tous deux.

6. Les enfants ne ... pas très loin de chez leurs parents, ... 10 km, 15 minutes ... voiture.

7. Il habite au ... d'une boulangerie.

8. Je ne vous dérange pas? — Mais ... .

9. Dimanche dernier, je les ai ... tous les quatre à la campagne.

10. M. Ledoux habite un grand deux pièces. Il a un parking au ... .

11. Tu es libre demain? Je t' ... au restaurant.

12. Que ... dire cette expression?

13. Dans le taxi, Jean-Marie a ... une grosse valise.

14. Une boucherie ... dans le voisinage.

15. En France, le samedi, la poste est ... jusqu'à 13 heures.

Ⅳ. 用副词 tout, toute 填空:

1. Sophie est ... contente de trouver un pavillon à son goût.

2. Le pavillon est ... neuf.

3. Maman habite ... seule (*alone*) à la campagne.

4. ... près de chez Marco, il y a un supermarché.

5. Certaines jeunes gens ont acheté ... d'abord une belle voiture.

6. Ils ont fait une longue promenade à vélo et sont rentrés ... fatigués.

V. THEME:

亲爱的露伊丝:

今年暑假,我很想在离你家不远的乡村租一幢小屋。我们有三个孩子,就需要两间或三间卧室、一大间起居室,一间厨房和一间浴室,设备要齐全(bien équipé)。

你能够代我们找到吗?

祝

好

玛丽

1997.4.20 于巴黎

VI. VERSION — **C'est trop tard ...**

Une dame est entrée dans une épicerie et s'est adressée à la caissière (*cashier*):

— Madame, ce matin, je vous ai acheté 10 kg de pommes de terre (*potatoes*) et vous vous êtes trompée (*were mistaken*) de trois francs quand vous m'avez rendu la monnaie.

— Je regrette, mais maintenant c'est trop tard, a répondu la caissière en colère (*angry*).

— Alors, tant pis (*it serves you right*), a répondu la dame tranquillement (*calmly*), je garde (*will keep*) les trois francs.

VII. DIALOGUE:

— Vous désirez?

— Je voudrais un litre de lait, deux bouteilles de bière et un kilo de sucre.

— Voilà, Madame.

— Euh ... Une baguette, une livre de beurre et un paquet de café.

— Et avec ça?

— Un peu de fromage. Un camembert. Et quatre tranches de jambon. C'est combien, les poires?

— 13 francs le kilo.

— Bon. Un kilo de poires, s'il vous plaît.

— C'est tout?

— Oui. Ça fait combien?

— Ça fait 61,25 F.

 VOCABULAIRE

la bouteille	*bottle*		产的奶酪
la baguette	棍子面包	la tranche	*slice*
la livre	半公斤	le jambon	*ham*
Et avec ça?	还要些什么?	la poire	*pear*
le camembert	Camembert 地方		

Leçon **21**

꧁꧂꧁꧂꧁꧂꧁꧂꧁꧂꧁꧂꧁꧂꧁꧂꧁꧂꧁꧂꧁꧂꧁꧂꧁꧂

POINTS DE REPERE

Sa famille habitait dans une vieille maison quand il était tout petit.

Hier il faisait beau, le temps était magnifique.

Les jeunes gens qui travaillent à l'usine ont acheté une voiture.

J'ai vu quelqu'un sortir de la salle de lecture.

GRAMMAIRE

I. 直陈式未完成过去时 (l'imparfait de l'indicatif) (1)

1. 构成

由直陈式现在时第一人称复数去掉词尾 -ons, 换上词尾 -ais, -ais, -ait, -ions, -iez, -aient 构成。

parler: (nous) parl**ons**	
je parlais	nous parlions
tu parlais	vous parliez
il parlait	ils parlaient

faire: (nous) fais**ons**	
je faisais	nous faisions
tu faisais	vous faisiez
il faisait	ils faisaient

Etre 是例外：

j'étais	nous étions
tu étais	vous étiez
il était	ils étaient

2．用法

1）表示在过去时间里，一个起迄时间不明确、延续进行的动作；相当于英语的一般过去时或过去进行时。

　　Sa famille habitait dans une vieille maison quand il était tout petit.

　　Elle était paysanne avant d'entrer à l'université.

　　如果动作发生在限定的时间内，或者强调动作的完成，表示曾经做过某事，则要用复合过去时或其他过去时态：

　　Toute sa famille a habité à Paris.

　　Avant d'entrer à l'université, elle a été paysanne pendant trois ans.

2）描写过去时间里的人物、景色，介绍故事的背景；相当于英语的一般过去时或过去进行时。

　　Samedi dernier, j'ai proposé à Jacques de faire une visite à la ferme de mon oncle. Le lendemain matin, il faisait beau, le temps était magnifique. Nous nous sommes levés de bonne heure et nous nous sommes mis en route vers six heures.

II. 关系代词 qui (le pronom relatif «qui»)

关系代词引导一个限定或解释先行词(l'antécédent)的关系从句。关系代词 qui 在从句中一般作主语, 其先行词可以指人也可以指物, 相当于英语的关系代词 *who, which, that*。

Les jeunes gens qui travaillent à l'usine ont acheté d'abord un téléviseur, ensuite une voiture.

Avez-vous visité la grande usine qui se trouve à 20 km du village?

Qui 在从句中与介词一起使用时, 可作间接宾语或状语(à qui, de qui, avec qui, etc.); 这时, 先行词只能指人, 相当于英语的 *whom*:

Nous connaissons un étudiant étranger avec qui nous parlons souvent en anglais.

La marchande à qui je me suis adressé m'a donné les détails de cet accident.

关系从句可分限定性关系从句和解释性关系从句(后者通常用逗号跟先行词分开), 分别相当于英语的限制性和非限制性定语从句:

L'homme qui nous fait signe de la main est mon oncle Jules.

Le directeur général, qui a parlé le premier, était assis à côté de moi.

Ⅲ. 不定式句 (la proposition infinitive) (1)

谓语为不定式的宾语从句，称为不定式句；它的主语一般是主句谓语的直接宾语。不定式句往往出现在 voir, regarder, entendre, écouter, sentir 等表示感觉的动词之后；相当于英语中 *see, hear, watch, feel* 等动词后的不定式结构或 *-ing* 结构。

J'ai vu quelqu'un sortir de la salle de lecture.

L'enfant regardait son père réparer la radio.

如果不定式句无宾语，它的名词主语也可放在不定式动词之后：

J'entends parler Paul dans la pièce d'à côté.

如果不定式句的主语为人称代词，则放在主句谓语之前：

Je l'entends parler dans la pièce d'à côté.

EXERCICES DE GRAMMAIRE

Ⅰ. 将下列动词用直陈式未完成过去时变位：

aimer	travailler	choisir
vouloir	pouvoir	connaître
mettre	construire	avoir
être	pleuvoir	falloir

Ⅱ. 将括号里的动词变成未完成过去时：

1. Il (avoir) beaucoup de travail à ce moment-là.

2. Ma sœur (être) à Londres l'année dernière.

3. Mon grand-père (boire) du vin; mais maintenant, il n'en boit plus.

4. La petite Marie (aimer) beaucoup le café.

— 203 —

5. Elle (vouloir) rester à la campagne.

6. Mon oncle (travailler) dans une grande usine moderne.

7. «Je ne (pouvoir) pas aller à l'école avant la Libération,» dit souvent sa grand-mère.

8. Combien de temps (falloir)-il pour ce travail à ce moment-là?

9. On (faire) du sport à quatre heures de l'après-midi.

10. Son fils (savoir) déjà écrire à cinq ans.

Ⅲ. 将括号里的动词改成适当的时态：

1. Hier, mon frère (lire) un roman français.

2. Dimanche dernier, il (pleuvoir). Je (passer) la journée dans la maison et je (faire) mes devoirs.

3. (Visiter)-tu une ferme ou une commune populaire quand tu (être) enfant?

4. Il (pleuvoir) pendant trois jours; maintenant, il (faire) beau.

5. Hier, il y (avoir) des timbres dans mon livre; mais il n'y en a plus maintenant!

6. Vous (habiter) à la campagne quand vous (être) petit?

7. L'année dernière, elle (avoir) le téléphone; maintenant, elle ne l'a plus. Et pourquoi?

8. Hier matin, notre professeur (être) absent, car il (être) malade.

9. Avant-hier soir, après le travail, je (avoir) froid et très faim. Je (entrer) dans un café et y (prendre) quelque chose.

10. Dimanche dernier, il (faire) beau, il n'y (avoir) pas de vent. On (sortir) faire une promenade. Mais moi, je (rester) à la maison, parce que je (avoir) très mal aux dents.

Ⅳ. 用关系代词 qui 连接下列句子：

1. Voyez-vous l'église? elle est à l'entrée du village.

2. Le directeur a une dactylo; elle tape vite le courrier (*mail*).

3. Le jeune homme est notre professeur; il répare son vélo.

4. Ma tante m'a servi un apéritif; il était très bon.

5. Les jeunes gens sont allés travailler à l'usine; ils n'ont plus voulu rester à la campagne.

6. Il a acheté une moto; elle ne roule pas assez vite.

7. Il a lu un roman; le roman est long et difficile.

8. On a construit une grande usine; cette usine est à 10 km du village.

9. Le monsieur est Japonais; elle parlait avec ce monsieur.

10. L'homme est ingénieur; je lui ai demandé l'heure.

TEXTE I — UNE PROMENADE EN VOITURE

Hier papa nous a promis de nous promener[1] en voiture s'il fait beau aujourd'hui. Ce matin, il a dit: «Oui, il fait beau; allons donc dans la forêt; nous allons faire le tour du lac.» Très contents, mon frère et moi, nous sommes montés dans la voiture; papa a mis le moteur en marche[2]; et en route pour la forêt!

Notre voiture était une vieille auto, elle n'était pas rapide, elle était plutôt lente. Et papa dit toujours: «Je n'aime pas conduire comme un fou. Je ne veux pas écraser les chiens, ni les chats, ni[3] les personnes qui vont à pied, à bicyclette ou à moto.»

Mais voilà qu[4]'à mi-chemin, notre voiture s'est arrêtée: impossible de continuer notre route. Elle ne voulait ni avancer, ni reculer. Au début nous avons ri, parce que c'était drôle d'entendre papa crier[5], de le voir mettre sa tête dans le moteur, pousser la voiture, puis enlever les roues ... Mais ... ce n'est qu'au bout de deux heures que nous sommes repartis.[6] Et savez-vous la cause de tout cela? Eh bien! notre auto n'avait plus d'essence!

VOCABULAIRE

promettre *v. t.*   *to promise*
la forêt   *forest*
le lac   *lake*
monter *v. i.*   *to get on,*
   to go upstairs
le moteur   *engine, motor*
la marche   *walking*
l'auto *f.*   *motocar*
rapide *a.*   *rapid, fast*
lent -e *a.*   *slow*
conduire *v. t.*   *to drive,*
   to conduct
comme *conj.*   *like, as*

fou, folle *n.*   *madman,*
   madwoman
écraser *v. t.*   *to run over,*
   to crush
le chien   *dog*
la personne   *person*
à mi-chemin *loc. adv.*
   halfway
impossible *a.*   *impossible*
continuer *v. t.*   *to continue*
avancer *v. i.*   *to advance,*
   to move on
reculer *v. i.*   *to move back*

rire *v. i.* *to laugh*

la tête *head*

pousser *v. t. ; v. i.* *to push;*

  to grow

enlever *v. t.* *to take off,*

  to remove

la roue *wheel*

au bout de *loc. prép.*

  at the end of, ... later

la cause *cause*

l'essence *f.* *petrol*

☺ TEXTE II — LIRE PAR LE MILIEU DU LIVRE

Quelqu'un demandait à un artiste parisien s'il aimait lire.

— Oui, beaucoup. Et je vais vous dire quelque chose qui va sûrement vous étonner. Quand je lis un livre, je commence par le milieu.

— Ah! Pourquoi cela?

— Eh bien, de cette façon[7] je me demande comment l'histoire va finir, et surtout, comment elle a bien pu commencer.

☺ VOCABULAIRE

le milieu *middle*

quelqu'un *pron. indéf.*

  somebody, anybody

artiste *n.* *artist*

quelque chose *something,*

  anything

étonner *v. t.* *to astonish,*

  to amaze

quand *conj. ; adv.* *when*

la façon *way*

NOTES

1. Promener qn (*to take sb. for a walk*)

2. Mettre un moteur en marche (*to start an engine*)

3. Ni 是并列连词,与 ne ... pas 配合使用,连接被否定的并列成份;ne

... pas ... ni 相当于英语的 *neither ... nor*,例如:

Il n'aime pas le thé ni le café.

Nous n'avons pas de magnétophone (*tape recorder*) ni de machine à

écrire.

Cette valise n'est pas trop grande ni trop petite.

也可将 pas 换成 ni, 即:ne ... ni ... ni,例如:

Il n'aime ni le thé ni le café.

Nons n'avons ni magnétophone ni machine à écrire.

Ces jours-ci, mon grand-père ne veut ni boire ni fumer.

4. Voilà que 后接补语从句,表示发生一个新的情况。

5. C'était drôle d'entendre papa crier. Ce 也可换成中性代词 il (*it*):

Il était drôle de ... 。

6. Ce n'est qu'au bout de deux heures que nous sommes repartis. (*It is

only two hours later that we set out again.*)

C'est ... que 是表示强调的句型,相当于英语的 *it is ...

that,* 又如:

C'est le parapluie qu'il a oublié dans le métro.

7. De cette façon (*in this way*)

CONJUGAISON

rire	
je ris	nous rions
tu ris	vous riez
il rit	ils rient
participe passé:ri	

promettre 同 mettre, conduire 同 construire

MOTS ET EXPRESSIONS

Ⅰ. **promettre** *v. t.*

    1. promettre qch. à qn   *to promise sb. sth.*

        M. Dupont a promis une moto à son fils.

    2. promettre (à qn) de faire qch.   *to promise (sb.) to do sth.*

        Je vous promets de trouver un appartement pour vous.

Ⅱ. **conduire** *v. t.*

    1. conduire   *to take* (带领)

        Tous les jours, il conduit son fils au jardin d'enfants.

        On a conduit les visiteurs dans la salle de réception.

    2. conduire   *to drive*

        Savez-vous conduire (la voiture)?

Ⅲ. **continuer** *v. t. ; v. i.*

    1. continuer qch.   *to continue sth.*

        Continuez votre histoire si drôle.

    2. continuer à (de) faire qch.   *to continue doing (to do) sth.*

        Il continue à faire ses devoirs après la classe.

    3. continuer *v. i.*   *to continue*

        La pluie a continué toute la nuit.

EXERCICES SUR LES TEXTES

Ⅰ. 将下列词组先用复合过去时、然后用未完成过去时变位:

    1. pousser la voiture

    2. continuer son travail

    3. visiter les expositions de peinture

    4. conduire sa voiture comme un fou

    5. faire le tour du lac

    6. mettre sa tête dans le moteur

7. promener les élèves dans la forêt

8. vouloir lire un roman français

II. 用介词 de, en, à, dans, pour 填空：

1. Maman promet une belle montre ... sa fille.

2. Monsieur Leblanc promène ses enfants ... la forêt.

3. Il m'a promis ... me promener ... voiture.

4. J'aime faire une promenade ... pied.

5. Les Dupont sont partis ... l'Espagne.

6. Il n'y a plus ... essence. Impossible ... continuer notre route.

7. Je vais te promener ... moto, veux-tu?

8. On frappe à la porte, mais le professeur continue ... parler.

9. Il est monté ... le troisième étage.

10. Je n'ai pu mettre le moteur ... marche.

11. Elles sont montées ... une petite voiture.

12. De bonne heure, nous nous sommes mis ... route ... le Parc du Peuple.

III. 先用不定式句重做下列各句,再用宾语人称代词代入各句：

1. J'entends papa; papa crie très fort.

2. Je voyais Georges; il courait comme un fou.

3. Nous avons vu deux voyageurs; ils poussaient la voiture.

4. Ils regardent un chauffeur; il met sa tête dans le moteur.

5. Nous avons vu une voiture blanche qui s'est arrêtée au bord de la rivière.

6. Hier, dans la rue de Nanjing, j'ai vu Wang Lin. Elle conduisait des Françaises au Magasin N°1 de Shanghai.

7. Les deux garçons regardaient leur père qui enlevait les roues d'une vieille voiture.

IV. 用 c'est ... que 强调划线部分,然后译成汉语：

1. Papa a mis le moteur en marche.

2. La semaine dernière, j'ai donné un coup de téléphone à Jacques.

3. Je <u>lui</u> ai présenté <u>mon ami Pierre</u>.

4. Nous nous sommes mis en route <u>pour la forêt</u> <u>vers sept heures</u>.

5. <u>Au pied d'une montagne</u>, nous avons aperçu <u>le clocher de l'église</u>.

6. Je <u>les</u> ai rencontrées <u>dans la forêt</u>.

V. 用 quelqu'un, quelque chose 翻译下列句子:

1. 您想喝点什么东西吗?

2. 您有什么话要说吗?

3. 我去买点吃的。

4. 你在这儿干什么? ——我在等人。

5. 有人对我说起过这事。

VI. 挑选合适的搭配:

1. Comment allez-vous?   a. à plein temps

2. Vous y allez comment?   b. par chèque

3. Vous travaillez comment?   c. bien

4. Vous payez comment?   d. rien

5. Tu dis comment?   e. par le métro

VII. 将下列句子译成汉语:

1. Je te promets.

2. Il y a quelqu'un?

3. Il y a un monde fou.

4. Je ne t'attendais pas.

5. C'est un garçon rapide.

6. Ça ne m'étonne pas.

7. C'est déjà quelque chose.

VIII. 用无人称句 c'est (il est) + a. + de 造句:

Exemple: C'est possible de maîtriser (*to master*) le français en un an.

impossible, agréable, dur, malheureux, intéressant, drôle.

IX. THEME:

1. 我既不喜欢喝茶,也不喜欢喝咖啡。

2. 他不想走,也不想留。

3. 你姐姐上楼去取钱了,是不是?

4. 看到孩子把头伸进包里去真可笑!

5. 我答应买一架好的照相机给你。

6. 他什么时候开车带你们去兜风呢?

X. VERSION — **Le bonheur et les kilomètres**

— Dis-moi, grand-mère, comment étais-tu habillée (*dressed*) au moment de ton mariage?

— En blanc, naturellement. Quand nous sommes sortis de l'église, on a applaudi pour nous faire fête. Ah! la belle journée!

— Etiez-vous nombreux au repas de noces (*wedding*)?

— Quarante au moins. Il y avait d'abord nos parents, à ton grand-père et à moi. Mon oncle et sa sœur, ma tante; mon frère et ses enfants, mon neveu (*nephew*) et ma nièce; plus des cousins et cousines. On nous a donné quelques cadeaux. Mais notre famille n'était pas très riche. Et ton grand-père a travaillé dur pour élever (*to rear*) ses enfants.

— Et où êtes-vous allés en voyage de noces? A Venise? A Tahiti?

— En Bretagne, seulement.

— Un beau voyage tout de même?

— Oui, mais le bonheur (*happiness*) ne se mesure pas en kilomètres.

XI. DIALOGUE:

— Garçon, nous voulons déjeuner dans la salle «non fumeurs».

— Bien, Monsieur; asseyez-vous à cette table.

— Donnez-moi le menu, s'il vous plaît. Oh! je n'ai pas mes lunettes, qu'est-ce qui est écrit là?

— Quand tu étais jeune, tu lisais sans lunettes.

— Vous avez: une salade de tomates, un steak-frites, un fromage et une glace.

— Est-ce que le service est compris?

— Non, Madame, le vin et le service sont en plus.

— L'année dernière le vin était compris. Qui va nous servir?

— Mais moi, Madame.

— Alors, servez-nous vite: nous sommes pressés.

VOCABULAIRE

le fumeur	*smoker*	le steak-frites	牛排配土豆条
les lunettes *f.*	*glasses*	en plus	*extra*

Leçon **22**

POINTS DE REPERE

Ma sœur faisait ses devoirs quand vous lui avez téléphoné.

L'été dernier, je me levais de bonne heure, et j'aidais ma

mère à faire des courses.

Le village où je passe mes vacances se trouve au bord de la

mer.

Paul ne comprend pas pourquoi son père commence un roman

par le milieu.

GRAMMAIRE

Ⅰ. 直陈式未完成过去时 (l'imparfait de l'indicatif) (2)

未完成过去时还可以表示:

1. 当过去的一个动作发生时正延续着的另一个动作,相
   当于英语的过去进行时。

   Ma sœur faisait ses devoirs quand vous lui avez
   téléphoné.

   Quelqu'un l'a appelée au moment où (*while*) elle
   traversait la rue.

— 214 —

如果两个都是延续进行的动作,则均用未完成过去时:

Les enfants jouaient pendant que *(while)* leur père réparait la voiture.

2. 重复发生或具有习惯性的过去动作,相当于英语的一般过去时或 *would/used to*。

L'été dernier, je me levais de bonne heure et j'aidais ma mère à faire des courses.

Quand j'étais en France, je prenais toujours de l'apéritif avant le dîner.

3. 用于 si 引导的感叹句中,表示愿望、遗憾等,相当于英语的 *if only . . . !*

Si j'avais un appartement de trois pièces!

S'il faisait beau en ce moment!

II. 关系代词 où (le pronom relatif «où»)

关系代词 où 引导一个限定或解释先行词的关系从句,其先行词是表示地点或时间的名词,相当于英语的关系代词 *where* 和 *when*。

Le village où je passe mes vacances se trouve au bord de la mer.

En automne, ils vont à la campagne où ils restent quinze jours.

Il faisait très froid le jour où sa famille est partie pour Marseille.

Ⅲ. 间接问句 (l'interrogation indirecte) (小结)

间接问句通常由疑问词(qui, quel, quand, comment, où, pourquoi, combien, etc.)引导的宾语从句构成,相当于英语中由疑问副词引导的宾语从句。

Je me demande comment la voiture est en panne.

Dites-moi où vous passez vos vacances chaque année.

Paul ne comprend pas pourquoi son père commence un roman par le milieu.

Sais-tu avec qui il parle en ce moment?

如果从句中谓语无宾语,作主语的名词也可置于句末:

Ils ne savent pas quand commence la conférence.

无疑问词的间接问句由连词 si (*if, whether*)引导:

Ils demandent au médecin si leur enfant va mieux maintenant.

以 qu'est-ce qui, que(或 qu'est-ce que)构成的疑问句,在间接问句中要变成 ce qui, ce que:

Qu'est-ce qui s'est passé dans la rue?/Allons voir ce qui s'est passé dans la rue. (*Let's go and see what has happened in the street.*)

Qu'est-ce que cela veut dire?/Voltaire, lui, comprend bien ce que cela veut dire. (*Voltaire understands what it means.*)

EXERCICES DE GRAMMAIRE

Ⅰ. 填写合适的时态:

1. Je la (connaître) quand je (être) en vacances à la campagne.
2. Il (perdre) ses parents quand il (être) tout petit.
3. Avant, il (arriver) toujours à l'heure; mais ce matin, il (être) en retard.
4. Hier, quand je (rentrer) à la maison, mon frère (lire) un roman français.
5. L'été dernier, quand nous (être) à la campagne, nous (se promener) tous les soirs.
6. Quand je (entrer) à l'université, je (avoir) seulement 16 ans.
7. Cette semaine, nous (rentrer) déjeuner à la maison, mais la semaine dernière, nous (prendre) le déjeuner au restaurant.
8. Maintenant, nous (regarder) beaucoup la télévision. Mais avant, nous (sortir) souvent le soir.
9. Il me (écrire) souvent à ce moment-là.
10. Ce soir-là, on (entendre) de temps en temps un cri terrible dans la montagne.
11. Avant, je (écrire) beaucoup de lettres; mais maintenant, je téléphone.
12. Quand nous étions étudiants, le soir tu (raconter) toujours des histoires quand nous (être) au lit.

II. 用关系代词 où 连接两句句子:

1. Nous partons pour la forêt. Dans la forêt, nous allons faire un pique-nique.
2. Viens me voir au bureau. Je travaille dans ce bureau.
3. L'été est la saison. En cette saison, les élèves ont leurs grandes vacances.
4. Je préfère la campagne. L'air est pur à la campagne.
5. Hier, je suis passé par la gare. Il y avait beaucoup de monde à la gare.
6. Shanghai est une grande ville industrielle. Le Parti communiste chi-

nois est né à Shanghai.

7. Voilà le jardin du Luxembourg. Je me promène souvent dans ce jardin.

8. J'ai visité la ville. Dans cette ville, tu as passé ton enfance.

Ⅲ. 填写合适的时态:

Pendant les années d'émigration, Lénine (aimer) ... beaucoup visiter les musées et écouter de la musique. Il (aller) ... souvent au cinéma, il (jouer) ... aussi aux échecs (*chess*), mais il (aimer) ... surtout la promenade à pied ou à bicyclette. Il (monter) ... dans les Alpes, quand il (être) ... en Suisse.

Pendant son séjour à Cracovie en 1912, il (sortir) ... chaque dimanche à bicyclette et il (faire) ... connaissance avec la nature et les hommes. On lui (demander) ... :

— Comment (parler) ... -vous avec les hommes, puisque (*since*) vous ne (connaître) ... pas le polonais (*Polish*)?

— Mais qui vous (dire) ... cela? (répondre) ... Lénine. Voici mon dictionnaire. Je le (prendre) ... avec moi. Je (apprendre) ... déjà beaucoup de mots quand je (aller) ... à la campagne. Je (entrer) ... dans la maison d'un paysan, je (dire) ... bonjour, je (demander) ... du lait, et nous voilà en conversation. Je (parler) ... polonais. En un mot, nous (se comprendre) ... .

🙂 TEXTE I — DANS LA CLASSE DE MON PERE

J'avais quatre ans. Quand ma mère allait faire les courses, elle me laissait dans la classe de mon père qui apprenait à lire à des garçons de six ou sept ans. Je restais assis[1], au premier rang, et je regardais mon père. Il avait à la main une baguette et il écrivait des mots au tableau noir.

Un matin maman m'a laissé à ma place et elle est sortie. A

ce moment mon père écrivait au tableau: la maman a puni son garçon qui n'était pas sage. Quand il a fini d'écrire, j'ai crié:

— Non! Ce n'est pas vrai!

Mon père m'a regardé et a demandé:

— Qu'est-ce que tu dis?

— Maman ne m'a pas puni. Tu n'as pas bien écrit!

— Voyons, voyons, a-t-il dit, est-ce que tu sais lire?

— Oui.

— Voyons, voyons, répétait-il. Eh bien, lis!

J'ai lu la phrase à haute voix.

Alors il est allé prendre un abécédaire, et j'ai lu plusieurs phrases.

Quand ma mère est revenue, elle m'a trouvé au milieu de quatre maîtres qui ne travaillaient pas dans leurs classes et qui m'écoutaient. Je lisais l'histoire du Petit Poucet[2]. Maman a vite refermé mon livre et m'a emporté dans ses bras.

A table mon père a expliqué à maman que j'avais appris[3] à lire comme un perroquet apprend à parler. Mais maman ne l'écoutait pas. Elle me demandait de temps en temps: «Tu n'as pas mal à la tête?» Non, je n'avais pas mal à la tête, mais maman ne me laissait plus dans la classe de mon père.

D'après[4] Marcel Pagnol
La Gloire de mon père

VOCABULAIRE

laisser *v. t.* *to leave, to let*
apprendre *v. t.* *to teach, to learn*
assis -e *a.* *sitting*
le rang *row*
la baguette *wand*
noir -e *a.* *black, dark*
punir *v. t.* *to punish*
sage *a.* *well-behaved*
répéter *v. t.* *to repeat*
la phrase *sentence*
haut -e *a.* *high, loud*

la voix *voice*
l'abécédaire *m.* *spelling book*
plusieurs *a. indéf. pl.* *several*
au milieu de *loc. prép.* *in the midst of, in the middle of*
écouter *v. t.* *to listen*
emporter *v. t.* *to take away*
le bras *arm*
expliquer *v. t.* *to explain*
le perroquet *parrot*
le mal (les maux) *ache*
la gloire *glory*

TEXTE II — OFFRE D'EMPLOI[5]

Un jeune homme se présente à l'offre d'emploi.

— Avez-vous quelque expérience? lui demande le directeur.

— Dans le dernier magasin où j'étais employé, c'était moi qui arrangeais la devanture[6], et toutes les femmes qui passaient s'arrêtaient pour regarder.

— Dans quelle sorte de magasin étiez-vous?

— J'étais chez un marchand de glaces!

VOCABULAIRE

l'offre *f.* *offer*

l'emploi *m.* *employment*

se présenter *v. pr.* *to recommend/introduce oneself*

quelque *a. indéf.* *some, any*

l'expérience *f.* *experience*

le directeur *manager, director*

employé -e *n.* *employee*

arranger *v. t.* *to arrange*

la devanture *shopwindow*

la femme [fam] *woman, wife*

la sorte *sort, kind*

la glace *looking glass, ice*

NOTES

1. Je restais assis. (*I remained sitting.*) Rester 在这里相当于英语的 *to remain*,又如:

    Il faut rester toujours modeste et prudent.

2. Le Petit Poucet 是十七世纪法国作家贝洛(Perrault)继灰姑娘后创造的又一个家喻户晓的文学形象。

3. J'avais appris 是动词 apprendre 的愈过去时,由助动词的未完成过去时加上过去分词构成,相当于英语的过去完成时 (详见第廿九课语法)。

4. D'après 是介词短语,相当于英语的 *according to, from*,例如:

    D'après vous, quelle est la cause de l'accident?

    D'après le journal d'aujourd'hui, on va construire une gare moderne dans cette grande ville.

5. Offre d'emploi "招聘"

6. C'était moi qui arrangeais la devanture.

    C'est ... qui 用来强调主语,相当于英语的 *it is ... who (that)*, 又例如:

    C'est le robot qui fait ce travail dangereux.

CONJUGAISON

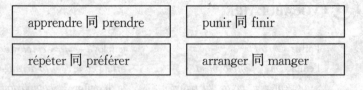

apprendre 同 prendre

punir 同 finir

répéter 同 préférer

arranger 同 manger

MOTS ET EXPRESSIONS

Ⅰ. **laisser** *v. t.*

    1. laisser   *to leave*

        Vous pouvez laisser votre valise chez moi.

        Je lui ai laissé la clé de notre chambre.

        Le voyageur a laissé son chapeau à l'hôtel.

        Ne laisse pas la fenêtre ouverte quand tu sors.

    2. laisser   *to let*

        Laissez-moi passer s'il vous plaît.

        Il ne veut pas laisser son enfant sortir le soir.

Ⅱ. **apprendre** *v. t.*

    1. apprendre qch.   *to learn sth.*

        Dans notre classe, plusieurs camarades apprennent le français comme seconde langue étrangère.

        J'ai appris cette nouvelle par la radio.

    2. apprendre à faire qch.   *to learn to do sth.*

        Cet enfant apprend déjà à lire et à écrire.

    3. apprendre qch. à qn   *to teach sb. sth.*

Son oncle est professeur, il lui apprend le japonais tous les soirs.

4. apprendre à qn à faire qch.   *to teach sb. (how) to do sth.*

La mère apprend à compter à son petit.

Ⅲ. **quelque** *a. indéf.*

1. quelque *a. sing.*   *some, any* (某个,少许)

Si vous apprenez quelque nouvelle, écrivez-nous s'il vous plaît.

Il a pris seulement quelque chocolat.

2. quelques *a. pl.*   *some, a few* (几个,少量)

Il y a quelques enveloppes sur le bureau.

La vieille dame est malade depuis quelques jours.

Nous avons rencontré quelques touristes français.

EXERCICES SUR LES TEXTES

Ⅰ. 将下列词组译成法语,然后用未完成过去时变位:

1. 教年轻人跳舞(danser)

2. 把儿子放在奶奶家

3. 手里拿着一支钢笔

4. 听老师讲话

5. 高声朗读课文

6. 学讲法语

7. 在黑板上写几个字

8. 对这项工作有些经验

Ⅱ. 用 c'est … qui 或 c'est … que 强调划线部分:

1. M. Leblanc a mis le moteur en marche.

2. J'ai donné un coup de téléphone à M. Li.

3. Il est descendu à la station Saint-Michel.

4. Mon frère lui a dit cela ce matin.

5. Vous avez laissé le parapluie chez Mme Tang.

— 223 —

III. 分析课文 I 最后一段中各动词的时态用法。

IV. 用合适的词填写间接问句中的空点：

1. Savez-vous ... la mère a puni son garçon qui était bien sage?

2. Dites-moi ... a arrangé la devanture.

3. Expliquez-nous ... toute la famille reste assise devant la télévision.

4. Je ne sais pas ... il part pour Beijing.

5. Savez-vous ... il part pour l'étranger?

6. Dites-nous ... mots l'enfant a appris.

7. Dis-moi dans ... magasin tu travailles.

8. Le père ne sait pas ... l'enfant a appris à lire.

9. On se demandait ... le fils de Mme Dubois savait déjà écrire.

10. Je ne sais pas pour ... il a acheté une moto si jolie.

11. Dis-moi ... s'est passé là-bas.

12. Il demande ... tu vas faire.

13. Dites-nous ... vous voulez.

14. Savez-vous ... ces garçons ont fait dans la classe?

V. 用 voir, regarder, entendre, écouter 填空：

1. On ne ... rien dans ce brouillard.

2. Vous désirez? —Je ... .

3. De notre pavillon, on ... chanter les oiseaux.

4. Les muets (*mutes*) ne parlent pas parce qu'ils ne ... pas.

5. Vous ... les informations à la radio? —Non, je ... le «journal télévisé» de vingt heures.

6. Il ... la musique symphonique quand il est fatigué.

7. Allô, allô! Parlez! je vous ... .

8. Allô, papa, tu me ... ?

9. Elle se ... longtemps dans un miroir.

10. Ma mère va très mal; il lui faut ... le médecin.

11. L'enfant ... rapidement les mots au tableau noir.

12. C'est un enfant bien sage; il ... ses maîtres.

VI. THEME:

1. 她也许知道这部电影将如何结束。
2. 他问爸爸什么时候带他去森林里散步。
3. 我发现他在七八个年轻人中间,他们正在聚精会神地(avec attention)听他讲话。
4. 这个小男孩学说英语就象鹦鹉学舌一般。
5. 吃饭时,他向我解释说他头痛,不能去上课。

VII. VERSION — **Le visage en feu**

J'arrive à un carrefour (*crossroads*),

le feu (*traffic light*) était en rouge.

Il n'y avait pas de voitures,

je passe!

Seulement, il y avait

un agent (*policeman*) qui faisait le guet (*watch*).

Il me siffle.

Il me dit:

— Vous êtes passé au rouge!

— Oui! il n'y avait pas de voitures!

— Ce n'est pas une raison!

Je dis:

— Ah si! Quelquefois, le feu est au vert (*green*) ...

Il y a des voitures et ...

je ne peux pas passer!

Stupeur de l'agent!

Il est devenu tout rouge.

Je lui dis:

— Vous avez le visage en feu!

Il est devenu tout vert!

Alors, je suis passé!

— R. Devos

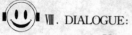 Ⅷ. DIALOGUE:

— Hier matin, j'étais dans mon bain ... le téléphone a sonné.
C'était Eric. Il m'invitait au théâtre. Et nous y sommes allés
le soir.

— Où ça?

— A la Comédie-Française. Les acteurs jouaient très bien, et les
spectateurs s'amusaient beaucoup!

— Tu as beaucoup ri, toi aussi?

— Oh, oui, je me suis bien amusé.

 **VOCABULAIRE**

sonner *v. i.* *to ring*	s'amuser *v. pr.* *to amuse,*
inviter *v. t.* *to invite*	*to enjoy oneself*
la Comédie-Française 法兰西喜剧院	

Leçon 23

On construira des cités ouvrières autour de la ville.

Voilà les livres que je vais lire pendant mes vacances d'été.

Tu n'as pas bien écrit, je le sais, dit le petit Paul.

GRAMMAIRE

I. 简单将来时 (le futur simple)

1. 构成

由动词不定式加上词尾 -ai, -as, -a, ons, -ez, -ont 构成。以-re 结尾的第三组动词须去掉词尾的 e,然后加上述词尾。

parler	finir	dire
je parlerai	je finirai	je dirai
tu parleras	tu finiras	tu diras
il parlera	il finira	il dira
nous parlerons	nous finirons	nous dirons
vous parlerez	vous finirez	vous direz
ils parleront	ils finiront	ils diront

有些动词的简单将来时有特殊的变位形式：

avoir	→j'**au**rai [ɔ]	voir	→je verrai
être	→je serai	courir	→je courrai
aller	→j'irai	pouvoir	→je pourrai
faire	→je ferai	vouloir	→je voudrai
venir	→je viendrai	savoir	→je s**au**rai [ɔ]
acheter	→j'achèterai	envoyer	→j'enverrai
essayer	→j'essaierai	falloir	→il faudra
appeler	→j'appellerai	pleuvoir	→il pleuvra

2. 用法

表示将要发生的动作，其时间离现在可能很近也可能很远，相当于英语的一般将来时或 *be going to*。

Je n'irai pas au concert demain.

On construira des cités ouvrières autour de la ville.

Ⅱ. 关系代词 que (le pronom relatif «que»)

关系代词 que 引导一个限定或解释先行词的关系从句，在从句中一般作直接宾语。先行词可以指人也可以指物，相当于英语的关系代词 *whom, which, that*。

Voilà les livres que je vais lire pendant mes vacances d'été.

Mon oncle, que vous connaissez peut-être, est professeur d'université.

如果关系从句的动词是以 avoir 为助动词的复合时态，那末过去分词的性、数要与先行词的性、数一致：

Veux-tu lire la revue que j'ai achetée hier?

关系代词 que 在从句中不能省略。

III. 中性代词 le (le pronom neutre «le»)

中性代词 le 无阴阳性、单复数的变化，可用作直接宾语，替代动词或分句所表达的意思，相当于英语的代词 *it*。

Tu n'as pas bien écrit, je le sais, dit le petit Paul.

Elle a dit un secret sans le savoir.

中性代词 le 还可用作表语，替代形容词或不带冠词的名词：

Vous voyez ces deux jumeaux, quand l'un est content, l'autre le sera aussi.

Ta mère est médecin, je crois que tu le seras un jour.

EXERCICES DE GRAMMAIRE

I. 将括号里的动词变成简单将来时：

Cher oncle Thomas,

Tout est prévu (*planned*) pour ton séjour en France cet été.

Quand tu (arriver) ... à Paris, je te (trouver) ... un logement et un travail. Bien sûr, je t'(attendre) ... à Orly, le 24 mai à 16 h. 20. Nous (rester) ... quelques jours à Paris. Tu (connaître) ... la capitale! Je te (montrer) ... les monuments, les vieux quartiers et tu (se promener) ... sur les quais (*embankments*) de la Seine. Le 1ᵉʳ juin, nous (partir) ... pour Nice où je te (présenter) ... à mes amis. On (faire) ... du bateau (*boat*). Tout (se passer) ... bien pour toi.

II. 用简单将来时变位：

1. venir dans deux jours

2. faire les courses avec Nicole

3. laisser son fils chéz sa grand-mère

4. lire le texte à haute voix

5. se présenter à l'offre d'emploi

Ⅲ. 用关系代词 que 连接句子：

1. Le téléviseur marche bien; je l'ai acheté au Magasin N° 1 de Shanghai.

2. Est-ce la lettre? Vous avez écrit cette lettre à M. Vincent.

3. Le texte est assez facile; vous lisez ce texte.

4. J'ai lu les livres; mon oncle m'a donné ces livres.

5. La leçon est difficile; nous avons appris cette leçon la semaine dernière.

6. Voilà le dictionnaire; vous le voulez depuis longtemps.

7. Les langues étrangères sont l'anglais, l'allemand et le français; je parle ces langues étrangères.

8. Vous voyez la maison; nous avons construit la maison.

Ⅳ. 用关系代词 qui, que, où 填空：

1. Voilà un beau garçon . . . a de grands yeux (*eyes*) noirs.

2. Le musée . . . vous voulez visiter n'est pas loin d'ici.

3. La jeune femme . . . s'avance vers nous est le professeur d'anglais de ma sœur.

4. La forêt . . . nous avons fait un pique-nique était très belle.

5. Mon ami Robert . . . est parti pour Paris m'écrit souvent.

6. Peux-tu me dire le nom de la dame avec . . . tu parlais tout à l'heure?

7. Voilà une phrase . . . je n'ai jamais pu bien lire.

8. Je suis tombé le jour . . . j'ai fait du ski pour la première fois.

9. Le professeur à . . . tu as demandé des leçons particulières pour ton fils t'a téléphoné cet après-midi.

10. Parle-moi de la ville . . . tu as passé ton enfance.

11. Quelle est la couleur . . . tu préfères?

12. Les photos . . . nous avons prises en France sont belles.

13. J'ai vu beaucoup de jeunes gens . . . sont allés suivre des cours du soir.

14. Nous avons parlé de notre travail le soir . . . nous nous sommes promenés au bord de la mer.

V. 分析下列各句中时态的用法:

1. Il s'est lavé les mains avant de passer à table.

2. C'est moi qui ai fait ce bon gâteau.

3. Je n'ai pas pris le petit déjeuner, parce que j'avais mal à la tête.

4. Souvent on entendait les oiseaux chanter, il y en avait partout.

5. Il a plu pendant une semaine. Quel mauvais temps!

6. Pendant que mes parents se reposaient, nous riions des plaisanteries que nous entendions à la télévision.

7. Chaque fois qu'on lui disait quelque chose de drôle, elle riait comme une folle.

8. Il m'a téléphoné pendant que je prenais le petit déjeuner.

9. Elles dansaient pendant que nous écoutions de la musique.

10. L'homme marchait assez vite. Cosette le suivait. Elle ne se trouvait plus fatiguée.

☺ TEXTE I — NOUS TRAVAILLERONS DE MOINS EN MOINS[1]

Au début du XXe siècle, la machine a remplacé en grande partie le travail que l'homme faisait avec ses mains.

Au début du XXIe siècle, l'ordinateur fera le travail que l'homme a fait jusqu'à maintenant avec sa tête. Chaque famille aura son ordinateur comme elle a une télévision ou une machine à écrire[2].

Grâce à la machine, les étudiants ne seront plus obligés d'aller à la faculté; s'ils le veulent, ils pourront faire leurs études[3] chez eux. Dans les champs, un cerveau électronique

surveillera les plantes et décidera des soins à leur donner[4].

Les hommes travailleront donc de moins en moins. Par exemple, l'Américain, sept heures et demie par jour, quatre jours par semaine et neuf mois par an; c'est-à-dire qu[5]'il passera 147 jours à travailler et 218 à se reposer! Que feront les gens pendant toutes ces vacances? Ils voyageront vers d'autres planètes: à ce moment-là, ce sera possible. S'ils aiment mieux rester sur la Terre, ils se promèneront dans leur voiture téléguidée: au début du voyage, ils n'auront qu'à choisir la route et la vitesse qu'ils préfèrent. Un cerveau électronique conduira la voiture pendant qu'ils joueront aux cartes!

VOCABULAIRE

le siècle *century*	remplacer *v. t.* *to replace*
la machine *machine*	la partie *part*

en grande partie *loc. adv.*
　for the most part
l'ordinateur *m.*　*computer*
la télévision　*TV set, TV*
grâce à *loc. prép.*　*thanks to*
obligé -e (de) *p. p.*　*obliged*
la faculté　*faculty*
l'étude *f.*　*study*
le cerveau　*brain*
électronique *a.*　*electronic*
surveiller *v. t.*　*to supervise*
la plante　*plant*
décider *v. t.*　*to decide*
le soin　*care*
Américain -e *n. pr.*　*American*

c'est-à-dire *loc. conj.*
　that is to say
voyager *v. i.*　*to travel*
la planète　*planet*
possible *a.*　*possible*
aimer mieux　*to prefer*
la terre　*ground, earth*
　la Terre　*earth*
téléguidé -e *p. p.*
　telecontrolled
la vitesse　*speed*
pendant que *loc. conj.*　*while*
jouer (à) *v. t. ind.*　*to play*
la carte　*card, map*

☺ TEXTE II — UNE BONNE REPONSE

Dans le train Bucarest-Paris, un voyageur s'adresse au contrôleur:

— Monsieur, je n'arrive plus à retrouver ma place.[6]

— Si vous vous souvenez d'un détail, je pourrai vous aider à retrouver votre compartiment.

— Lorsque[7] je me suis levé, il y avait juste une vache sous la fenêtre de mon compartiment.

☺ VOCABULAIRE

contrôleur -se *n.*　*inspector*　　se souvenir (de) *v. pr.*　*to remember* le détail *detail*   juste *adv.*   *just* （正好）

le compartiment *compartment*   la fenêtre *window*

lorsque *conj.*   *when*

NOTES

1. De moins en moins (*less and less*), 反义词是 de plus en plus (*more and more*), 例如：

   > Quand on a un téléphone, on écrit de moins en moins.

   > On est de moins en moins sûr d'arriver à l'heure.

   > La circulation est de plus en plus difficile.

2. Une machine à écrire (*a typewriter*), 介词 à 表示用途, 其后置成份可以是一个不定式动词, 又例如：

   > une machine à calculer

   > une chambre à coucher

   > une salle à manger

3. Etude 用作复数, 意为"学业", faire ses études "求学、读书", 例如：

   > Je fais mes études de chinois à l'Institut des Langues.

4. Des soins à leur donner = des soins qu'on donnera aux plantes, 英语中也有类似的表达方式, 例如：

   > Il a quelque chose à vous dire. (*He has something to tell you*).

5. C'est-à-dire que "因此", 可以表示结论、解释。Passer … à faire qch. 相当于英语的 *spend … in doing sth.* 例如：

   > Cet homme passe ses journées à ne rien faire.

6. Je n'arrive plus à retrouver ma place. (*I can no longer find my seat.*)

   > Arriver à faire qch. "终于…", 又例如：

   > Elle est arrivée à bien comprendre cette leçon difficile.

7. Lorsque 在 il, elle, on, un, une 前须省略为 lorsqu', 例如：

   > Je lisais un roman lorsqu'il m'a téléphoné.

CONJUGAISON

> remplacer 同 commencer

> voyager 同 manger

> (se)souvenir 同 venir

MOTS ET EXPRESSIONS

Ⅰ. **remplacer** (par) *v. t.*　　*to replace (by)*

Le système socialiste remplacera le système capitaliste.

Je l'ai remplacé pendant son absence.

On va remplacer cette machine par un cerveau électronique.

Ⅱ. **décider** *v. t.*

1. décider qch.　　*to decide sth.*

On a décidé la construction d'une usine moderne près du village.

2. décider de faire qch.　　*to decide to do sth.*

Le gouvernement a décidé d'envoyer une délégation culturelle
dans ce pays.

Ⅲ. **jouer** *v. t. ; v. i.*　　*to play*

1. jouer à *v. t. ind.*　　打、踢(球类)

Ils aiment beaucoup jouer au tennis.

2. jouer de *v. t. ind.*　　弹、拉、演奏

On m'a dit que vous apprenez à jouer du piano, c'est vrai?

3. jouer *v. t. dir.*　　演出

Qu'est-ce qu'on joue au théâtre? — On y joue une comédie.

4. jouer *v. i.*　　玩耍

Pendant la récréation, les élèves jouent dans la cour.

EXERCICES SUR LES TEXTES

Ⅰ. 将括号里的动词变成简单将来时:

1. Je me demande quand l'ordinateur (remplacer) le travail des hommes.

2. Chaque famille (avoir) un jour son ordinateur.

3. Elle (faire) ses études aux Etats-Unis dans un an.

4. Si tu le veux, tu (pouvoir) faire tes études chez toi.

5. Si le cerveau électronique surveille les machines, les ouvriers (rester)-ils sans travail?

6. Si vous montez dans une voiture téléguidée, vous n'(avoir) qu'à choisir la route et la vitesse.

7. Que (faire)-vous quand un cerveau électronique (conduire) votre voiture?

8. Tu (rire) quand tu (savoir) ce qui nous est arrivé.

Ⅱ. 用课文里的词语填空:

1. Il a été à la campagne ... 12 ans.

2. ... votre aide, j'ai pu mettre le moteur en marche.

3. Il pleuvait; j'étais ... de rester à la maison.

4. Voilà un travail ... refaire.

5. Ces ouvriers travaillent quarante heures ... semaine.

6. C'est ... prendre ou ... laisser?

7. C'est lui qui ... de partir.

8. Nous ... tout l'après-midi à jouer ... échecs.

9. Les élèves ont deux mois de vacances ... an.

10. Ils se promènent à pied, moi, je ... mieux faire une promenade en voiture.

11. Quand on a un téléviseur, on sort de moins ... .

12. Il ne se souvient plus ... son enfance.

13. Je n'arrive pas ... comprendre cette phrase. Peux-tu ... aider?

14. Nos vacances commenceront . . . du mois de juillet.

15. Je restais assis dans la classe de mon père . . . que ma mère allait faire les courses.

Ⅲ. 用 de plus en plus, de moins en moins 翻译下列句子:

1. 他越来越喜欢现代音乐。

2. 我越来越不喜欢这座城市。

3. 他越说越慢。

4. 现在是六月。天气越来越热。

5. 我母亲吃得越来越少了。

6. 他的酒越喝越多。

Ⅳ. 说出代词 le, la, les 的语法功能:

1. Il commence à faire beau, je le vois.

2. Elle n'est plus ce qu'elle était; je n'arrive pas à la reconnaître.

3. Etes-vous professeur? — Oui, je le suis.

4. Ton vélo marchait bien: tu le disais.

5. Vous pouvez rester chez vous, si vous le voulez.

6. Ce manteau est chaud; le vendeur nous l'a dit.

7. Avez-vous compris ces leçons? — Oui, nous les avons comprises.

8. Cette jeune fille est très jolie; mais sa sœur ne l'est pas.

9. Elles sont contentes, je le vois.

10. Tu as eu de mauvaises notes; ton professeur l'a dit à tes parents.

Ⅴ. THEME:

1. 今晚我有约会(le rendez-vous),你能替我吗?

2. 多亏你,我终于找回了我的自行车。

3. 这起事故的细节,我实在想不起来了。

4. 电子计算机将能帮助我们做脑力的活儿(le travail intellectuel), 就象机器干体力活儿(le travail manuel)一样。

5. 汽车在半路上发生了故障,我们不得不推着它走。

Ⅵ. VERSION — **Un voyage vers la Lune**

　　Je ne sais pas d'où je partirai quand je partirai ni comment je partirai. Mais une chose est certaine: moi, je ferai un voyage vers la Lune.

Je n'irai pas seul: je partirai avec le grand Léon.

Si je pars de Paris et si je vais d'est en ouest (*from east to west*), je rencontrerai l'Océan Atlantique, l'Amérique, l'Océan Pacifique, l'Asie et enfin l'Europe. Mais un voyage vers la Lune! Et il faudra construire une fusée (*rocket*)!

Quand le jour du départ arrivera, nous monterons dans la machine. Nous entrerons dans une cabine hermétique. Par deux petites ouvertures (*holes*), on pourra voir des nuages (*clouds*) et la Terre. Les appareils de commande (*control*) seront près de moi, car je serai le pilote. Je mettrai Léon à ma droite. Quelques instants après, nous traverserons les derniers nuages.

Je serai alors cosmonaute. Quel bonheur!

VII. DIALOGUE:

— Pierre, quel métier veux-tu faire quand tu seras grand?

— Moi, je voudrais être mécanicien. C'est amusant de réparer les moteurs d'auto ou de camion qui sont en panne.

— Oh! Il faut tout le temps avoir les mains sales. Moi, je voudrais être employée dans un grand magasin. On voit des femmes bien habillées; on parle avec beaucoup de gens.

— Oui, mais il faut rester debout toute la journée. Je voudrais être ingénieur, moi. Un ingénieur fait des choses importantes.

— Moi, je serai architecte; je construirai un atelier pour Pierre qui veut être mécanicien, un magasin où Jeanne mettra de jolies choses, des maisons que les ouvriers de Louis habiteront.

VOCABULAIRE

le métier	*profession*	sale *a.*	*dirty*
amusant -e *a.*	*amusing*	debout *adv.*	*standing*

Leçon **24**

POINTS DE REPERE

Nous ferons une promenade quand nous aurons fini nos
  devoirs.

Ils seront sortis quand vous rentrerez à la maison.

Le train venait de partir quand je suis arrivé à la gare.

GRAMMAIRE

Ⅰ. 先将来时 (le futur antérieur)

1. 构成

avoir / être （简单将来时）+ 过去分词：	j'aurai parlé / je serai allé(e)

parler	
j'aurai parlé	nous aurons parlé
tu auras parlé	vous aurez parlé
il aura parlé	ils auront parlé
elle aura parlé	elles auront parlé

aller	
je serai allé(e)	nous serons allés (es)
tu seras allé(e)	vous serez allé(e)(s)(es)
il sera allé	ils seront allés
elle sera allée	elles seront allées

se lever	
je me serai levé(e)	nous nous serons levés(es)
tu te seras levé(e)	vous vous serez levé(e)(s)(es)
il se sera levé	ils se seront levés
elle se sera levée	elles se seront levées

2. 用法

通常用于 quand, lorsque, dès que (*as soon as*) 等引导的时间状语从句中(主句用简单将来时),表示在另一将来动作之前先完成的动作;英语中用现在完成时或一般现在时。

Nous ferons une promenade quand nous aurons fini nos devoirs.

Elle vous écrira dès qu'elle sera arrivée à Paris.

也可用于主句或独立句中,一般都有状语从句或时间状语限制;相当于英语的将来完成时:

Ils seront sortis quand vous rentrerez à la maison.

Il aura réparé la voiture avant la pluie.

Ⅱ. 过去最近过去时 (le passé immédiat dans le passé)

1. 构成

> venir (直陈式未完成过去时) + de + 动词不定式：
>
> je venais de parler

2. 用法

表示从过去某一时间看是刚发生并完成的动作，相当于英语的 *had just done*。

Le train venait de partir quand je suis arrivé à la gare.

Le malade a vomi tout ce qu'il venait de manger.

EXERCICES DE GRAMMAIRE

Ⅰ. 将括号里的动词改成适当的将来时态：

1. Quand vous (réparer) le moteur, on le (mettre) en marche.

2. Je (travailler) lorsque je (regarder) la télévision.

3. Il (arriver) à neuf heures, mais je (partir) déjà.

4. Quand je (visiter) le Musée de Lou Xun, je (faire) un tour dans le parc.

5. Nous (repasser) nos leçons avant l'examen.

6. Je ne (oublier) pas de vous écrire dès que je (arriver) à Bejing.

7. Vous (être) interprète quand vous (finir) vos études à l'université.

8. Je (finir) ce travail avant le mois de septembre.

9. Vous (avoir) deux semaines de vacances quand vous (passer) vos examens.

10. Je (se coucher) dès que je (prendre) le dîner.

11. Quand il (faire) des économies, il (partir) en vacances.

12. Nous (danser) quand tu (faire) la composition, veux-tu?

Ⅱ. 用最近过去时或过去最近过去时填空:

1. Vous êtes en retard; l'avion ... de partir.
2. L'avion ... de partir quand nous sommes arrivés à l'aéroport.
3. Mettez-vous à votre place; le film ... de commencer.
4. Le film ... de commencer quand ils sont entrés dans la salle.
5. Lisez la lettre que je ... d'apporter (*to bring*).
6. Il a lu la lettre que je ... d'apporter.

TEXTE I — QUE FEREZ-VOUS APRES LE MARIAGE?

Marie   Vous comptez donc travailler plus tard[1]? Mais si vous vous mariez? Vous croyez que votre mari sera d'accord?

Anne   Moi, j'espère bien continuer à travailler, même si je me marie.[2] Je ne veux abandonner ni mes études ni mon métier. La maison, le ménage, les enfants, ça ne m'intéresse pas tellement.

Marie	Vous verrez, vous changerez d'avis quand vous aurez trouvé un mari. Et lorsque vous aurez des enfants, vous resterez à la maison pour les élever.
Anne	Je ne crois pas. Quand j'aurai fini mes études, je ne pourrai pas rester sans rien faire[3]. Si je n'ai pas de métier, je m'ennuierai chez moi toute la journée. Le soir, j'aurai envie de sortir mais mon mari, qui aura travaillé dehors et qui sera rentré pour le dîner, préférera rester à la maison et se reposer.
Marie	Pourtant, beaucoup de femmes s'arrêtent de travailler après leur premier enfant.
Anne	Ce n'est pas toujours parce qu'elles le désirent. Si[4] elles quittent leur métier, c'est parce que rien n'est organisé[5] pour les aider. Il n'y a presque pas de crèches et on s'obstine à refuser la journée continue ou le travail à temps partiel[6]. Mais tout cela aura peut-être changé dans quelques années.
Marie	Au moins, vous, vous savez ce que vous voulez.

😊 VOCABULAIRE

le mariage *marriage*

compter *v. t.* *to intend*

se marier *v. pr.* *to marry,*
  to get married

d'accord *loc. adv.* *agreed*

même *adv.* *even*

abandonner *v. t.* *to give up,*

  to abandon

le métier *profession*

le ménage *household duties*

intéresser *v. t.* *to interest*

tellement *adv.* *so*

changer *v. t. ; v. i.* *to change*

élever *v. t.* *to rear*

sans *prép.* *without*	la crèche *nursery*
dehors *adv.* *out, outside*	s'obstiner (à) *v. pr.*
pourtant *adv.* *nevertheless,*	*to be obstinate*
however	refuser *v. t.* *to refuse*
désirer *v. t.* *to desire, want*	continu -e *a.* *continuous*
organiser *v. t.* *to organize*	partiel -le *a.* *partial*
presque *adv.* *almost*	au moins *loc. adv.* *at least*

 ## TEXTE II — AU TRIBUNAL

Le président du tribunal :

«Vous avez roulé à près de 80 kilomètres à l'heure[7], dans la rue de la République, sans vous arrêter au feu rouge. Qu'avez-vous à dire pour vous défendre?

— Eh bien Monsieur le Président, je venais de m'apercevoir que mes freins ne marchaient pas très bien, alors je me dépêchais de rentrer chez moi pour ne pas avoir d'accident. »

 ## VOCABULAIRE

le tribunal *tribunal, court*	*to realize*
le président *president*	le frein *brake*
la république *republic*	marcher *v. i.* *to walk,*
le feu *light, fire*	*to work*
rouge *a.* *red*	se dépêcher (de) *v. pr.*
se défendre *v. pr.* *to defend*	*to hurry, to hasten*
oneself	l'accident *m.* *accident*
s'apercevoir *v. pr.* *to perceive,*	

NOTES

1. Plus tard (*later*)

2. ... même si je me marie. (... *even if I get married.*)

3. Sans rien faire *(without doing anything)*,介词 sans 后面可跟一个不定式动词,又如:

   Le train passe ici sans s'arrêter.

   Il est parti sans rien dire.

4. 在 si ... c'est que 中,si 不表示条件,而是指出结果。可以译为"之所以…,是因为…",例如:

   S'il fait des progrès, c'est parce qu'il a une bonne méthode.

5. Rien ne ... , rien 作主语,与 ne 连用,相当于英语的 *nothing*;est organisé 是被动态,相当于英语的被动语态(详见第三十二课语法)。

6. La journée continue (缩短午休的)连续工作制;le travail à temps partiel 非全日制工作,le travail à mi-temps 半日工作制。

7. A (près de) 80 kilomètres à l'heure: *(nearly) 80 km. an hour.*

CONJUGAISON

changer 同 manger

élever 同 lever   défendre 同 répondre

MOTS ET EXPRESSIONS

I. **changer** *v. t; v. i*

1. changer qch. pour (contre) qch.   *to exchange sth. for sth.*

   Ma sœur va changer sa vieille moto pour une bicyclette.

2. changer de qch.   *to change sth.*

   Il a changé d'adresse plusieurs fois depuis qu'il habite à Paris.

3. changer *v. i.*   *to change*

　　　Ce village a beaucoup changé après la construction de l'usine.

II. **désirer** *v. t.*

1. désirer qch.   *to want, to be desirous of sth.*

　　　Sa famille désire un appartement confortable depuis longtemps.

2. désirer faire qch.   *to desire/want to do sth.*

　　　Nous désirons faire un voyage à Paris.

III. **refuser** *v. t.*

1. refuser qch.   *to refuse sth.*

　　　Ce cadeau, il ne faut pas le refuser.

2. refuser de faire qch.   *to refuse to do sth.*

　　　Le journaliste étranger a refusé de répondre à cette question.

EXERCICES SUR LES TEXTES

I. 用课文里的词语填空:

1. Je ne sais pas ... que vous voulez.

2. Tu crois que tes parents ... d'accord avec toi?

3. Je reste toujours Chinois même si je ... la Chine.

4. Mon amie ne veut ... thé ... café.

5. Dans cette famille, ... ne m'intéresse; mais pour ma sœur, le ménage ... intéresse tellement.

6. Pourquoi avez-vous refusé ... vous arrêter ... le feu rouge?

7. Si tu n'as pas de métier, tu seras ... argent.

8. Il est passé devant nous ... dire bonjour. Et pourquoi?

9. Tu ... d'avis quand tu te seras mariée.

10. Le dimanche, elle ... rester à la maison; mais moi, j'ai ... de sortir et ... me promener dans ma voiture téléguidée.

11. Pourquoi ... -t-il à refuser notre invitation?

12. Je crois que ça ... dans deux ans.

13. Elle ... son métier après son premier enfant.

14. Ne le gronde pas, ... moins, il n'a rien fait.

Ⅱ. 用 sans 重做下列句子：

1. Je veux travailler et je ne veux pas abandonner mes études.

2. Ils ne comptent pas partir s'ils ne visitent pas cette exposition bien intéressante.

3. Quand j'étais jeune, je lisais toute la journée et je ne m'ennuyais pas.

4. Il est entré, mais il n'a pas dit bonjour.

5. C'est un enfant qui n'a ni frère ni sœur. C'est-à-dire, c'est un fils unique.

6. On ne peut pas sortir quand on n'a pas de manteau: il fait très froid dehors.

7. Ils écoutent mais ils ne comprennent rien.

8. Elle est allée au théâtre et son mari ne l'a pas accompagnée.

Ⅲ. 用 si 改做下列句子：

1. Quand il fera beau demain, nous partirons à la campagne.

2. Quand ils prendront l'autobus, ils ne seront pas en retard.

3. Quand il aura changé d'avis, je pourrai travailler avec lui.

4. Quand tu achèteras le journal d'aujourd'hui, tu sauras ce qui s'est passé.

5. Lorsque votre vieille voiture ne sera pas en panne, nous arriverons à l'heure.

Ⅳ. 用 même si 改做练习Ⅲ的句子。

Ⅴ. 用 si ... , c'est parce que ... 重做下列句子：

1. Michel a acheté des fleurs parce qu'il veut fêter mon anniversaire.

2. Vous êtes fatigué parce que vous avez roulé toute la journée.

3. Il lit un roman par le milieu, parce qu'il veut savoir comment l'histoire a bien pu commencer.

4. Les jeunes ont quitté le village parce que les plaisirs de la ville les ont attirés.

5. Je lui fais des critiques parce que je veux son bien.

Ⅵ. 重述课文 I 内容：

1. Anne/abandonner/son métier/ne pas vouloir/se marier/elle/même si

2. les travaux ménagers/tellement/la/ne pas intéresser

3. Anne/on verra/changer d'avis/quand/des enfants/elle/avoir

4. elle/est-ce que/travailler/à temps partiel/compter/son bébé/élever/
   pour

5. beaucoup de Françaises/travailler/s'arrêter/leur premier enfant/
   après

Ⅶ. THEME：

1. 你打算放弃工作吗?那以后你干什么?

2. 即使我大学毕业，我仍然十分希望继续学习。

3. 在旧社会(dans l'ancienne société)，许多妇女结了婚就不工作了。
   她们呆在家里抚养孩子、做家务。

4. 他们之所以改变看法，那是因为电脑代替了人用脑子干的活儿。

Ⅷ. VERSION — **Sciences et loisirs**

La science a fait beaucoup de progrès depuis un siècle. Elle en fera
encore. Mais il est difficile de savoir si l'humanité en tirera profit (*will
gain profit*).

Quand la machine aura libéré (*liberates*) les ouvriers du travail
manuel, quand les mères de famille auront des appareils ménagers qui
feront la cuisine à leur place, quand la vie sera devenue (*becomes*) plus
facile et plus simple pour tous, comment hommes et femmes occupe-
ront-ils leurs loisirs (*sparetime activities*)? Les étudiants iront à
l'université jusqu'à trente ans et plus, les travailleurs prendront leur re-
traite (*retirement*) à quarante-cinq ans, tous feront du sport, de la
peinture, de la musique, des voyages. Seront-ils plus heureux (*happy*)? Voilà la question.

Mais cette sorte de question ne se pose pas encore. Il faut d'abord
donner à manger à ceux (*those*) qui ont faim et établir la paix (*to es-
tablish peace*) partout dans le monde.

IX. DIALOGUE:

Lui   Depuis cinq ou six mois, nous dépensons beaucoup! Tu ne trouves pas?

Elle   Mais tout augmente! Le loyer, les transports, la nourriture ... Et puis, nous allons trop souvent au restaurant.

Lui   Tu crois? Nous n'allons pas trop souvent au théâtre et au cinéma? Et toi, tu achètes peut-être un peu trop de vêtements?

Elle   Ecoute ... Je travaille ... au bureau ... à la maison ...

Lui   Oh! ce n'est pas un reproche ... Mais nous avons beaucoup de frais: la scolarité des enfants, nos vacances, les loisirs ... Nous ne faisons pas un sou d'économie!

Elle   Des économies? Pour quoi faire? Après tout, l'argent ne fait pas le bonheur!

Lui   Oh ... le bonheur sans argent ...

VOCABULAIRE

le loyer   *rent*
la nourriture   *food*
les frais   *expenses*

la scolarité   就学
le sou   苏(法国旧辅币名)

Leçon **25**

❀❀

GRAMMAIRE

复合句 (la phrase complexe)

复合句由两个或两个以上的分句组成,它可分成两大类:

> Ⅰ. 并列复合句 (la phrase de coordination)
>
> 　　与英语的并列句相同,由几个并列而又各自
> 独立的分句组成,分句之间常用并列连词连接,也
> 可用逗号隔开。
>
> 　　Mon père est allé prendre un abécédaire, <u>et</u> j'ai
> lu plusieurs phrases.
>
> 　　Notre voiture était une vieille auto, elle n'était
> pas rapide, elle était plutôt lente.
>
> Ⅱ. 主从复合句 (la phrase de subordination)
>
> 　　与英语的复合句相同,由一个主句和一个或
> 一个以上的从句组成;主句与从句之间由从属连
> 词、关系代词或疑问词连接。从句按其功能,可分
> 为名词性从句、形容词性从句和副词性从句。
>
> 1. 名词性从句 (la proposition substantive)
>
> 　　与英语的名词性从句相同,根据它所起的作用,

可分为主语从句、宾语从句、表语从句、同位语从句等。

Il est certain qu'il fera beau demain.

Papa dit toujours qu'il n'aime pas conduire comme un fou.

Mon avis est que vous pourrez continuer à travailler après le mariage.

Le fait que l'enfant savait lire ennuyait beaucoup sa mère.

2. 形容词性从句 (la proposition adjective)

与英语的定语从句相同,修饰、限定主句中的名词或代词;其作用相当于一个形容词。这类从句由关系代词引导,故又称关系从句。

La mère a puni son enfant qui n'était pas sage.

La machine a remplacé en grande partie le travail que l'homme faisait avec ses mains.

3. 副词性从句 (la proposition adverbiale)

与英语的状语从句相同,修饰主句中的动词等,其作用相当于一个副词。根据其语法功能,也称状语从句。这类从句根据不同的作用,可分为时间从句、原因从句、条件从句、比较从句、目的从句等。

Lorsque je me suis levé, il y avait juste une vache sous la fenêtre de mon compartiment.

Comme la voiture était en panne, nous avons été obligés d'y aller à pied.

> Si vous vous souvenez d'un détail, je pourrai
> vous aider à retrouver votre compartiment.
> Chaque famille aura son ordinateur comme
> elle a un téléviseur ou une machine à écrire.

EXERCICES DE GRAMMAIRE

I. 指出下列句子的种类及各从句的性质:

1. Papa nous a promis de nous promener en voiture s'il fait beau aujourd'hui.

2. Je vais vous dire quelque chose qui va sûrement vous étonner.

3. Notre voiture s'est arrêtée: impossible de continuer notre route.

4. Nous avons ri, parce que c'était drôle d'entendre crier papa.

5. Quelqu'un demandait à un artiste parisien s'il aimait lire.

6. Je me demande comment l'histoire a bien pu commencer.

7. Quand ma mère allait faire les courses, elle me laissait dans la classe de mon père qui apprenait à lire à des enfants de six ou sept ans.

8. Mon père m'a regardé et a demandé: «Qu'est-ce que tu dis?»

9. Mon père a expliqué à maman que j'avais appris à lire comme un perroquet apprend à parler.

10. Au début du XXIᵉ siècle, l'ordinateur fera le travail que l'homme a fait avec sa tête.

11. Il sera certain que nous voyagerons vers d'autres planètes.

12. Un cerveau électronique conduira la voiture pendant qu'ils joueront aux cartes.

13. J'aurai envie de sortir, mais mon mari, qui sera rentré pour le dîner, préférera se reposer.

14. Papa a fait de grands efforts pour réparer la voiture; la vérité est que notre auto n'avait plus d'essence.

15. Nous avons la conviction que l'avenir de notre pays est radieux.

Ⅱ. 用适当的介词填空:

1. On danse ... la fenêtre de ma chambre.

2. ... le début du XXIᵉ siècle, l'ordinateur remplacera ... grande partie le travail de l'homme.

3. Pouvez-vous l'aider ... retrouver son auto?

4. Grâce ... l'ordinateur, les étudiants pourront faire leurs études ... eux.

5. Je ne me souviens pas bien ... mon enfance.

6. Dans la classe, je suis assis ... le deuxième rang.

7. Voulez-vous lire le texte ... haute voix?

8. Il a commencé son roman ... le milieu.

9. Savez-vous jouer ... le piano?

10. J'ai roulé ... 80 km ... l'heure.

11. Je suis toujours ... l'heure, parce que j'habite près ... l'école.

12. Je crois qu'elle changera ... avis ... son premier enfant.

13. Marie espère continuer ... travailler après son premier enfant.

14. ... qui dois-je m'adresser?

15. Les machines parleront ... dix ans.

16. Aujourd'hui, nous allons manger ... le restaurant.

17. Il se lève ... table ... rien dire.

18. J'étais assis non loin ... la porte d'entrée.

Ⅲ. 将括号里的动词改成简单将来时或先将来时:

1. Nous leur (téléphoner) dès que nous (rentrer).

2. Quand je (finir) ma lettre, je la (envoyer) par la poste.

3. Quand vous (se marier), vous (changer) d'avis.

4. Je lui (écrire) lorsque je (arriver) à Paris.

5. Quand vous (entrer), vous ne (pouvoir) plus en sortir.

6. Tout (aller) bien quand ils (trouver) du travail.

7. Quand ils (manger) leur gâteau, ils (prendre) un café.

8. Nous (venir) vous voir lorsque vous (s'installer).

Ⅳ. 将括号里的动词改成适当的时态：

Je suis né dans un village du Périgord. En 1935, il y (avoir) ...
là deux cents habitants, ils (travailler) ... à la campagne et (élever)
... des animaux domestiques. Aujourd'hui, il n'en reste que 35 qui
(avoir) ... tous plus de (*more than*) 50 ans. Ces vieux (être) ...
tristes (*sad*), ils (se souvenir) ... de leur jeunesse: le village (être)
... vivant (*vivid*). Le dimanche, après la messe (*Mass*), ils (aller)
... au café et (jouer) ... aux cartes. Le soir, ils (se rencontrer) ...
une fois chez l'un une fois chez l'autre. Ils ne (s'ennuyer) ... pas.
Depuis 1939, le village (changer) .... La région (être) ... bien pauvre maintenant. Les jeunes ont dû (*had to*) quitter le pays, parce qu'il
n'y (avoir) ... pas assez de travail pour tout le monde. Ils (partir) ...
à la ville. D'ailleurs (*besides*), ils (vouloir) ... connaître la vie en
ville, le confort, les appartements neufs, les magasins et les distrac-
tions. Pour les vieux, ils ne (pouvoir) ... pas abandonner leur village.
Avant, les gens (travailler) ... dans les champs et beaucoup vivaient
(*lived*) dans des fermes. Maintenant, ils (préférer).... travailler dans
des usines et (habiter) ... dans des cités. Aujourd'hui, les jeunes
(revenir) ... quelquefois dans les villages que leurs parents (quitter)
... et où vivent leurs grands-parents pour y passer leurs vacances.

☺ TEXTE I — VOUS MOURREZ TRES VIEUX[1]

M. Topart	Bonjour, docteur.
Dr Manet	Bonjour. Où avez-vous mal?
M. Topart	Je tousse beaucoup, je ne veux pas manger, je dors mal, et j'ai passé une mauvaise nuit. J'ai mal à la tête et à la gorge.

Dr Manet	Voyons cela. Ouvrez la bouche, faites A-a-a-a. Tirez la langue. J'ausculte votre cœur et vos poumons. Respirez fort ... Bon, vous toussez parce que vous fumez trop.
M. Topart	Mais j'arrêterai de fumer.
Dr Manet	Et le cœur, il vous fait mal[2]?
M. Topart	Hum ...
Dr Manet	Rien de sérieux.[3] Vous mourrez très vieux si vous faites attention. Voyons le foie maintenant ... Il est gros. Vous buvez de l'alcool, je pense?
M. Topart	Un petit verre de cognac après le repas ... Mais je n'en boirai plus.
Dr Manet	Vous avez pris votre température?
M. Topart	Ce matin, je n'ai pas beaucoup de fièvre, trente-huit sept.

Dr Manet	Vous commencez une grippe. Cette maladie n'est pas bien grave, mais vous devrez rester au lit et ne pas prendre froid[4]. Je vous prescris des médicaments.
M. Topart	Des piqûres, ce n'est pas agréable.
Dr Manet	Prenez deux comprimés d'aspirine trois fois par jour, et beaucoup de boissons chaudes. Je vous donne un arrêt de travail de cinq jours.
M. Topart	Vous êtes gentil, docteur. Mais je partirai en voyage dans huit jours . . .
Dr Manet	Ne soyez pas inquiet. Dans une semaine, vous serez déjà guéri et vous serez de nouveau en forme.

 VOCABULAIRE

mourir *v. i.*   *to die*
le docteur   *doctor*
tousser *v. i.*   *to cough*
dormir *v. i.*   *to sleep*
la nuit   *night*
la gorge   *throat*
la bouche   *mouth*
tirer *v. t.* ; *v. i.*   *to pull; to fire*
ausculter *v. t.*   *to auscultate*
le cœur   *heart*
le poumon   *lung*
respirer *v. i.*   *to breathe*
fort *adv.*   *strongly, very*

fort -e *a.*   *strong*
fumer *v. i.* ; *v. t.*   *to smoke*
arrêter (de) *v. i.*   *to stop*
sérieux -se *a.*   *serious*
l'attention *f.*   *attention*
le foie   *liver*
le cognac   *cognac*
la température   *temperature*
la fièvre   *fever*
la grippe   *influenza*
la maladie   *illness, disease*
grave *a.*   *grave, serious*
devoir *v. t.*   *should, ought,*

must	la boisson *drink*
prescrire *v. t.* *to prescribe*	l'arrêt *m.* *stop*
le médicament *medicament,*	inquiet -ète *a.* *worried*
medicine	guéri -e *a.* *cured*
la piqûre *injection*	être en forme *to be in condition*
le comprimé *tablet*	de nouveau *loc. adv.* *again*
l'aspirine *f.* *aspirin*	

☺ TEXTE II — AU CINEMA

Jean   Je n'irai plus jamais[5] dans ce petit cinéma!

Paul   Pourtant les places n'y sont pas chères et les films qu'il donne sont bons.

Jean   Peut-être, mais je n'ai rien vu!

Paul   Pourquoi ça?

Jean   Au début de la séance, je me suis assis comme d'habitude au fond de la salle; mais, comme le son était mauvais et que[6] je n'entendais rien, j'ai changé de place tout de suite. Mais voilà qu'une dame arrive et s'installe devant moi avec un grand chapeau à plumes[7].

Paul   Tu devais changer de place encore une fois.

Jean   C'est ce que j'ai fait. Je me suis installé à côté d'un petit garçon, mais au bout de cinq minutes je me suis levé et je suis sorti du cinéma!

Paul   Pourquoi?

Jean   Parce que le petit garçon mangeait des bonbons et s'essuyait les doigts sur ma veste![8]

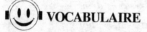 **VOCABULAIRE**

cher -ère [ʃɛːr] *a.* *expensive*
  cher *adv.* *expensively*
le film *film*
la séance （放映、演出的）场次
s'asseoir *v. pr.* *to sit (down)*
le fond *bottom*
le son *sound*

tout de suite *loc. adv.* *at once*
la plume *feather*
le bonbon *sweets*
essuyer *v. t.* *to wipe (up)*
le doigt *finger*
la veste *jacket*

NOTES

1. Vous mourrez très vieux. 您会长寿的。

2. Faire mal à qn 使某人受伤，弄痛某人。

3. Rien de sérieux. (*Nothing serious.*)

    Rien 如有形容词修饰时，须用介词 de 连接。具有相同用法的泛指代词还有 quelque chose, quelqu'un 等。例如：

    On a vu quelque chose d'extraordinaire.

    C'est quelqu'un de sûr.

4. prendre froid (*to catch cold*)

5. Ne ... plus jamais "再也不"，加强语气，例如：

    Depuis ce jour-là, il n'avait plus jamais mal aux dents.

6. Quand, lorsque, comme, parce que 等引导几个并列的状语从句时，可用连词 que 替代重复出现的上述连词或连词短语。Comme le son était mauvais et que je n'entendais rien, ... ＝Comme le son était mauvais et comme je n'entendais rien, ... 。又如：

    Quand il fait beau et que tu es libre, on va faire une promenade à la campagne.

7. Un grand chapeau à plumes, 介词 à 表示特征，意为"具有、带有"，再如：

une armoire à glace

une chambre à deux lits

8. Parce que le petit garçon ... s'essuyait les doigts sur ma veste!

代动词 s'essuyer 表示自反意义，自反人称代词 se 作间接宾语；这时，直接宾语往往指身体的某一部分，又如：

L'enfant se lave les mains avant le repas.

CONJUGAISON

devoir	
je dois	nous devons
tu dois	vous devez
il doit	ils doivent
futur simple	participe passé
je devrai	dû

s'asseoir	
je m'assieds	nous nous asseyons
tu t'assieds	vous vous asseyez
il s'assied	ils s'asseyent
futur simple	participe passé
je m'assiérai	assis

essuyer	
j'essuie	nous essuyons
tu essuies	vous essuyez
il essuie	ils essuient
futur simple	participe passé
j'essuierai	essuyé

mourir	
je meurs	nous mourons
tu meurs	vous mourez
il meurt	ils meurent
futur simple je mourrai	participe passé mort

dormir 同 servir, prescrire 同 écrire

MOTS ET EXPRESSIONS

Ⅰ. **devoir** *v. t.*   *should, ought, must*

  1. devoir faire qch.   应该,必须

      Tu dois lire des romans classiques.

      Vous devez vous trouver à l'entrée du cinéma à six heures.

  2. devoir faire qch.   大概,可能

      Le médecin doit revenir me voir.

      Dépêche-toi! il doit être sept heures et demie.

      Oh, vous devez avoir de la fièvre.

Ⅱ. **tirer** *v. t.*

  1. tirer qch. /qn   *to pull sth. /sb.*

      Un cheval tire une vieille petite auto.

      tirer quelqu'un par le bras

  2. tirer une chose d'une autre chose   *to pull out*

      tirer un journal de sa poche

Ⅲ. **fumer** *v. t. ; v. i.*   *to smoke*

  1. fumer *v. t.*

      fumer des cigarettes, la pipe

  2. fumer *v. i.*

      Il ne fume jamais.

      Ne pas fumer.

Ⅳ. **arrêter** *v. i.*

1. arrêter   *to stop*

   Dites au chauffeur d'arrêter devant l'hôtel de ville.

   Arrêtez! (*Stop it!*)

2. arrêter de faire qch.   *to stop doing sth.*

   La vieille dame n'arrête pas de parler.

EXERCICES SUR LES TEXTES

Ⅰ. 把相关的两部分连接起来：

1. avoir	a. son cœur et ses poumons
2. prendre	b. des piqûres
3. ausculter	c. des médicaments
4. regarder	d. chez le médecin
5. être	e. de la fièvre
6. prescrire	f. sa gorge et sa langue
7. aller	g. en forme
8. faire	h. froid

Ⅱ. 用下列词语进行医生和病人之间的对话：

tousser	prendre sa température
dormir mal	regarder sa gorge
avoir de la fièvre	ausculter son cœur et ses
prendre froid	poumons
avoir la grippe	faire des piqûres
faire mal à	prescrire des médicaments
avoir mal à	faire A-a-a-a

prendre des comprimés

rester au lit

être guéri

être en forme

Qu'est-ce que vous avez?

Où avez-vous mal?

la tête	le foie
la gorge	l'estomac
les dents	le cœur
le ventre (*belly*)	

Ⅲ. 用 c'est vrai 或 c'est faux 回答下列问题：

1. La grippe est grave.

2. Pendant 5 jours, il ne travaillera pas.

3. Le docteur est toujours très gentil.

4. Pour la grippe, on ne doit pas couper la fièvre.

5. Si on est malade, c'est parce qu'on a trop mangé.

6. La piqûre fait mal à l'estomac.

Ⅳ. 回答下列问题：

Exemple: Vous avez quelque chose de joli à me montrer (*to show*)?

　　　　　　— Non, je n'ai rien de joli.

1. Vous avez quelque chose d'intéressant à lire?

2. Il y a du nouveau?

3. Vous n'avez rien d'autre à me proposer?

4. Il y a quelque chose de léger (*light*) dans ce restaurant?

5. Il y a quelque chose de spécial à signaler?

6. Avez-vous quelque chose à dire?

Ⅴ. 把下列句子改成相反的意思：

Exemple: Comment ça va? — Ça va mal.

　　　　　　→ Ça va bien.

1. Voilà un travail mal fini.

2. Voilà un petit garçon mal élevé.

3. On est mal payé ici.

4. Il prononce mal.

5. Je parle mal français.

6. Elle n'est pas mal, cette jeune fille.

Ⅵ. THEME:

1. 我父亲在床上躺了半个月了，我有点担心。

2. 医生给我开了 5 天病假。

3. — 你们家里有人生病啦?

　　— 昨天晚上，我女儿饭也不想吃，一个晚上没有睡好。今天早上，她吃了两片阿司匹林,烧退了。

4. — 喔,对不起,我把您碰痛了吧?

— 不严重。

5. 这家电影院票价很贵,但是放的影片倒不坏。

Ⅶ. VERSION — **Perrette et le pot au lait**

Perrette a quitté sa ferme pour aller vendre son lait à la ville. Elle, le pot au lait sur la tête, marchait vite, vite ... Et voilà qu'elle parlait tout haut: «Avec le prix de mon lait, je vais acheter cent œufs, qui me donneront cent poulets. Puis je vendrai mes poulets, et, avec l'argent, j'achèterai un petit cochon (*pig*). Ses repas ne me coûteront pas (*will not cost*) cher: il mangera des pommes de terre et les restes de notre cuisine. Quand il sera gras (*fat*), je le vendrai. Alors, j'achèterai un petit veau (*calf*) que je verrai sauter (*jump*) dans la prairie (*meadow*).»

A ces mots, Perrette a sauté aussi, tout heureuse ... Hélas! le pot est tombé, le lait s'en allait sur la route ... et avec le lait, le veau et le cochon et les poulets s'en allaient aussi ...

Pauvre Perrette! Que va dire ton mari?

Ⅷ. DIALOGUE:

— Qu'est-ce que tu as? Tu as toussé toute la nuit.

— Je ne sais pas ce que j'ai. Je ne me sens pas bien.

— Qu'est-ce qui te fait mal? L'estomac, le ventre?

— Je ne sais pas ce qui me fait mal. Tout. J'ai mal tout. Je me suis endormie très tard. J'avais mal au cœur.

— Tu as de la fièvre?

— Je crois que oui. J'ai très mal à la gorge. J'ai pris froid sans doute.

— Tu devras aller voir le médecin.

— Oui, ce sera mieux.

 **VOCABULAIRE**

se sentir *v. pr.*	*to feel*	sans doute *loc. adv.*	*probably*
s'endormir *v. pr.*	*to fall asleep*	mieux *adv.*	*better*

Leçon 26

POINTS DE REPERE

Marie est plus intelligente que son frère.

Tu es aussi grand que moi, dit Paul.

En été, il fait moins chaud à Shanghai.

Paris est la plus belle ville de France, je crois.

GRAMMAIRE

Ⅰ. 形容词的比较级 (le comparatif des adjectifs)

1. 构成

较高程度: plus + *a.* + que
同等程度: aussi + *a.* + que
较低程度: moins + *a.* + que

2. 用法

与英语的形容词比较级相同,比较的第二成份可以是名词、代词、形容词、副词等词类,有时可以省略。

Marie est plus intelligente que son frère.

— 265 —

Tu es aussi grand que moi, dit Paul.

En été, il fait moins chaud à Shanghai qu'à Nan-jing.

Y a-t-il un ordinateur moins cher, s'il vous plaît?

比较级的较低程度,在英语中往往用 *not as (so)
... as* 表示:

Paul est moins jeune que Georges. (*Paul is not so
young as George.*)

比较级中有时也可加入一个表示程度差异的其他
成份:

Ce texte est beaucoup (un peu) plus difficile à com-prendre. (*This text is much (a little) more difficult to
understand.*)

Ma sœur est plus jeune que moi de deux ans. (*My
sister is two years younger than I.*)

Son ami est plus grand qu'elle d'une tête. (*Her boy
friend is a head taller than she.*)

II. 形容词的最高级 (le superlatif des adjectifs)

1. 构成

最高程度: le (la, les) + plus + *a.*
最低程度: le (la, les) + moins + *a.*

2. 用法

与英语的形容词最高级基本相同,但须注意:1)
定冠词要与有关形容词的性、数相一致; 2) 最高级的
补语即比较范围,通常由介词 de (*of, in, etc.*)引导。

Paris est la plus belle ville de France, je crois.

Ces deux chambres sont les moins grandes de l'hôtel.

形容词的最高级有时放在名词后面,重复定冠词:

Paris est la ville la plus belle de France.

Voilà les romans les plus intéressants de notre bibliothèque.

Un/une de ... (*one of ...*):

Dupont est un de mes plus vieux amis.

Shanghai est un des ports les plus importants de Chine.

Ⅲ. 几个特殊词形的形容词比较级和最高级

bon →	meilleur	le meilleur
mauvais →	pire plus mauvais	le pire le plus mauvais
petit →	moindre plus petit	le moindre le plus petit

La plaisanterie la plus courte est souvent la meilleure.

Ce manuel est pire (plus mauvais) que l'autre.

C'est la pire (la plus mauvaise) composition de la classe.

Elle est la plus petite de la famille.

Moindre/le moindre 一般用于抽象名词:

Je n'ai pas la moindre idée de cela.

EXERCICES DE GRAMMAIRE

I. 回答下列问题:

1. L'anglais est-il moins difficile que le français?

2. Etes-vous plus jeune que vos camarades de classe?

3. La leçon neuf est-elle plus facile que la leçon huit?

4. La ville de Nanjing est-elle aussi grande que Wuxi?

5. Le professeur de français est-il plus jeune que ses élèves?

6. La Place du Peuple de Shanghai est-elle beaucoup moins grande que la Place Tian'anmen?

7. Ce roman est plus intéressant, n'est-ce pas?

8. La salle à manger doit-elle être moins grande que la chambre à coucher?

II. 用形容词的比较级填空:

1. Aujourd'hui, il fait ... chaud qu'hier.

2. En hiver, les jours sont ... longs qu'en été.

3. Imaginez une machine ... simple et ... efficace.

4. Ma sœur est ... intelligente que moi.

5. A présent, les routes ne sont pas bonnes; plus tard, elles seront peut-être ... .

6. Ce film-ci est ... que ce film-là.

7. Le français est ... difficile que l'anglais.

8. Cette chambre est ... confortable que claire.

9. La télévision est ... intéressante que le cinéma.

10. L'hôtel parisien est ... cher que l'hôtel londonien.

11. Xiao Li est ... grande que son père ... une tête.

12. Ces cigarettes sont ... longues que d'habitude ... trois centimètres.

III. 回答下列问题:

1. Qu'est-ce qui est le plus dangereux? le vent? l'orage (*thunder-storm*)?

2. Où est-on le plus heureux, à la ville ou à la campagne?

3. Quelles sont les villes les plus célèbres du monde? Citez-m'en cinq.

4. Est-ce que Shanghai est une des villes les plus célèbres du monde?

5. On dit que Hangzhou est la plus belle des villes de Chine. Etes-vous d'accord?

6. Qu'est-ce qui est le plus beau? le soleil? la lune?

7. Qui est-ce qui est le plus jeune de votre classe?

8. Votre sœur est-elle une des meilleures élèves de sa classe?

Ⅳ. 用形容词的最高级填空：

1. C'est ... beau timbre de sa collection.

2. C'est ... solution.

3. Ça a été ... moment de la soirée.

4. Son écriture est ... mauvaise de sa classe.

5. Hélas! ... chose lui est arrivée.

6. Londres est une de ... grandes villes du monde.

7. Voilà ... petite des chambres de cet hôtel.

8. Elle est ma ... amie.

9. Le poisson est le plat (*dish*) ... cher du menu.

10. L'automne est ... belle saison de l'année.

11. Il est ... gentil de tous les habitants de l'étage.

12. Est-ce la machine ... moderne de notre pays?

TEXTE I — GRANDES SURFACES[1] OU PETITS COMMERCES?

Les magasins à grande surface connaissent un succès de plus en plus grand depuis la Seconde Guerre mondiale: en effet, la population a beaucoup augmenté et la vie a changé.

Au centre des villes, la circulation est plus difficile: les rues y sont étroites et on ne se gare pas facilement. Beaucoup de gens préfèrent donc les magasins à grande surface qui, situés en dehors des villes, prévoient toujours des parkings pour leurs clients et proposent d'ailleurs les meilleurs prix pour beaucoup d'articles.

D'autre part, $53,20\%^2$ des femmes de 25 à 55 ans travaillent: elles ont donc moins de temps[3] pour faire leurs courses. Or, dans les supermarchés et les hypermarchés, on trouve tout et très rapidement. Sur les rayons, la plupart des produits sont déjà enveloppés[4] dans des sacs en plastique: on peut se servir soi-même[5].

Enfin, le niveau de vie des Français a augmenté: ils possèdent tous une voiture et un réfrigérateur: ils peuvent donc faire des provisions pour une longue durée.

Et pourtant les grandes surfaces ne menacent pas directement le petit commerce. Bien sûr, le petit commerce vend des produits plus chers, mais personne ne[6] peut le remplacer: on oublie toujours quelque chose quand on fait ses achats. Et l'épicier du quartier a l'avantage d'être tout près de chez vous. Et puis, avec lui, vous pourrez bavarder sans vous presser ... et surtout, il vous connaît et il vous conseille. Comme ça, la décision sera plus facile à prendre. Le petit commerçant, c'est un peu la «qualité de la vie».

☺ VOCABULAIRE

la surface *surface, area*

le commerce *commerce*

le succès *success*

la guerre *war*

mondial -e (*pl.* ~ aux) *a.*
　　worldwide

le centre *centre*

la circulation *traffic*

difficile *a.* *difficult*

étroit -e *a.* *narrow*

se garer *v. pr.* （车辆)停放

facilement *adv.* *easily*

situé -e *a.* *situated*

en dehors de *loc. prép.*
　　outside

prévoir *v. t.* *to foresee*

client -e *n.* *customer*

d'ailleurs *loc. adv.* *besides*

le prix *price, prize*

l'article *m.* *article*

d'autre part *loc. adv.* *on the other hand*

or *conj.* 然而

l'hypermarché *m.* 特级市场

le rayon *shelf*

la plupart *most*

le produit *product*

enveloppé -e *p. p.* *enveloped*

le plastique *plastic*

se servir *v. pr.* 选购商品

le niveau *level*

posséder *v. t.* *to possess,*

to own

le réfrigérateur *refrigerator*

les provisions （食物的)采购

la durée *duration*

menacer *v. t.* *to threaten*

directement *adv.* *directly*

personne *pron. indéf.* *nobody*

l'achat *m.* *purchase*

l'épicier -ère *n.* *grocer*

l'avantage *m.* *advantage*

bavarder *v. i.* *to chat*

se presser *v. pr.* *to hurry*

la décision *decision*

commerçant -e *n.* *merchant*

la qualité *quality*

😊 TEXTE II — UN BON RAISONNEMENT

Le client: Ces cigares sont plus petits que d'habitude.

Le marchand de tabac: Oui, Monsieur. On a remarqué qu'il y a toujours un bout de trois centimètres qui est jeté. Alors on les a faits de trois centimètres plus courts.[7]

😊 VOCABULAIRE

le raisonnement *reasoning*

le cigare *cigar*

le tabac *tobacco*

remarquer *v. t.* *to remark*

le centimètre *centimetre*

jeter *v. t.* *to throw (away)*

court -e *a.* *short*

NOTES

1. Les grandes surfaces 或 les magasins à grande surface 意为巨型商场, 指 supermarché 超级市场、hypermarché 特级市场(面积 2 500m² 以上, 大于超级市场的无人售货商场), 等等。

2. 53,20% 读作 cinquante-trois virgule vingt pour cent.

3. Moins de 是 peu de 的比较级(参阅下一课语法), moins de temps 相当于英语的 less time。

4. La plupart des produits sont déjà enveloppés ... 该句为被动态, 这与英

语的被动语态相同,由助动词 être 加直接及物动词的过去分词构成,
(参阅第三十二课语法)。

5. Soi-même (*oneself*), soi 是中性第三人称重读人称代词,相当于英语
的 *oneself, himself* 等,通常与泛指的 on, chacun 等配合使用。又如:

> Chacun rentre chez soi aussitôt après le travail.

6. Personne 是泛指代词,和 ne 连用,相当于英语的 *nobody, no one*,又
如:

> Personne ne parle russe dans notre classe.

> Il n'y a personne dans la rue en ce moment.

> Personne 也可单独用于省略句,例如:

> Y a-t-il quelqu'un là-bas? — Personne.

7. On les a faits de trois centimètres plus courts. = On a fait les cigares plus
courts de trois centimètres.

CONJUGAISON

prévoir	
je prévois	nous prévoyons
tu prévois	vous prévoyez
il prévoit	ils prévoient
futur simple	participe passé
je prévoirai	prévu

posséder 同 espérer   jeter 同 appeler

MOTS ET EXPRESSIONS

I. **posséder** *v. t.*   *to possess*

   1. posséder qch.   拥有,具有

> Il possède une villa au bord de la mer.

> Votre ami possède de grandes qualités.

Ce médecin possède une longue expérience.

2. posséder qch.　　掌握,熟谙

Cet ingénieur possède plusieurs langues étrangères.

Il possède son métier de journaliste.

Ⅱ. **se servir** *v. pr.*

1. se servir　　(就餐时)自己盛菜

se servir de viande, de vin

Servez-vous. *(Help yourself.)*

2. se servir de qch. /qn　　*to use sth. /sb.*

Je me sers souvent du dictionnaire.

M. Dupont se servait de ses amis pour obtenir une place.

3. se servir　　选购商品

Elles se servent chez ce petit commerçant.

Ⅲ. **se presser** *v. pr.*

1. se presser　　*to crowd*

On se presse autour d'une marchande de légumes.

Une foule (*crowd*) se pressait dans le métro.

2. se presser　　*to hurry*

Déjà 11 heures: je vous prie de vous presser un peu.

3. se presser de faire qch.　　*to make haste to do sth.*

A cette nouvelle, nous nous sommes pressés de lui envoyer un télégramme.

Ⅳ. **remarquer** *v. t.*

1. remarquer qch.　　*to remark/notice sth*

Avez-vous remarqué la ressemblance entre cet enfant et son père?

Je n'ai pas remarqué son absence.

2. remarquer que . . .　　*to notice that . . .*

J'ai remarqué que la porte était ouverte.

EXERCICES SUR LES TEXTES

Ⅰ. 选择正确答案：

1. Les magasins à grande surface sont

   a. au centre des villes.

   b. dans la campagne.

   c. en dehors des villes.

2. Si les magasins à grande surface connaissent un succès, c'est parce que

   a. la population a beaucoup augmenté.

   b. ils prévoient toujours des parkings pour leurs clients.

   c. on trouve tout et très rapidement, et puis on se sert soi-même.

3. Le petit commerce a l'avantage de

   a. vous donner des conseils.

   b. être tout près de chez vous.

   c. proposer les meilleurs prix.

4. Les supermarchés menacent le petit commerce, car

   a. ils proposent les meilleurs prix.

   b. on peut se servir soi-même.

   c. la décision est facile à prendre.

Ⅱ. Qu'est-ce que vous préférez? les petits commerces? les grandes surfaces? pourquoi?

Ⅲ. 翻译下列句子：

1. Personne ne veut rester là.

2. Je ne connais personne de plus heureux que lui.

3. Je ne suis là pour personne.

4. Je n'ai vu personne.

5. Y a-t-il quelqu'un dans la salle de classe? — Personne.

Ⅳ. 填写合适的介词：

1. un grand chapeau ... plumes

2. les femmes de 25 . . . 55 ans

3. faire des provisions . . . une semaine

4. . . . dehors des villes

5. facile . . . apprendre

6. un sac . . . plastique

7. les magasins . . . grande surface

8. le niveau . . . vie

V. 用 soi-même, moi-même, toi-même, lui-même, elle-même, nous-mêmes, vous-même(s), eux-mêmes, elles-mêmes 填空:

1. Vous l'avez vu . . . ?

2. Reste toujours . . . .

3. Mon oncle fait le ménage . . . .

4. Ils viendront, . . . , vous le dire.

5. On doit prendre une décision . . . .

6. Il a fait cela de . . . .

7. Je paierai . . . .

8. Elles peuvent le confirmer . . . .

VI. 用及物动词还是代动词:

1. garer — se garer

    1) Il . . . sa voiture juste devant l'hôtel.

    2) Le car . . . devant l'école.

    3) Simone . . . à cinq cents mètres de son bureau.

2. servir — se servir

    1) Ma tante nous . . . un très bon apéritif.

    2) Au dîner, trois garçons nous . . . .

    3) Les clients . . . eux-mêmes.

    4) Cet épicier . . . bien les clients.

    5) Il faut . . . son pays.

3. presser — se presser

    1) Il me . . . de partir.

2) Elle . . . de finir son repas.

3) Robert bavarde avec l'épicier du quartier sans . . . .

4) Qu'est-ce qui te . . . ?

VII. THEME:

1. 几家超市座落在市中心,那里的交通就变得更困难了。

2. 近几年来,巨型商场获得很大成功。

3. 在巨型商场里,可以从容不迫地自选商品。

4. 这些香烟比往常短了 3 公分。

5. 今天,我没有时间去买东西。星期天,我跟你一起去买足整个假
期的物品。同意吗?

VIII. VERSION — **Les vins français et les vins californiens**

Pour un Français, les vins français sont meilleurs que les vins californiens, et, naturellement, pour un Californien, les vins californiens
sont bien meilleurs ou aussi bons que les vins français.

Quand un Français arrive en Californie, tout le monde demande:
«Quelle est votre opinion de nos vins californiens»? Comme tous les
Français, il est diplomate, et il répond: «Excellents, excellents!» Mais
on insiste: «Sont-ils meilleurs que les vins français? Sont-ils plus
savoureux (*savory*), plus forts, plus doux (*sweet*) ou moins doux?»

Pour un Français, naturellement, les vins français sont les
meilleurs du monde, et pour un Californien, les vins de Californie sont
les meilleurs du monde. Le pauvre Français! Il est très embarrassé;
alors, il répond: «Les vins français sont très bons, mais ils ne sont cer-
tainement pas meilleurs que les vins californiens. En fait (*in fact*), les
vins californiens sont aussi bons que les vins français. »

Moralité: «La comparaison est inutile (*useless*). » En France:
«Vive les vins français!» En Californie: «Vive les vins californiens!»

IX. DIALOGUE:

— Je voudrais un billet pour Avignon, s'il vous plaît.

— Aller simple ou aller retour?

— Aller simple.

— Première ou seconde classe?

— Seconde classe et non fumeurs.

— Voilà, Monsieur, ça fait 490 F.

— C'est direct?

— Non, Monsieur, vous devrez changer à Paris. Vous descendrez à la gare Saint-Lazare. Vous aurez presque une heure pour changer.

— Merci, Monsieur.

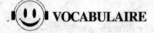 **VOCABULAIRE**

le billet *ticket*   un aller retour *a return ticket*

un aller simple *a single ticket*

Leçon **27**

Paulette va au théâtre plus souvent que sa sœur.

Je parle français aussi bien que lui.

Il pleut moins souvent à Nice qu'à Paris.

Mme Dupont va au supermarché le plus souvent de tous
   les habitants du quartier.

GRAMMAIRE

Ⅰ. 副词的比较级 (le comparatif des adverbes)

1. 构成

较高程度: plus + adv. + que
同等程度: aussi + adv. + que
较低程度: moins + adv. + que

2. 用法

与英语的副词比较级相同, 比较的第二成份可以
是名词、代词、副词等其他词类, 有时也可以省略。

Paulette va au théâtre plus souvent que sa sœur.

Je parle français aussi bien que lui.

Tiens! ta fille écrit plus vite qu'avant.

Il pleut moins souvent à Nice qu'à Paris.

Au centre de la ville, on se gare moins facilement.

比较级中有时可加入一个表示程度差异的其他成份：

Pierre court beaucoup moins vite que ses camarades.

Le guide est arrivé à l'hôtel une heure plus tôt que les voyageurs.

Ⅱ. 副词的最高级 (le superlatif des adverbes)

1. 构成

最高程度：le + plus + adv.
最低程度：le + moins + adv.

2. 用法

与英语的副词最高级相同；但补语一般由介词 de 引导。

Mme Dupont va au supermarché le plus souvent **de** tous les habitants du quartier.

注意下列句中最高级的表达方式：

Viens le plus souvent possible. (*Come as often as possible.*)

Viens le plus souvent que tu pourras. (*Come as often as you can.*)

III. 几个特殊词形的副词比较级和最高级

bien	→	mieux	→	le mieux
beaucoup	→	plus	→	le plus
peu	→	moins	→	le moins

Mon amie parle anglais mieux que moi, parce qu'elle lit plus [plys].

La raison en est simple: tu travailles moins bien, donc tu gagnes moins; il travaille le mieux, il gagne le plus [plys].

表示数量的副词 beaucoup, 其表示同等程度的比较级是 autant (*as much as, as many as*):

Je crois qu'elle lit autant que moi.

Beaucoup de, peu de 也可以有比较级和最高级:

Il y a plus de clients au supermarché que chez les petits commerçants.

Tu vois, j'ai acheté autant de livres que toi.

Elles ont moins de temps pour faire leurs courses.

Nicolas fait le plus de fautes dans sa dictée.

C'est lui qui a le moins de capacité pour ce travail.

EXERCICES DE GRAMMAIRE

I. 回答下列问题:

1. Est-ce que tu parles plus vite que ton frère?

2. Est-ce qu'ils travaillent autant que vous?

3. Allez-vous mieux aujourd'hui?

4. Vous avez fait dans cette dictée autant de fautes qu'elle?

5. Elle parle français moins bien que toi, tu crois?

6. Est-ce que ta mère a autant de travail que ton père?

7. Les vins français coûtent-ils aussi cher que les vins californiens?

8. Le supermarché a plus de clients, vous pensez?

9. La Chine a beaucoup plus d'habitants que la France?

10. En été, il fait moins chaud à Nanjing qu'à Shanghai?

Ⅱ. 用副词比较级填空:

1. Au supermarché, on vend ... cher que dans les petits magasins.

2. Il pleut ... à Beijing qu'à Shanghai.

3. Il écrit beaucoup ... vite que moi, mais il fait ... fautes.

4. Revenez ... tôt.

5. La télévision marche moins bien qu'avant? — Mais non, elle marche beaucoup ... .

6. Ce malade va un peu ... depuis quelques jours.

7. Tu gagnes ... parce que tu travailles ... bien alors qu'il gagne plus parce qu'il travaille ... .

8. Cet enfant est gourmand (*greedy*), il demande toujours ... .

9. Si vous avez des lunettes, vous verrez peut-être ... .

10. La télévision m'intéresse ... que le cinéma.

11. Si tu écoutes ton médecin, tu iras ... .

12. Je ne peux pas faire ... pour vous.

13. Lui, quel talent; il parle français ... bien que son professeur.

14. Les enfants prennent chacun deux pommes, ils en mangent ... .

Ⅲ. 回答下列问题:

Dites-moi, de votre classe,

1. Qui écrit le plus vite?

2. Qui est le plus âgé?

3. Qui est le plus jeune?

4. qui est le plus actif?

5. Qui est le plus intelligent?

6. Qui est le plus gentil?

7. Qui est le plus honnête?

8. Qui travaille le plus?

9. Qui travaille le mieux?

10. Qui est le plus attentif?

Ⅳ. 用副词最高级填空：

1. C'est toi qui travailles ... .

2. Ecrivez ... vite possible.

3. Restez là ... longtemps possible.

4. Marie a une belle main: elle écrit ... de la classe.

5. Fumez ... possible.

6. Expliquez cela ... clairement que vous pourrez.

7. Il était gourmand! Il a mangé ... hier soir.

8. Venez nous voir ... souvent possible.

9. Ce qui nous étonne ... , c'est qu'il commence un livre par le milieu.

10. Dans cet exercice, Paul a fait ... fautes. C'est un bon élève.

☺ TEXTE I — INTERVIEW DE M. DEBAS, DIRECTEUR DES VENTES CHEZ RENAULT[1]

Philippe Monsieur Debas, pouvez-vous nous présenter votre entreprise?

M. Debas Nous sommes une des plus grandes entreprises françaises: nous employons en effet plus de[2] 100 000 personnes et notre chiffre d'affaires est supérieur à[3] 33 milliards de francs. Notre production annuelle dépasse 1 200 000 voitures et camions.

Philippe	Quels sont vos meilleurs clients?
M. Debas	Nous fabriquons des voitures très différentes: des petites voitures, des voitures plus grosses. Et nous en vendons à toutes les catégories de Français. D'autre part, nos exportations augmentent chaque année.
Philippe	Parlons maintenant des conditions de travail.
M. Debas	Notre entreprise a toujours joué un rôle très important[4]. Ce sont les ouvriers de Renault qui ont obtenu la semaine de 40 heures et les congés payés. Bien sûr, il y a des problèmes. Mais les conditions de travail sont quand même bonnes.

Les entreprises automobiles françaises vendent de plus en plus de petites voitures. En effet, les petites voitures consomment peu d'essence; l'assurance coûte moins cher; elles permettent aussi de mieux circuler en ville et de se garer plus facilement. Sur la route, la vitesse est limitée: elles rendent donc autant de services[5] que les grosses.

Ce sont surtout les jeunes qui en achètent, car elles sont très économiques. Quand une famille veut acheter une deuxième voiture, elle choisit aussi une petite voiture.

Les petites voitures ont un gros succès dans tous les pays européens qui manquent de pétrole: grâce aux petites voitures, ces pays peuvent en effet diminuer leurs importations.

VOCABULAIRE

l'interview f.　*interview*

la vente　*sale*

l'entreprise f.　*enterprise*

employer v. t.　*to employ*

le chiffre　*figure, numeral*

　le chiffre d'affaires　营业额

supérieur -e (à) a.　*superior*

le milliard　*milliard*

la production　*production*

annuel -le a.　*annual*

dépasser v. t.　*to exceed,*
　to surpass

fabriquer v. t.　*to manufac-*
　ture, to make

la catégorie　*category*

l'exportation f.　*exportation*

la condition　*condition*

le rôle　*role*

important -e a.　*important*

obtenir v. t.　*to obtain*

le problème　*problem*

quand même loc. adv.
　all the same

automobile a.　*automobile*

consommer v. t.　*to consume,*
　to use up

l'assurance f.　*insurance*

coûter v. i.　*to cost*

circuler v. i.　*to run,*
　to circulate

limité -e *p. p.*　*restricted*

rendre *v. t.*　*to return*

le service　*service*

économique *a.*　*economic,*
　inexpensive

le pays [pei]　*country, region*

européen -ne *a.*　*European*

manquer (de) *v. t. ind.*　*to be*
　short of

le pétrole　*petroleum*

diminuer *v. t.*　*to diminish*

☺ TEXTE II — UN BON PROVERBE

Le célèbre écrivain anglais A. Cronin reçoit à Edinbourg André Maurois, célèbre écrivain français.

Un jour André Maurois lui dit:

— Vos compatriotes, les Ecossais, ont une admirable hospitalité.

— Parce qu'ils savent très bien un de nos proverbes, qui assure: «Un sourire coûte moins cher que l'électricité et donne plus de lumière.»

☺ VOCABULAIRE

le proverbe　*proverb*

célèbre *a.*　*celebrated, famous*

recevoir *v. t.*　*to receive*

compatriote *n.*　*countryman*

Ecossais -e *n. pr.*　*Scotsman,*
　Scotswoman

admirable *a.*　*admirable*

l'hospitalité *f.*　*hospitality*

assurer *v. t.*　*to assure*

le sourire　*smile*

sourire *v. i.*　*to smile*

l'électricité *f.*　*electricity*

la lumière　*light*

NOTES

1. Directeur des ventes chez Renault 雷诺汽车公司销售部经理

Renault 雷诺汽车公司, chez Renault 意为"在雷诺汽车公司"。

2. Plus de 后接基数词时, 相当于英语的 *more than*。又如:

Il habite à plus de deux kilomètres de la gare.

3. Supérieur 与英语的 *superior* 相同, 本身含有比较的意思, 所以没有比较级; 它的比较成份由介词 à (*to*) 引出, 例如:

Le système socialiste est supérieur au système capitaliste.

类似的形容词还有 inférieur, antérieur, préférable 等。

4. Jouer un rôle important (*to play an important role*)

5. Rendre service 或 des services à qn = *to render sb. a service.*

CONJUGAISON

recevoir	
je reçois	nous recevons
tu reçois	vous recevez
il reçoit	ils reçoivent
futur simple	participe passé
je recevrai	reçu

employer 同 essuyer, obtenir 同 venir, rendre 同 répondre

MOTS ET EXPRESSIONS

I. **coûter** *v. i. ; v. t.* to cost

1. coûter *v. i.* 值, 值价

Combien cela coûte-t-il? (Combien ça coûte?)

Une moto, c'est agréable, mais cela coûte cher.

Ce dictionnaire coûte 120 francs.

2. coûter *v. t.* 使付出(代价)

Ce travail lui a coûté beaucoup de peine.

Cette imprudence lui a coûté la vie.

II. **rendre** *v. t.*   *to return*

  1. rendre   还，归还

      Je vais rendre des livres à la bibliothèque.

  2. rendre   回以，回报

      Je vais lui rendre sa visite.

      Il n'accepte jamais un repas pour ne pas avoir à le rendre.

III. **manquer** *v. i. ; v. t.*   *to lack, to be short of, to miss*

  1. manquer *v. i.*   缺少，缺乏

      Hier, le pain manquait chez le boulanger.

      Le temps me manque pour aller le voir.

  2. manquer de qch. *v. t. ind.*   缺少，缺乏

      La police manque de preuves (*proofs*) pour l'arrêter.

      Il manque d'expérience dans son travail.

  3. manquer qch. *v. t.*   错过

      Dépêchons-nous pour ne pas manquer le train.

      Il regrette d'avoir manqué cette occasion.

      Ce matin, cinq élèves ont manqué la classe.

IV. **obtenir** *v. t.*   *to obtain*

      Elle a obtenu la permission de sortir seule une fois par semaine.

      Il a obtenu son diplôme avec les félicitations du jury.

      La mécanisation de l'agriculture permet d'obtenir une meilleure récolte.

V. **recevoir** *v. t.*   *to receive*

      Quand as-tu reçu sa dernière lettre?

      Il vient de recevoir un mandat envoyé par son père.

      Le directeur m'a reçu dans son bureau.

EXERCICES SUR LES TEXTES

I. 用课文里的词语填空：

  1. Monsieur Debas a donné une ... à Philippe.

2. Le ... ... de l'entreprise a progressé de plus de 40% depuis 1994.

3. Est-ce que Renault fabrique autant ... voitures que Citroën?

4. On va manger un sandwich ... McDonald.

5. Les Martin ont décidé de ... le chiffre de leurs dépenses.

6. Plusieurs commerçants ont fait un chiffre d'affaires ... à cinq millions de francs.

7. Les ouvriers de Renault ... un rôle important dans le développement de l'industrie ... en France.

8. Les ... voitures se garent moins facilement en ville.

9. Le directeur des ventes occupe un poste ... dans une usine.

10. A cette vitesse, nous ... Philippe avant la nuit.

11. Les Shanghaïens ... plus de poisson que de viande.

12. Tous les pays européens ... de pétrole.

13. Les petites voitures sont plus ... que les grosses.

14. Ces citrons (*lemons*) ... beaucoup de jus.

15. C'est une famille hospitalière; la maîtresse de maison a toujours le ... sur les lèvres (*lips*).

Ⅱ. 找出相对应的动词或名词:

vendre		circuler	
	achat		choix
	garage		emploi
servir		produire	
	importation		consommation
exporter			fabrication

Ⅲ. VERSION(注意 service 的意义):

1. un restaurant libre service (*self-service*)

2. un service à café

— 289 —

3. le service après vente

4. faire son service militaire (national)

5. mettre en service une cabine téléphonique

6. manquer son service

7. Je suis de service.

8. Cette veste m'a fait un long service.

9. Il a 20 ans de service chez Renault.

10. Est-ce que je peux vous demander un service?

11. Je suis à votre service.

12. Le service est compris?   — Non, le service est en plus.

Ⅳ. THEME:

1. 这家汽车厂是我国最大的企业之一。轿车和卡车的年产量超过100万辆。

2. 年轻人更喜欢体积小的汽车,因为这类车经济实惠:耗油少,更便于在市区停车,跟大车一样,也给人们提供方便。

3. 大企业的工作条件总是好的,当然,也存在一些问题。

4. 经理先生,请允许我自我介绍一下。我叫菲利浦,世界报记者。

5. 你认为一个微笑能比电给人以更多的光亮吗?

Ⅴ. VERSION — **Les journaux**

Les journaux ne peuvent pas aller aussi vite que la radio ou la télévision? Ce n'est pas important; ils en diront plus, ils donneront plus de photos. Et surtout, ils apporteront autre chose. Aujourd'hui, le quotidien n'est plus seulement un porteur (*bearer*) de nouvelles, c'est aussi un ami, un aide dans la vie de tous les jours. Il nous explique comment dormir quand il le faut, ce que nous devons manger au petit déjeuner, la meilleure façon de conduire notre voiture, de réussir dans notre travail. Et en plus, il nous donne les nouvelles.

Les quotidiens ont bien changé depuis le commencement du XXe siècle. C'est vrai. Mais leur place dans notre vie n'est pas moins grande. Au contraire.

VI. DIALOGUE:

> — Où est-ce que tu travailles?
> — Je travaille chez Renault. Mes camarades et moi, nous travaillons sur une chaîne de montage.
> — Vous avez de bons salaires?
> — Oui, nous sommes bien payés.
> — Combien gagnes-tu?
> — Je gagne 8 000 francs par mois.
> — Est-ce que ton travail te plaît?
> — Oui, beaucoup. Et toi, Henri, tu travailles toujours à la compagnie d'assurances?
> — Oui. Ma femme y travaille aussi.

 VOCABULAIRE

la chaîne de montage *assembly line*	le salaire *wage(s)*
	plaire (à) *v. t. ind.* *to please*

Leçon 28

Le peuple de Paris prit la Bastille le 14 juillet 1789.

Soudain, il ouvrit l'armoire, prit son manteau et sortit sans mot dire.

M. Dupont allait se mettre à table lorsqu'il entendit quelqu'un crier.

GRAMMAIRE

I. 简单过去时 (le passé simple)

1. 构成

　　简单过去时有三种不同类型的词尾,一般均在动词词根后加下列词尾构成。

1) 第一组动词(包括 aller)的词根后加 -ai, -as, -a, -âmes, -âtes, -èrent,例如:

parler	
je parlai	nous parlâmes
tu parlas	vous parlâtes
il parla	ils parlèrent

2) 第二组动词和部分第三组动词的词根后加-is, -is,
   -it, -îmes, -îtes, -irent, 例如:

finir	
je finis	nous finîmes
tu finis	vous finîtes
il finit	ils finirent

sortir	
je sortis	nous sortîmes
tu sortis	vous sortîtes
il sortit	ils sortirent

部分第三组动词的词根有变动,例如:

faire → je fis

voir → je vis

écrire → j'écrivis

répondre → je répondis

3) 部分第三组动词的词根后加 -us, -us, -ut, -ûmes,
   -ûtes, -urent, 例如:

croire	
je crus	nous crûmes
tu crus	vous crûtes
il crut	ils crurent

有些第三组动词的简单过去时可参考其过去
分词,例如:

vouloir → voulu → je voulus

partir → parti → je partis

prendre → pris → je pris

4) 少数第三组动词的简单过去时有特殊的变位形式:

être	avoir	venir
je fus	j'eus	je vins
tu fus	tu eus	tu vins
il fut	il eut	il vint
nous fûmes	nous eûmes	nous vînmes
vous fûtes	vous eûtes	vous vîntes
ils furent	ils eurent	ils vinrent

2. 用法

简单过去时只用在书面的叙述性文体中,所以通常多用第三人称。它表示过去某一确定时间内已经完成、与现在没有联系的动作;相当于英语的一般过去时。

Le peuple de Paris prit la Bastille le 14 juillet 1789.

它也可以表示过去一系列发生的动作;

Soudain, il ouvrit l'armoire, prit son manteau et sortit sans mot dire.

II. 过去最近将来时 (le futur immédiat dans le passé)

1. 构成

> aller (直陈式未完成过去时) + 动词不定式:
> j'allais parler

2. 用法

表示从过去某一时间看是即将发生的动作;相当于英语的一般过去将来时或 *was/were going to* 等。

Les deux amis ne savaient plus ce qu'ils allaient dire

après un long moment de séparation.

M. Dupont allait se mettre à table lorsqu'il entendit quelqu'un crier.

EXERCICES DE GRAMMAIRE

Ⅰ. 说出下列常用动词的简单过去时第三人称单、复数:

continuer	sortir	partir
chercher	dire	écrire
	répondre	venir
se marier	faire	prendre
manger	mettre	être
commencer	avoir	pouvoir
	croire	vouloir
finir	voir	devoir
choisir	aller	devenir

Ⅱ. 填上适当的时态 (简单过去时或未完成过去时):

1. Le jeune homme et la jeune fille ne (se marier) pas parce que leurs parents ne (être) pas d'accord; mais ils (s'aimer) toujours. Et au bout de trois ans, ils (arriver) enfin à se marier.

2. Mon frère et moi, nous (monter) dans la voiture; papa (mettre) le moteur en marche; et nous voilà en route pour la forêt.

3. Papa (crier), (mettre) la tête dans le moteur, (pousser) la voiture et (enlever) les roues. Au bout de deux heures, nous (repartir).

4. Au début du XXe siècle, la machine (remplacer) en grande partie le travail que l'homme (faire) avec ses mains.

5. Je (s'asseoir) devant mon piano et (commencer) à jouer.

Ⅲ. 用简单过去时改写第廿二课的课文 Ⅰ, 然后朗读课文。

Ⅳ. 将下列句中的最近将来时改成过去最近将来时:

1. Dites-moi ce que vous allez enlever.

    Ils m'ont dit ce que ...

2. Montrez-nous la moto que M. Wang va acheter.

Ils nous ont montré la moto que . . .

3. Ils vont faire un tour en France?

   On m'a dit que . . .

4. Il va traverser la rue quand on crie: «Attention!»

   . . . quand on cria: «Attention!»

5. Nous allons monter dans le train quand quelqu'un nous appelle.

   . . . quand quelqu'un nous a appelés.

TEXTE I — LA PREMIÈRE SÉANCE DE CINÉMA

Aujourd'hui, tout le monde va au cinéma.

Pourtant, le cinéma n'est pas très ancien, il n'a pas cent ans.

La première séance de cinéma eut lieu le 28 décembre 1895. Les frères Lumière présentèrent dans le sous-sol d'un café de Paris leur premier film. Au programme, il y avait dix petits films: «Les poissons rouges», «L'arrivée d'un train», «La mer», etc. Quelle surprise pour les spectateurs! Ils voyaient les choses extraordinaires sur l'écran: le train qui avançait vers le public, les hommes et les femmes qui allaient et venaient, les poissons qui nageaient dans un bassin.

De temps en temps, les spectateurs poussaient des cris de peur[1]. A la vue du train[2] qui avançait vers le public, quelques dames se levèrent et se jetèrent vers la sortie. On entendait des cris: «On va nous écraser!»

La première séance dura vingt minutes. Après la séance, on applaudit beaucoup les inventeurs du cinéma, Auguste et Louis Lumière. «C'est extraordinaire!», «Quel beau rêve!» disait le public.

Le lendemain tout Paris[3] en parla.

Le 28 décembre 1895, le «septième art» débuta.

D'après *Les Frères Lumière*

😊 VOCABULAIRE

tout le monde *everybody*

ancien -ne *a.* ancient

avoir lieu *loc. verb.* to take place

décembre *m.* December

le programme *program*

le poisson *fish*

la mer *sea*

etc. [ɛtsetera] *loc. adv.* etc.

la surprise *surprise*

spectateur -trice *n.* spectator

la chose *thing*

extraordinaire *a.* extraordinary

l'écran *m.* screen

le public *the public, audience*

nager *v. i.* to swim

le bassin *pool, basin*

la peur *fear*

la vue *sight*

— 297 —

se jeter *v. pr.* to rush, to throw oneself	to applaud
la sortie *exit*	inventeur -trice *n.* *inventor*
durer *v. i.* to last	le rêve *dream*
applaudir *v. t.* ; *v. i.*	l'art *m.* *art*
	débuter *v. i.* to begin

☺ TEXTE II — UNE NOUVELLE DANS UN JOURNAL

Un monsieur qui a montré hier beaucoup de sang-froid, c'est M. Paul Truc, de Toulouse[4]. Il allait traverser la rue quand il vit deux jeunes gens qui se sauvaient sur sa moto, alors il les poursuivit en taxi sans être remarqué par eux.[5] La moto tomba en panne d'essence[6] et les deux voleurs firent de l'auto-stop. M. Truc les prit avec plaisir avec lui, dans le taxi … jusqu'au commissariat de police voisin.

☺ VOCABULAIRE

montrer *v. t.* to show, to point out	la panne *breakdown*
le sang-froid *self-possession*	voleur -se *n.* *thief*
se sauver *v. pr.* to escape	l'auto-stop *m.* *hitch-hiking*
poursuivre *v. t.* to pursue	le commissariat *police station*
le taxi *taxi*	la police *police*
tomber *v. i.* to fall	voisin -e *a.* ; *n.* *neighbouring;* *neighbour*

NOTES

1. Pousser des cris de peur 发出惊恐的叫喊声
2. A la vue du train qui avançait vers le public, …

A la vue de 是介词短语，相当于英语的 *at (the) sight of*。

3. 形容词 tout 用于城市名前,意思是"整个城市"、"全城的人"。

4. C'est M. Paul Truc, de Toulouse = C'est M. Paul Truc, qui est de Toulouse. 介词 de: *from*。

5. ... sans être remarqué par eux. (... *without being noticed by them.*)

6. Tomber en panne d'essence (*to run out of petrol*)

CONJUGAISON

poursuivre	
je poursuis	nous poursuivons
tu poursuis	vous poursuivez
il poursuit	ils poursuivent

participe passé: poursuivi	
futur simple	passé simple
je poursuivrai	il poursuivit

nager 同 manger, jeter 同 appeler, applaudir 同 finir

MOTS ET EXPRESSIONS

Ⅰ. **avoir lieu** *loc. verb.*   *to take place*

Le bal aura lieu dans la salle de réception.

Le Mouvement du 4 mai eut lieu en 1919.

Ⅱ. **applaudir** *v. t.* ; *v. i.*   *to applaud*

1. applaudir *v. t.*

Toute la salle a applaudi le conférencier.

2. applaudir *v. i.*

A la vue des artistes chinois, les spectateurs applaudirent beaucoup.

Ⅲ. **montrer** *v. t.*

1. montrer qch. (à qn)   *to show (sb.) sth.*

Voulez-vous me montrer ce manteau-là?

L'enfant montre ses mains pour prouver qu'il n'a rien pris.

2. montrer qch. (à qn)   *to point out/show sth.*

Il m'a montré la chambre de son grand-père.

Nous avons montré le chemin à un étranger.

Ⅳ. **poursuivre** *v. t.*   *to pursue*

1. poursuivre   追击, 追

Le chien poursuivait le voleur lorsque Paul se jeta dans la rue.

2. poursuivre   继续

La police a décidé de poursuivre son enquête (*investigation*) jusqu'au bout.

Ⅴ. **tomber** *v. i.*   *to fall*

Le vieil homme est tombé à cause de la neige.

Un enfant est tombé de la fenêtre.

Les feuilles tombent en automne.

La pluie tombe.

Des millions d'hommes sont tombés pendant la dernière guerre.

EXERCICES SUR LES TEXTES

Ⅰ. 重述课文Ⅰ内容：

1. la première séance de cinéma/en 1895/avoir lieu

2. les frères Lumière/leur premier film/présenter/de Paris/dans le sous-sol d'un café

3. les spectateurs/sur l'écran/les choses extraordinaires/voir

4. quelques dames/vers la sortie/se lever/à la vue du train/se jeter

Ⅱ. 用课文里的词语填空：

1. ... le sous-sol d'un café, on passe un film qui ... la vie de Hongkong.

2. La fête aura ... samedi soir.

3. ... l'écran, une auto ... rapidement; puis elle changea ... vitesse et s'arrêta ... un hôtel. Un beau monsieur ... sortit. Il ... l'absence du propriétaire. Il ... dans la chambre de ce dernier et ... son enquête. De temps en temps, quelques spectateurs ... des cris de peur.

4. A la ... de la police, les deux voleurs ... en taxi.

5. Paul a assisté au bal sans être ... par ses camarades.

6. ... Beijing parlait de ... des cosmonautes sur la Lune. «... beau rêve!» disait le public.

7. Cette séance de cinéma ... deux heures et un quart. Ce sera bien long.

8. Pourquoi ... -on beaucoup cet acteur? Moi, je ne crois pas qu'il joue très bien.

9. Il ... vers la porte quand il ... le voleur qui passait devant la maison.

10. Pouvez-vous nous conduire dans la salle de réception? — ...

11. La séance ... à quinze heures.

12. M. Durand ... avec plaisir dans sa voiture deux touristes qui ont fait ...

Ⅲ. 寻找合适的搭配:

1. faire　　　　a. en panne
2. pousser　　　b. du sang-froid
3. tomber　　　c. la rue
4. traverser　　d. des cris de peur
5. montrer　　　e. de l'auto-stop

Ⅳ. 解释下列句子:

1. Il est heureux comme un poisson dans l'eau.
2. Cet appartement a une belle vue.
3. Elle jette l'argent par les fenêtres.

4. Cette mode ne durera pas.

5. Ah, il neige en mai; je ne rêve pas!

6. Vous êtes un voleur.

V. VERSION(注意 prendre 的用法):

1. Je prends le petit déjeuner à sept heures et demie.

2. Nous prenons nos repas à la cantine.

3. Le maître prit le manuel et nous lut notre leçon.

4. Le spectateur prit sa place au onzième rang.

5. M. Vincent prit son manteau pour sortir.

6. La grand-mère prit la petite fille dans ses bras.

7. Robert prend son amie par la main.

8. Les Parisiens prirent la Bastille le 14 juillet 1789.

9. Elle prend l'autobus pour aller au travail, et moi, je prends le métro.

10. Je finirai bientôt mes études. Veux-tu prendre des photos avec moi?

11. La police a pris plusieurs voleurs.

12. M. Truc prit avec plaisir les deux jeunes gens avec lui dans le taxi.

VI. THEME:

1. 我们每堂课历时 50 分钟。

2. 小女孩见到一辆大卡车向她驰来,惊呼起来,扑到她母亲的身上。

3. 昨天在南京路上发生的交通事故中,他表现得很冷静。

4. 半路上,车子出了故障,我们不得不搭乘别人的车。

5. 他追踪两个小偷将近两个小时,自己却没有被发现。

VII. VERSION — **Pour un morceau de pain**

Un dimanche soir, Maubert Isabeau, boulanger sur la place de l'Eglise, se disposait (*got ready*) à se coucher, lorsqu'il entendit un coup violent dans la devanture de sa boutique (*shop*). Il arriva à temps (*in time*) pour voir un bras passé par le trou (*hole*) fait d'un coup de poing dans la vitrine (*shop window*). Le bras saisit (*seized*) un pain et l'emporta. Isabeau sortit en hâte (*hastily*); le voleur se sauvait à toutes jambes (*at full speed*); Isabeau courut (*ran*) après lui et l'arrêta. Le voleur avait jeté le morceau (*piece*) de pain, mais il avait encore le bras ensanglanté (*bloody*). C'était Jean Valjean.

D'après *Les Misérables*

VIII. DIALOGUE:

— Luc, tu viens avec moi, ce soir? J'ai des amis allemands.

— Non, je ne peux pas. Je vais au cinéma avec Julie.

— Julie? toujours Julie!

— On donne un beau film: «Vivent les vacances!» Viens avec nous si tu veux.

— Non, je regarderai la télé avec mes amis. Il y aura un reportage sur les ballets russes. En couleurs, ce sera très joli.

— A propos, je suis fiancé.

— Vraiment? A qui?

— A Julie, bien sûr! Nous nous marierons en juillet.

VOCABULAIRE

le reportage   *reporting*   à propos *loc. adv.*   *by the way*

Leçon **29**

POINTS DE REPERE

Les spectateurs ont dit qu'ils avaient vu des choses extraordinaires sur l'écran.

Les voyageurs étaient partis quand le soleil se leva.

L'enfant était malade; son père a fait venir le médecin.

Il ne veut pas laisser son fils regarder la télévision tous
les soirs.

GRAMMAIRE

I. 愈过去时 (le plus-que-parfait)

1. 构成

avoir être	(未完成过去时) + 过去分词：	j'avais parlé j'étais allé(e)

```
                    parler
    j'avais parlé              nous avions parlé
    tu avais parlé             vous aviez parlé
    il avait parlé             ils avaient parlé
    elle avait parlé           elles avaient parlé
```

```
                     aller
    j'étais allé (e)           nous étions allés (es)
    tu étais allé (e)          vous étiez allé (e)(s)(es)
    il était allé              ils étaient allés
    elle était allée           elles étaient allées
```

```
                    se lever
  je m'étais levé(e)     nous nous étions levés (es)
  tu t'étais levé(e)     vous vous étiez levé (e)(s)(es)
  il s'était levé        ils s'étaient levés
  elle s'était levée     elles s'étaient levées
```

2. 用法

常与复合过去时、简单过去时或未完成过去时配合使用,表示在该动作之前发生并完成了的另一个动作;相当于英语的过去完成时。

Les spectateurs ont dit qu'ils avaient vu des choses extraordinaires sur l'écran.

Le vieil homme reconnut la jeune fille qui l'avait sauvé dans son accident.

Paul était content, parce qu'il avait fait de beaux

rêves.

Les voyageurs étaient partis quand le soleil se leva.

与未完成过去时配合使用,可表示重复的或习惯性的过去动作:

Lorsqu'il avait lu un roman, il en parlait toujours.

用于 si (*if*)引导的感叹句中,表示遗憾:

Si j'avais reçu le télégramme un peu plus tôt!

Ⅱ. 不定式句 (la proposition infinitive) (2)

1. 不定式句除了可用在表示感觉的动词后面(见第二十一课语法)外,还可出现在 faire 之后,相当于英语中 *make, have* 后跟不定式结构。

L'enfant était malade; son père a fait venir le médecin.

不定式句中如有直接宾语,则不定式句的主语改由介词 à 或 par 引导,置于句末:

Je ferai réparer le téléviseur à/par mon frère.

不定式句的主语如是人称代词,一般置于主句谓语前:

Je lui ferai réparer le téléviseur.

Son père le fit venir.

命令式肯定式例外:

Faites-lui réparer le téléviseur.

Faites-le venir.

2. 不定式句也可出现在 laisser 之后,相当于英语中 *let* 后跟不定式结构。

Il ne veut pas laisser son fils regarder la télévision

tous les soirs.

Vous savez, je ne les ai pas laissés partir ce soir-là.

Laissez-le faire ce qu'il veut.

EXERCICES DE GRAMMAIRE

I. 将下列句中的复合过去时改成愈过去时:

1. Ecris-moi ce que tu as fait.

    → Il m'a écrit ce qu'il ...

2. Voulez-vous me passer la revue que vous avez lue?

    → Il m'a passé la revue qu'il ...

3. Qu'est-ce que vous avez entendu?

    → Elle m'a dit ce qu'elle ...

4. Est-ce que vous avez fait de l'auto-stop?

    → Ils m'ont dit qu'ils ...

5. Je vois un monsieur qui a montré beaucoup de sang-froid quand il poursuivait les malfaiteurs.

    → J'ai vu un monsieur qui ...

6. On applaudit beaucoup les acteurs qui ont bien joué.

    → On a beaucoup applaudi les acteurs qui ...

7. A table, papa explique à maman que j'ai appris à lire comme un perroquet.

    → A table, papa expliqua à maman que je ...

8. Papa est très content, parce que nous avons bien lu l'histoire du Petit Poucet.

    → Papa était très content, parce que nous ...

9. «Pourquoi avez-vous roulé à 80 km à l'heure?» demanda le président du tribunal.

    → Le président du tribunal demanda pourquoi il ...

10. Je veux bien voir monsieur le directeur. — Il est déjà parti pour

Beijing.

→ Je voulais bien voir monsieur le directeur, mais il ...

II. 填上适当的过去时态：

1. Il était midi. Beaucoup d'étudiants (prendre) déjà le déjeuner.

2. A l'arrivée de la police, les voleurs (se sauver) en taxi.

3. Ils ont beaucoup ri parce que leur père (raconter) une histoire bien drôle.

4. Elle est allée au cinéma; ses amies (payer) sa place.

5. Chaque soir, quand il (prendre) le dîner, il (se promener) un peu autour de sa maison.

6. Je me dépêchais de rentrer chez moi, parce que je (s'apercevoir) que mes freins ne (marcher) pas très bien.

7. J'ai fini le travail que je (commencer) ce matin.

8. Il était content, parce qu'il (faire) de beaux rêves.

9. Chaque jour, après le dîner, mon grand-père me (raconter) les films qu'il (voir) quand il (être) jeune.

10. Ma grand-mère m'a dit qu'elle ne (voyager) pas très loin au moment de son mariage.

11. Paul n'a pu répondre aux questions que le professeur lui (poser).

12. Quand je (entrer) dans la salle, le film (venir) de commencer.

III. 法译汉：

1. Fais venir Michel.

2. Faites-le entrer.

3. Faites-lui dire ce qu'il sait.

4. Le film fait pousser des cris de surprise aux spectateurs.

5. Le conférencier a fait remarquer aux étudiants que les sciences se développaient de plus en plus vite.

6. Je vais vous faire voir des choses extraordinaires.

7. Marie a fait écouter des cassettes très intéressantes à ses amies.

8. Cette histoire nous a fait comprendre la vérité.

9. Pourquoi as-tu fait tomber cette tasse?

10. Le maître fit travailler ses élèves pendant deux heures.

11. J'ai fait préparer un gâteau par maman.

12. Cette histoire nous a fait beaucoup rire.

13. Pourquoi avez-vous laissé tomber votre parapluie?

14. Le père laissa partir son enfant.

15. Laissez-moi passer, s'il vous plaît.

16. Il ne voulut pas laisser voir sa peur.

17. Je ne la laisserai pas faire.

18. La mère n'a pas voulu laisser son petit garçon suivre les cours des grands.

19. Laissez passer le docteur.

20. Laissez-le faire ce qu'il veut.

TEXTE I — ASSASSINAT DE JAURES[1]

Ce fut le 31 juillet 1914.

Il était plus de neuf heures du soir. La plupart des habitués avaient quitté le restaurant. Jacques et Jenny s'installèrent à droite de la porte d'entrée.

— Jaurès est ici, dit Jacques à Jenny. Le voyez-vous? Là-bas, à gauche, ses amis sont avec lui. Je viens de l'entendre parler au journal. Il disait: «Dans mon article de demain j'accuserai tous ceux qui sont responsables des crimes de guerre ...[2]»

Jacques ne termina pas sa phrase. Un coup de feu, puis un autre, ... Toute la salle fut debout[3]. «Qui a tiré?» — «D'où?» — «De la rue!» ...

Jacques cherchait Jaurès des yeux. Celui-ci était resté à sa place, assis. Puis Jacques le vit se baisser lentement pour chercher quelque chose à terre[4]. A ce moment, Jacques aperçut sur la table, où s'étaient tenus Jaurès et ses amis,[5] une serviette rouge de sang[6]. Il se précipita vers la table de Jaurès. Ses amis l'avaient couché sur une banquette. Il était pâle, les yeux fermés.

On entendit un cri: «Laissez passer le docteur.»

Une longue minute s'écoula. Puis trois mots passèrent de bouche en bouche[7]. «Il est mort ... Il est mort ...»

Toute la rue Montmartre était noire de gens. On criait dans la foule: «A bas la guerre! Vive la paix![8]»

D'après Roger Martin du Gard

Les Thibault

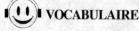 **VOCABULAIRE**

l'assassinat *m.*   *assassination*

habitué -e *n.*   *frequenter*

à droite de *loc. prép.*   *on the*
   right side of

à gauche *loc. adv.*   *on the left*

demain *adv.*   *tomorrow*

accuser *v. t.*   *to accuse*

responsable *a.*   *responsible*

le crime   *crime*

terminer *v. t.*   *to end, to finish*

debout *adv.*   *standing*

les yeux (un œil)   *eyes*

celui-ci *pron. dém.*   *the later*

se baisser *v. pr.*   *to stoop*

se tenir *v. pr.*   *to be, to stand*

la serviette   *napkin, towel*

le sang   *blood*

se précipiter *v. pr.*   *to rush*

coucher *v. t.*   使躺下

la banquette   *bench*

pâle *a.*   *pale*

s'écouler *v. pr.*   *to pass,*
   to elapse

la foule   *crowd*

à bas *loc. interj.*   *down with*

vivre *v. i.*   *to live*

la paix   *peace*

TEXTE II — UN MAUVAIS ELEVE

Un professeur dit à la mère d'un élève:

— Madame, je suis désolé de vous apprendre que[9] votre fils regarde ce que fait son voisin quand je donne des devoirs à faire en classe: il copie.

— Comment? Mais qu'est-ce qui[10] vous fait dire cela?

— Ils font les mêmes fautes tous les deux.

— Mais, c'est peut-être son voisin qui regarde sur lui ...

— Hélas non. Ecoutez plutôt: j'avais demandé quelle est la date de la mort de Napoléon. Son voisin a écrit: «Je ne sais pas», et votre fils: «Moi non plus».

☺ VOCABULAIRE

désolé -e *a.*	*very sorry*	la faute	*fault, mistake*
le fils [fis]	*son*	la date	*date*
le devoir	*exercise*	la mort	*death*
copier *v. t.*	*to copy*	non plus *loc. adv.*	
même *a.*	*same*		*(not) either, neither*

NOTES

1. Jean Jaurès (1859 – 1914)政治家,法国社会党和人道报的创始人。

2. J'accuserai tous ceux qui sont responsables des crimes de guerre. (*I am going to accuse all those who are responsible for the crimes of war*.)

       句中的 ceux 是指示代词(详见第三十五课语法)。

3. 副词 debout 可以用作表语,无性、数变化,例如:

       Ne restez pas debout, asseyez-vous.

4. A terre (*on the ground*)

5. 在关系从句中,如果名词主语的分量重,可以采用倒装词序,... où s'étaient tenus Jaurès et ses amis, ... = ... où Jaurès et ses amis s'étaient tenus, ... 。

6. Une serviette rouge de sang,介词 de 引出形容词 rouge 的补语,表示原因;又如课文最后一段的第一句:Toute la rue Montmartre était noire de gens.

7. De bouche en bouche (*from mouth to mouth*)

       介词 de 和 en 连用,可以表示渐进或递增,再如:de porte en porte, de jour en jour, d'année en année。

8. Vive la paix! (*Long live peace!*)

       句中的 vive,是动词 vivre 的虚拟式现在时,表示祝愿,又如:

       Vive la République populaire de Chine!

9. Apprendre à qn que ... (*to tell sb. that ...*)

10. 疑问短语 qu'est-ce qui 提问指物的主语，相当于英语的疑问代词 *what*，例如：

Qu'est-ce qui est tombé à terre?

CONJUGAISON

vivre	
je vis	nous vivons
tu vis	vous vivez
il vit	ils vivent
participe passé: vécu	
futur simple	passé simple
je vivrai	il vécut

tenir 同 venir

MOTS ET EXPRESSIONS

Ⅰ. **droite, gauche** *n. f.*

1. à droite *loc. adv.*   *on the right*

Prenez la première rue à droite.

2. à droite de *loc. prép.*   *on the right side of*

Voilà l'hôtel, à droite du supermarché.

3. à gauche *loc. adv.*   *on the left*

A gauche, il y a un grand magasin, et vous y trouverez tout ce que vous voulez.

4. à gauche de *loc. prép.*   *on the left side of*

La bibliothèque est à gauche de la salle de lecture.

Ⅱ. **accuser** *v. t.*

1. accuser qn de qch.   *to accuse sb. of sth.*

Les habitants du village accusèrent ce jeune homme d'un crime horrible.

2. accuser qn de faire qch.   *to accuse sb. of doing sth.*

    Il a accusé le chauffeur d'avoir écrasé son chien.

Ⅲ. **même** *a.*

  1. même   放在名词前,相当于 *same*

    Tous les élèves ont les mêmes opinions sur ce problème.

    Elle écrit toujours avec le même stylo.

  2. même   放在名词后,相当于 *very*(同一的)

    Nous sommes arrivés à New York samedi dernier, et nous sommes repartis le jour même.

EXERCICES SUR LES TEXTES

Ⅰ. 用愈过去时变位:

  1. voir venir son ami

  2. faire les mêmes fautes

  3. rester à sa place

  4. terminer la conférence par un documentaire

  5. apercevoir une serviette rouge de sang

  6. se précipiter vers la table

  7. se tenir assis devant la fenêtre

  8. s'installer à droite de la porte d'entrée

Ⅱ. 用课文里的词语填空:

  1. A la vue du train qui avançait vers le public, ... des spectatrices ont poussé des cris de peur.

  2. Il entra dans la salle de lecture et ... à gauche de l'entrée ... il y avait peu de monde.

  3. A ce moment-là, je cherchais mon ami Robert ... les yeux.

  4. Messieurs, je suis désolé de vous apprendre que vous devez être ... de cet accident.

  5. On ... plusieurs coups de feu sur Jaurès.

  6. Elle est ... à sa place, debout, les yeux fermés.

7. Voyez-vous ce petit cinéma? Il s'installe ... droite d'un café.

8. Avez-vous ... votre article? — Dans quelques minutes.

9. Le médecin ... lentement son malade ... un lit.

10. Trois minutes ... , je ne vis personne qui en sortit.

11. Désolé, je vous ... que votre fille ... sur sa voisine.

12. Je m'aperçus que tous ceux qui ... autour de la table avaient quitté la salle.

Ⅲ. 用 c'est vrai 或 c'est faux 回答下列问题:

1. Il était neuf heures passées; la plupart des habitués n'avaient pas encore quitté le restaurant.

2. Jaurès et ses amis s'installèrent à droite de la porte d'entrée.

3. Jenny venait d'entendre parler Jaurès au journal.

4. On tira sur Jaurès de la rue quand toute la salle était debout.

5. Jacques aperçut Jaurès se coucher lentement sur une banquette.

6. Dans la foule, trois mots passèrent de bouche en bouche: «Il est mort ... Il est mort ...»

Ⅳ. 翻译下列句子:

1. Vous avez beaucoup changé. — Que voulez-vous? Le temps est un assassin.

2. Tous les jours, je suis debout à six heures.

3. Pourquoi est-ce qu'il baisse l'oreille (*ear*)?

4. Je meurs de fatigue.

5. On laisse tomber.

6. Pour terminer, je propose un toast à notre amitié.

7. Bien faire et laisser dire.

Ⅴ. 用 qui, qu'est-ce qui, qui est-ce qui (qui), que, qu'est-ce que 填空:

1. ... il y a?

2. ... se passe?

3. ... t'arrive?

4. ... tu dis?

5. ... t'a dit cela?

6. ... ne va pas?

7. ... avez-vous rencontré?

8. ... est-ce que vous avez rencontré?

VI. THEME:

1. 晚上 10 点多了,大部分学生都已离开了阅览室;他们俩都还没做完功课。

2. 雅克和珍妮看见若雷斯慢慢地在一条软垫长凳上坐了下去。

3. 保尔向索菲冲去,脸色苍白,大衣上溅有血迹。"快叫医生来!"这时候,整个大厅里的人都站了起来。

4. 广场上人头攒动,众口传诵着一条消息:"他刚刚去世。"

5. 对不起,我要请你们等半个小时。

VII. VERSION — **Vingt personnes sauvées**

Un jeune homme de 19 ans a réussi à atterrir (*succeeded in land-ing*) avec 20 personnes à bord (*aboard*) quand son père venait de mourir d'un arrêt du cœur.

Le jeune homme avait appris quelques leçons de pilotage, mais il n'avait jamais piloté un avion. Il prit la place de son père et envoya S. O. S. Un autre avion s'approcha, montra le chemin à l'élève pilote et le conduisit à l'aérodrome. Le jeune homme reçut par radio les instructions pour l'atterrissage (*landing*) et il réussit à poser l'avion à terre.

 VIII. DIALOGUE:

— Les Français sont des gens très bien informés. Le matin, à l'heure du petit déjeuner, tous les Français, ou presque, écoutent les nouvelles du jour à la radio.

— Moi, quand j'écoute la radio, je fais autre chose en même temps.

— Et le soir, ils se retrouvent tous devant le petit écran pour le «Journal télévisé» de 20 heures.

— Avec la télévision, tout le monde apprend les mêmes nouvelles au même moment ... C'est intéressant!

— Pour nos grands-parents, qui, dans leur jeunesse, n'avaient ni le son ni les images, et qui lisaient très peu, c'est une vraie révolution.

— Et qui commence seulement! Demain, les satellites et le câble dans les villes ...

— Demain, on aura un autre problème ... Entre tous ces moyens d'information, comment va-t-on choisir?

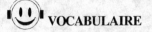 **VOCABULAIRE**

en même temps *loc. adv.*   le moyen   *means, way*
   at the same time

Leçon *30*

~~~~~~

GRAMMAIRE

直接引语和间接引语 （le discours direct et le discours indirect）

　　与英语的直接引语和间接引语相同：引用他人原话，称为直接引语；将原话的意思转述出来，称为间接引语。

　　将直接引语改为间接引语，须注意下列几个方面。

　　　　　*　　*　　*

Ⅰ. 人称的变化

　　Mon ami me dit：«Je te montrerai ma photo.»

　　Mon ami me dit qu'il me montrera sa photo.

　　　　　*　　*　　*

Ⅱ. 时态的变化

　　A. Jean a dit：«Je suis très occupé.»

　　　　Jean a dit qu'il était très occupé.

　　B. Jeanne a dit：«J'ai fini mes devoirs.»

　　　　Jeanne a dit qu'elle avait fini ses devoirs.

C. Paul a dit: «Le match va bientôt commencer.»

Paul a dit que le match allait bientôt commencer.

Ⅲ. 时间状语的变化

aujourd'hui	⟶	le jour même, ce jour-là
hier	⟶	la veille
demain	⟶	le lendemain
maintenant	⟶	alors
ce matin	⟶	ce matin-là
la semaine prochaine	⟶	la semaine suivante
la semaine dernière	⟶	la semaine précédente
il y a (*ago*)	⟶	avant (*before*)
dans (*in*)	⟶	après (*later*)

A. Paul a dit: «J'ai vu ce film il y a trois jours.»

Paul a dit qu'il avait vu ce film trois jours avant.

B. Marie a dit: «Nous allons passer l'examen dans huit jours.»

Marie a dit qu'ils allaient passer l'examen huit jours après.

EXERCICES DE GRAMMAIRE

Ⅰ. 将直接引语改成间接引语:

1. Il demande à sa fille: «Quelle heure est-il?»

2. «Comment allez-vous?» demande-t-il à son voisin.

3. Mon ami m'a dit: «Je suis arrivé à midi et tu n'étais pas là.»

4. «Tu étais bien jolie hier», m'a-t-elle dit.

5. Il pensa: «Ce fut une belle journée.»

6. Paul a crié: «J'ai bien lu cette phrase.»

7. Il a demandé à son ami: «Peux-tu assister à mon mariage?»

8. «Qu'allez-vous faire demain?» demanda-t-il à son camarade.

9. «Etes-vous contente de votre ordinateur?» m'a demandé la vendeuse.

10. Le professeur leur a dit: «Nous allons partir en vacances dans quinze jours.»

Ⅱ. 将间接引语改成直接引语:

1. Ils se demandaient s'ils n'étaient pas en retard.

2. Il demanda à sa fille de lui expliquer comment elle avait passé le week-end.

3. Sa mère lui a demandé avec qui elle allait manger au restaurant la semaine suivante.

4. Je leur ai demandé d'où venait ce bruit terrible.

5. Son frère lui a demandé pourquoi il était allé au cinéma avec Sophie la veille.

TEXTE I — POLITESSE

Dans la salle à manger du paquebot, deux passagers, un Français et un Américain, furent placés à la même petite table. chacun[1] des deux ne parlait que sa propre langue. Lorsque l'Américain arriva, le Français, qui venait de s'asseoir, se leva amicalement et dit: «Bon appétit». L'Américain, qui croyait

qu'il s'était présenté, lui serra la main et se nomma: «Howard Blake». Puis les deux hommes mangèrent sans mot dire[2]. Au dîner, la même chose se reproduisit: le Français dit: «Bon appétit»; et l'Américain, quelque peu interloqué, répondit: «Howard Blake». Au déjeuner du lendemain, même jeu[3]. Cette fois, l'Américain alla trouver le commissaire et lui dit:

«Vous m'avez mis à la table d'un maniaque. Un certain Monsieur Bonappétit! Il se présente à chaque repas!»

Le commissaire, amusé, lui expliqua son erreur. Et le soir, l'Américain avança vers la table et salua son commensal: «Bon appétit!» Le Français, charmé, ne voulut pas rester sans[4] courtoisie. Il se leva, et pour lui rendre souhait en anglais, lui dit: «Howard Blake!»

VOCABULAIRE

la politesse *politeness*

le paquebot *passenger ship*

passager -ère *n.* *passenger*

placer *v. t.* *to place, to put*

chacun -e *pron. indéf.* *each,
everyone*

propre *a.* *own, clean*

amicalement *adv.* *friendly*

serrer *v. t.* *to clasp*

se nommer *v. pr.* *give one's
name*

se produire *v. pr.* *to occur,
to happen*

quelque peu *loc. adv.*
somewhat

interloqué -e *a.* *disconcerted*

le jeu *play, game*

le commissaire *purser*

maniaque *n.* *eccentric*

amusé -e *p. p.* *amused*

l'erreur *f.* *error, mistake*

saluer *v. t.* *to salute*

commensal -e *n.* *messmate*

charmé -e *p. p.* *charmed*

la courtoisie *courtesy*

le souhait *wish*

TEXTE II — UN JUGE EN ECRITURE[5]

Balzac, le fameux écrivain français, se croyait très habile
à[6] juger du caractère des gens par leur écriture.

Un jour, une dame lui montra une page de très mauvaise
écriture, et lui demanda son avis sur l'avenir de l'enfant.

«Madame, dit Balzac, êtes-vous la mère de cet enfant?

— Non, Monsieur.

— Alors je puis[7] parler sans crainte de vous faire de la
peine. Cet enfant est obstiné, paresseux, gourmand et ne fera
jamais rien de bon.[8]»

A ces mots[9], la dame éclata de rire. Balzac, étonné, demanda une explication.

«Monsieur, répondit la dame, cette page d'écriture est un fragment d'une lettre que vous m'avez écrite quand vous aviez douze ans. »

VOCABULAIRE

le juge   *judge*

l'écriture *f.*   *writing*

fameux -se *a.*   *famous*

se croire *v. pr.*   *to think oneself*

habile *a.*   *able, clever*

juger (de) *v. t. ind.*   *to judge*

le caractère   *character*

la page   *page*

la crainte   *fear*

la peine   *trouble*

obstiné -e *a.*   *obstinate*

paresseux -se *a.*   *lazy*

gourmand -e *a.*   *greedy*

éclater *v. i.*   *to burst, to explode*

l'explication *f.*   *explanation*

le fragment   *extract, fragment*

NOTES

1. 泛指代词 chacun 可由 de 引导补语, 阴、阳性要与补语一致, 相当于英语的 *each of*, 例如:

    J'ai relu chacune de ces leçons.

2. Sans mot dire = sans dire un mot (*without a word*)

3. Même jeu 因修辞而省略冠词 le, 使句子更为简洁生动。

4. 介词 sans 后面的名词如果不表示确指, 可省略冠词, 例如:

    un repas sans viande

    une lettre sans signature

5. Un juge en écriture 一位评判笔迹的行家

6. Se croire + 表语意为"自以为…", 例如:

    Elle se croit forte en mathématiques.

    Il se croit quelque chose.

    Habile à qch. 或 à faire qch. "善于…" 例如:

Elle est très habile à la calligraphie.

7. Je puis＝je peux,较多用于主、谓语倒装的疑问句(puis-je)中,例如:

Que puis-je faire pour vous?

Faire de la peine à qn "使难过,使不快",例如:

Cette nouvelle ferait de la peine à toute la famille.

8. Cet enfant ne fera jamais rien de bon. (*This child will never do anything good.*)

9. A ces mots ＝ sur ces mots (*at these words*)

CONJUGAISON

produire	
je produis	nous produisons
tu produis	vous produisez
il produit	ils produisent
participe passé: produit	
futur simple	passé simple
je produirai	il produisit

juger 同 manger

MOTS ET EXPRESSIONS

I. **chacun -e** *pron. indéf.*

1. chacun *each, everyone*

Chacun a donné son opinion sur ce problème.

Ce n'est peut-être pas vrai, mais chacun le dit.

2. chacun -e *each*

Les élèves font chacun tout ce qu'ils peuvent.

Remettez ces revues chacune à sa (leur) place.

3. chacun -e de   *each of*

    Il a écrit à chacun de ses professeurs.

    Chacun d'entre vous a bien fait son devoir, dit le professeur, très content.

Ⅱ. **juger** *v. t.*   *to judge*

  1. juger   审判, 审理

    Quand cet accusé sera-t-il jugé?

    Le tribunal a jugé récemment un assassinat.

  2. juger   评价, 识别

    On critique aujourd'hui cet homme politique, mais l'histoire le jugera.

    Il est difficile de juger la valeur de ce roman pour le moment.

  3. juger (de) *v. t. ind.*   评论, 判断

    Il juge bien de la poésie.

Ⅲ. **éclater** *v. i.*

  1. éclater   *to burst, to explode*

    Le pneu (*tyre*) a éclaté en pleine vitesse.

    Une bombe a éclaté ici pendant la guerre.

  2. éclater   *to break out*

    La Seconde Guerre mondiale éclata le 1er septembre 1939.

Ⅳ. **peine** *n. f.*

  1. avoir de la peine à faire qch.   *to have difficulty in doing sth.*

    Cet élève a de la peine à continuer ses études.

  2. ce n'est pas la peine de faire qch.   *it is not worth doing sth.*

    Ce n'est pas la peine de me répéter cela, j'ai très bien compris.

  3. à peine *loc. adv.*   *hardly, barely*

    Il avait à peine quatre ans quand il a commencé à apprendre l'anglais.

    C'est à peine si on remarque son accent étranger.

  4. avec peine *loc. adv.*   *with difficulty*

L'enfant comprend avec peine toutes les leçons difficiles.

5. sans peine *loc. adv.*　　*without difficulty*

Elle répond sans peine à toutes les questions du professeur.

EXERCICES SUR LES TEXTES

I. 用课文里的词语填空:

1. Dickens est un ... écrivain anglais.

2. Les deux messieurs mangeaient sans ... dire.

3. Il est difficile de ... ce roman de science-fiction.

4. Balzac, ... étonné, demanda: «Expliquez-moi cela, s'il vous plaît.»

5. Elle entra et salua son commensal avec ... .

6. Ils ont bu ... son (leur) verre.

7. Savez-vous juger ... le film?

8. Avant de m'asseoir, je ... ai serré la main.

9. ... d'elles a fait ce qu'elle pouvait (elles pouvaient).

10. Il ne faut pas juger ... caractère ... gens ... leur écriture.

11. Un ... monsieur entra, avança ... le bureau et ... nomma: «Georges Martin».

12. M. Li et moi, nous avons été ... ... le même compartiment.

13. Quel est votre avis ... le caractère de cet enfant?

14. Il y a quelque chose ... intéressant dans ce roman.

15. ... ces mots, la salle ... de rire.

16. Est-ce qu'il est étudiant ... droit?

17. Voilà une règle (*rule*) ... exception.

18. C'est un garçon ... à réparer le magnétophone.

19. Les mauvaises notes de ce garçon ont fait ... peine à ses parents.

20. Généralement, ... dîner, nous n'avons pas de hors-d'œuvre.

II. 根据课文内容填空:

1. Balzac disait toujours que ... très habile à ... .

2. Balzac a demandé ... la mère de cet enfant-là.

3. La dame a répondu que ... la mère de l'enfant.

4. Balzac a dit à la dame que ... sans crainte de ... .

5. Balzac a cru que ... obstiné, paresseux, gourmand et ... rien de bon.

6. La dame a dit que cette page d'écriture ... un fragment d'une lettre que Balzac ... .

7. Une dame montra à Balzac une page de mauvaise écriture et lui demanda: « ... ?»

8. Quand la dame éclata de rire, Balzac, étonné, lui demanda: « ... ?»

Ⅲ. 用 chacun, chacune, chaque 填空:

1. ... de ses élèves lui a envoyé un télégramme de félicitations.

2. ... ouvrier a fait son travail.

3. Un proverbe dit: « ... pour soi, Dieu (*God*) pour tous. »

4. Après la journée, ... rentre chez soi.

5. Ces articles coûtent 10 yuans ... .

6. ... âge a ses plaisirs.

7. Elles ont, ... , sa (leur) place.

8. Jacques promène Jenny en voiture ... fois qu'il en a envie.

9. Remettez ces revues ... à sa (leur) place.

10. Le directeur donne à ces journalistes une interview ... .

Ⅳ. 说出对应的形容词:

facilité	jeunesse	différence	courtoisie
difficulté	paresse	importance	économie
propreté	petitesse	élégance	symphonie
beauté	gentillesse		
habileté	politesse	chaleur	inquiétude
simplicité	tendresse	grandeur	
humidité	sagesse	longueur	

V. THEME:

1. 我们将各自从家里出发。

2. 我并不想使您难过，但我不得不把您儿子病倒的消息告诉您。

3. 我不会根据人们的性格来判断人们的前途。

4. 你什么时候能把这些杂志还给我呢？我的那些朋友也很想看看。

5. 当他自我介绍后，我跟他握了握手，然后，我也自报了姓名：“我叫王方平。”

VI. VERSION — L'âne et le petit chien

Un âne (*ass*) voyait un petit chien tendre (*hold out*) la patte (*paw*) à son maître; le maître le prenait sur ses genoux (*knees*), l'embrassait et lui donnait du sucre.

«Comment? disait l'âne. Moi, je reçois des coups de bâton? Lui, on l'embrasse? Et que fait-il pour cela? Il donne la patte! Si je fais comme lui, j'aurai aussi du sucre. Alors ce n'est pas difficile, je vais essayer.» Alors l'âne s'approcha aussi et leva sa grosse patte vers le nez (*nose*) de son maître.

«Qu'est-ce que c'est? cria celui-ci. Attendez-moi un peu! ... Donnez-moi un bâton! ...» Et le pauvre âne n'avait plus qu'à courir ...

 VII. DIALOGUE:

— C'est peut-être votre première grande sortie. N'hésitez pas à nous poser des questions et à nous demander conseils.

— Qu'est-ce qu'il faut emporter pour manger?

— C'est bien français. Comme vous le savez, nous allons manger le soir au restaurant ou chez l'habitant. Mais pour le déjeuner, il faut prévoir un pique-nique.

— Qu'est-ce que vous nous conseillez d'acheter?

— Prenez du fromage et des fruits. Vous pouvez aussi emporter un peu de viande. Ayez aussi un peu de sucre ou de chocolat. Vous allez avoir des efforts à faire, et ça peut vous être utile!

— Combien d'eau est-ce qu'il faut prendre?

— Pas beaucoup, c'est lourd et on peut en trouver dans tous les villages.

— Est-ce qu'il faut emporter des couvertures?

— Prenez plutôt un sac de couchage. C'est léger et il peut faire froid la nuit, même en cette saison ... N'oubliez pas notre rendez-vous, vendredi soir à cinq heures à la Gare d'Austerlitz!

 VOCABULAIRE

utile *a.*	*useful*	la couverture	*rug*
lourd -e *a.*	*heavy*	le sac de couchage	*sleeping bag*

Leçon **31**

--- **POINTS DE REPERE** ---

Mon fils est revenu, mais le vôtre reste encore à Paris.

Est-ce que votre fille est allée au concert avec les miennes?

Vous voyez, votre sac ressemble beaucoup au sien.

Elle sera contente d'aller à Nice avec les miens.

GRAMMAIRE

主有代词 (le pronom possessif)

I. 词形

单 数		复 数		
阳 性	阴 性	阳 性	阴 性	
le mien	la mienne	les miens	les miennes	*mine*
le tien	la tienne	les tiens	les tiennes	*yours*
le sien	la sienne	les siens	les siennes	*his, hers, its*
le (la) nôtre		les nôtres		*ours*

— 330 —

| le (la) vôtre | les vôtres | *yours* |
| le (la) leur | les leurs | *theirs* |

II. 用法

与英语的名词性物主代词的用法基本相同,代替主有形容词和已提及的名词,但要与被替代的名词的阴、阳性相一致,单、复数则根据意义而定。

Mon fils est revenu, mais le vôtre reste encore à Paris. (主语, = votre fils)

Prête-moi ton stylo, j'ai perdu le mien. (宾语, = mon stylo)

La maison que vous voyez est la nôtre. (表语, = notre maison)

Le professeur est satisfait de ma composition et aussi de la tienne. (补语, = ta composition)

Est-ce que votre fille est allée au concert avec les miennes? (状语, = mes filles)

阳性主有代词如遇介词 à 或 de,前面的冠词要与之缩合成: au mien, aux miens, du mien, des miens, etc.。例如:

Vous voyez, votre sac ressemble beaucoup au sien.

阳性复数主有代词有时可表示家人、亲友等意义:

Elle sera contente d'aller à Nice avec les miens. (les miens = ma famille)

EXERCICES DE GRAMMAIRE

Ⅰ. 变成各个人称:

1. Chacun a son chapeau; j'ai le mien, ...
2. Chacun a sa chambre; j'ai la mienne, ...
3. Chacun fait ses devoirs; je fais les miens, ...
4. Chacun met ses lunettes; je mets les miennes, ...

Ⅱ. 用主有代词填空:

1. Il m'a donné son adresse; écrivez-moi ..., s'il vous plaît.
2. Nous avons déjà nos billets (*tickets*) de train; vous, Messieurs, vous n'avez pas encore pris ... .
3. Mettez votre manteau; Colette, elle, a oublié ... .
4. Ils m'ont montré leur téléviseur. ... est meilleur que ... .
5. Nous, nous apporterons nos cassettes. Vous, vous apporterez ... et eux, ...
6. Je n'aime pas beaucoup ma robe. Où as-tu acheté ... ? Je la trouve plus jolie que ... . Ce soir, je veux mettre ... pour aller au bal.
7. J'ai un gilet en laine (*wool*). Fais voir ... . Oh, il est moins solide que ... .
8. Il a fini son gâteau. Tu dois aussi finir ... .
9. Il a une chemise (*shirt*) en coton. Fais voir ... . Moi, j'ai ... qui n'est pas aussi solide que la sienne.
10. J'ai perdu mon stylo; prêtez-moi ..., s'il vous plaît.

☺ TEXTE I — LA CONSULTATION

«Tous mes voisins ont un avocat à consulter. Jacques consulte le sien, Georges et sa femme consultent le leur. Moi, j'ai de l'argent, je veux aussi un avocat à moi.[1]»

Ainsi raisonnait Jean-Paul.[2] Il alla en ville, demanda

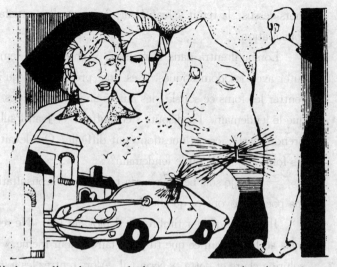

l'adresse d'un homme de loi, se présenta chez lui et jeta une pièce de monnaie sur le bureau.

— Sur quoi désirez-vous avoir mon avis? demanda l'avocat. Avez-vous des difficultés avec un voisin[3]?

— Oh, non. Je m'entends avec mes voisins; je les laisse faire ce qu'ils veulent.

— Avec les vôtres, alors?

— Avec les miens? Oh, non plus! Je leur donne ce qu'ils me demandent et je ne leur demande rien.

— Mais enfin, avez-vous à vous plaindre de quelqu'un, ou quelqu'un se plaint-il de vous?

— Non, non.

— Alors pourquoi voulez-vous une consultation?

— Je ne sais pas; mais j'en veux une.

L'avocat prit une feuille de papier timbré, écrivit quelques mots dessus, la remit à Jean-Paul, qui s'en alla, satisfait de sa consultation.

Lorsqu'il entra dans la maison, il entendit sa femme discuter avec les domestiques. Les uns[4] prétendaient qu'il fallait rentrer les foins ce soir-là, les autres qu'il fallait ne les rentrer[5] que le lendemain. La dispute s'échauffait, et Jean-Paul allait y prendre part[6], car la question était difficile: On devait rentrer les foins ce jour-là ou le lendemain?

— Que je suis bête![7] s'écria-t-il, j'ai une consultation dans ma poche. Voyons ce qu'elle dit.

Il tira son papier timbré, le déploya et lut: «Ne remets jamais au lendemain ce que tu peux faire le jour même.» Voilà la solution claire et nette, s'écria-t-il. Alors rentrez les foins dès ce soir!

VOCABULAIRE

la consultation *consultation*
consulter *v. t.* *to consult*
raisonner *v. i.* *to reason*
l'adresse *f.* *address*
la loi *law*
la monnaie *coin, money*
la difficulté *difficulty*
s'entendre (avec) *v. pr.* *to get along (with)*
se plaindre (de) *v. pr.* *to complain*
le papier timbré *stamped paper*

dessus *adv.* *above, on it*
remettre *v. t.* *to hand (in), to put off, to put back*
satisfait -e *a.* *satisfied*
discuter *v. i.* *to discuss, to argue*
domestique *n.* *servant*
prétendre *v. t.* 认为,断言,硬说
le foin *hay*
la dispute *dispute*
s'échauffer *v. pr.* *to become warm*

prendre part à *loc. verb.*	la poche *pocket*
to take part in	déployer *v. t.* *to unfold*
la question *question*	la solution *solution*
bête *a.* *stupid, foolish*	clair -e *a.* *clear*
s'écrier *v. pr.* *to exclaim*	net -te [nɛt] *a.* *clean, clear*

TEXTE II — UN JEUNE HOMME DANSE

Un jeune homme danse avec une jeune fille.

— La danse m'a paru deux fois plus courte que d'habitude[8], lui dit-il affectueusement.

— Pas étonnant, dit la jeune fille, souriante. C'est mon fiancé qui dirige l'orchestre.

VOCABULAIRE

danser *v. i.* *to dance*	fiancé -e *n.* *fiancé -e*
la danse *dance*	diriger *v. t.* *to direct*
étonnant -e *a.* *astonishing*	l'orchestre *m.* *orchestra*
souriant -e *a.* *smiling*	

NOTES

1. Je veux aussi un avocat à moi. = Je veux aussi un avocat qui est à moi.

     A moi 强调人或物的所属关系，又如：

     C'est ma lettre à moi.

2. Ainsi raisonnait Jean-Paul. 在书面语中，ainsi, peut-être, aussi, à peine 等置于句首时，通常采用主、谓语倒装的词序，又如：

     Peut-être a-t-il oublié votre adresse.

3. Avoir des difficultés avec qn (*to have trouble with sb.*)

4. 泛指代词 un 可与 autre 配合使用，构成 l'un (l'une) . . . , l'autre . . . ;

les uns (les unes) ..., les autres ...; 分别相当于英语的 *one ... the other*; *some ... others*。例如：

Il m'a prêté deux revues: l'une est écrite en français, l'autre en anglais.

Il était encore tôt; on attendait devant la bibliothèque: les uns lisaient, les autres bavardaient.

Ce n'est pas juste si les uns ont tout, les autres n'ont rien.

5. Rentrer 在这里用作及物动词，意思是"收进"，在复合时态中用 avoir 作助动词；具有类似用法的动词有 monter（搬上，提上），descendre（取下，放下），sortir（掏出，取出），entrer（搬入）等，例如：

On a monté votre valise dans la chambre d'hôtel.

Faut-il descendre maintenant ces bagages du camion?

6. Jean-Paul allait y prendre part. 副代词 y 代替介词 à 引导的间接宾语 la dispute，又如：

Cette question est très difficile, il y pense de temps en temps.

7. Que je suis bête! (*How silly I am!*)

Que 用来引出一个感叹句，又如：

Que le paysage est magnifique!

8. La danse m'a paru deux fois plus courte que d'habitude. ... deux fois plus courte que ...，英语中相应的表达方式是 ... *twice as short as ...*。

CONJUGAISON

se plaindre	
je me plains	nous nous plaignons
tu te plains	vous vous plaignez
il se plaint	ils se plaignent
participe passé: plaint	

futur simple	passé simple
je me plaindrai	il se plaignit

déployer	
je déploie	nous déployons
tu déploies	nous déployez
il déploie	ils déploient
futur simple : je déploierai	

prétendre 同 répondre, diriger 同 manger

MOTS ET EXPRESSIONS

Ⅰ. **consulter** *v. t.*　　*to consult*

1. consulter　　请教,咨询

Cette phrase est difficile à comprendre, je vais consulter le professeur.

Il m'a conseillé de consulter un avocat.

2. consulter　　查阅,查考

Consultez ce dictionnaire, vous trouverez ce terme scientifique.

Les voyageurs consultent le guide avant de partir.

Ⅱ. **se plaindre** *v. pr.*

1. se plaindre de qn (qch.)　　*to complain about sb. (sth.)*

Les étudiants étrangers se plaignent de la cherté de la vie à Paris.

On se plaint du guide qui est en retard.

2. se plaindre que ...　　*to complain that ...*

Il se plaint souvent que son fils est paresseux et gourmand.

3. plaindre qn　　*to have pity on sb.*

Tout le monde plaint cet enfant abandonné.

Je la plains d'avoir un mari aussi difficile.

Ⅲ. **remettre** *v. t.*

　1. remettre　　　*to put back*

　　　remettre un livre à sa place

　2. remettre　　　*to put off, to postpone*

　　　remettre un travail au lendemain

　3. remettre　　　*to hand (in)*

　　　remettre un télégramme à qn

　　　remettre un cahier au professeur

Ⅳ. **discuter** *v. t. ; v. i.*　　　*to discuss*

　1. discuter (de) qch.

　　　On discutera plus tard cette question.

　2. discuter *v. i.*

　　　Les historiens discutent sur la date de cette révolution.

EXERCICES SUR LES TEXTES

Ⅰ. 用课文里的词语填空:

　1. Votre chapeau est tombé, ne marchez pas . . . .

　2. C'est un homme d'un caractère difficile. Il a toujours des . . . avec ses collègues.

　3. Je m'entends . . . ' les miens. Et vous, vous . . . avec les vôtres?

　4. Je ne leur demande rien, au contraire, je . . . laisse faire ce qu'ils veulent.

　5. . . . c'est beau!

　6. Huit est . . . plus grand que quatre.

　7. Ne . . . pas; on verra!

　8. Pourquoi . . . -t-il à se plaindre . . . siens?

　9. Une discussion qui . . . devient bientôt une dispute.

　10. Qu'est-ce que l'avocat a écrit . . . la feuille de papier . . . ?

　11. Il neige. Tout le monde . . . sa voiture.

12. Il n'a pas de difficultés . . . les miens.

13. Je ne veux pas . . . part à une discussion qui s'échauffe.

14. Après s'être reposés quelques heures, ils sont remontés dans l'avion de Paris le . . . .

15. . . . les revues à leur place, s'il vous plaît.

16. Nous organisons une séance de cinéma . . . ce soir. D'accord?

17. Nous avons dû . . . au lendemain le match de tennis.

18. La police est arrivée à . . . la petite à sa famille.

19. Cette nouvelle lui . . . étonnante.

20. La jeune fille danse . . . un jeune garçon pendant que son fiancé . . . l'orchestre.

Ⅱ. 说出介词 à 的意义及语法功能：

1. Elle est allée à Shanghai.

2. Cette langue est difficile à apprendre.

3. Chaque année, il passe ses vacances à la campagne.

4. J'ai mal à la gorge.

5. Il reviendra à quatre heures.

6. Ce camion fait 60 km à l'heure.

7. C'est un ami à moi.

8. Il a donné un coup de téléphone à Jean-Paul.

9. Je pense souvent à mon pays natal.

10. Beaucoup d'entre nous vont au travail à vélo.

11. Dans ce musée, il y a pas mal de choses à voir.

12. Ils ont loué une chambre à deux lits.

13. Avez-vous lu *La Dame aux camélias* d'Alexandre Dumas fils?

14. Voilà un travail à refaire.

15. Françoise a une machine à écrire.

Ⅲ. 区别下列形容词的含义：

1. étonner — une nouvelle étonnante

— un touriste étonné

2. satisfaire — une composition satisfaisante

— un professeur satisfait

3. écraser — un travail écrasant

— un chien écrasé

4. battre — le cœur battant

— la terre battue

5. amuser — une personne amusante

— une personne amusée

Ⅳ. 说出下列形容词的含义：

servir — serviable   porter — portable

sembler — semblable   durer — durable

réaliser — réalisable   manger — mangeable

présenter — présentable   remplacer — remplaçable

Ⅴ. 解释下列句子：

1. Ils s'entendent comme chien et chat.

2. Ce trois-pièces me plaît beaucoup.

3. Voulez-vous me faire de la monnaie? cinq pièces de 2 francs, cinq pièces d'un franc.

4. Avez-vous la monnaie de dix yuans?

5. Gardez la monnaie.

6. Tu cherches ton stylo, et tu as le nez dessus.

7. C'est bête de laisser dormir son argent!

8. Il se plaint de rien.

Ⅵ. 用 avoir quelque chose à faire 造句：

200 km, rouler/une lettre importante, envoyer/deux enfants, élever/ rien, lui dire

Ⅶ. 用 avoir à 的肯定式或否定式造句：

1. tu, se plaindre

2. je, travailler

3. je, faire des provisions pour une semaine

4. nous, rentrer les foins avant la nuit

VIII. THEME:

1. 你跟邻居的关系好吗?你是不是跟人有纠葛?

2. 他老是埋怨他家里人,因为他总想要家里人给他些东西。

3. 索菲从口袋里拿出一张纸交给我;我打开纸,只见上面写着:不要怨天尤人;去请教你的朋友马丁先生。

4. 我听见妈妈在跟哥哥说:"天快下雨了,把自行车推进来。"

5. 让-保罗进城去为自己找一位律师。当天他就来到一位法律界人士的家里。

IX. VERSION — **A travers les murs**

La scène se passe à l'hôtel, entre deux clients de chambres voisines.

— Voulez-vous arrêter la radio?

— Quelle radio?

— La vôtre, bien sûr!

— Pourquoi?

— Elle m'empêche (*prevents*) de dormir.

— Vous n'aimez pas la musique?

— Si, mais jamais après 10 heures du soir.

— Vous avez tort (*are wrong*): à cette heure-là, on peut écouter les plus beaux morceaux.

— Oh! la meilleure musique ne vaut pas une heure de sommeil (*sleep*).

— C'est votre avis, ce n'est pas le mien: moi, avec la musique, je me repose.

— Arrêtez votre radio, ou je vais appeler le directeur.

— Oh! lui, en ce moment, il regarde la télévision. Vous savez, il se met vite en colère. Et alors, ça va mal ... Je lui téléphone de votre part?

— Non, ce soir encore, je vais me boucher les oreilles (*to stop one's ears*) avec du coton.

— Vous avez raison (*are right*) ; c'est ce que vous avez de mieux à faire.

X. DIALOGUE :

— Tout le monde prend du café?

— Non, pas moi, je te remercie.

— Ça s'est bien passé? Vous n'êtes pas trop fatigués?

— Un peu. On est partis en forme et on est arrivés sur les genoux.

— Il a fait beau?

— Il a fait très chaud, mais on a bien roulé quand même.

— La chaleur, c'est pénible, c'est vrai. Mais la pluie, c'est pire! Il y a trois ans, j'ai voulu faire le tour de la Bretagne. Impossible! On a eu un temps épouvantable, de la pluie tous les jours.

— Moi, il y a quelques années, je suis allé faire une randonnée dans les Alpes. Je n'ai pas pu aller loin. Je n'ai tenu que trois jours!

VOCABULAIRE

remercier *v. t.*	*to thank*	épouvantable *a.*	*dreadful*
le genou	*knee*	la randonnée	*excursion*
la chaleur	*heat*	tenir *v. i.*	*to hold*
pénible *a.*	*hard*		

Leçon **32**

༺༄༅

```
┌─────────────── POINTS DE REPERE ───────────────┐
│ Les plantes sont surveillées par un cerveau électronique. │
│ Le conférencier fut accompagné d'une foule d'étudiants. │
│ Tous ces livres sont écrits pour les enfants de cinq à huit ans. │
└─────────────────────────────────────────────────────┘
```

GRAMMAIRE

被动态 (la voix passive)

Ⅰ. 构成

```
┌──────────────────────────────────────────────┐
│ être + 直接及物动词的过去分词: je suis aimé (e) │
└──────────────────────────────────────────────┘
```

Ⅱ. 用法

　　与英语的被动语态相同,各种时态和语式由助动词 être (*to be*)来表示;施动者补语一般由介词 par (*by*)引导。被动态中过去分词的性、数要与主语的性、数相一致。

现在时	Les plantes sont surveillées par un cerveau électronique.

复合过去时	Les plantes ont été surveillées par un cerveau électronique.
未完成过去时	Les plantes étaient surveillées par un cerveau électronique.
简单过去时	Les plantes furent surveillées par un cerveau électronique.
愈过去时	Les plantes avaient été surveillées par un cerveau électronique.
简单将来时	Les plantes seront surveillées par un cerveau électronique.
不定式	Les plantes doivent être surveillées par un cerveau électronique

Ⅲ. 说明

1. 表示情感或伴随状态等意义的动词,往往用介词 de 引导施动者补语:

Les enfants sont aimés de leur mère.

Le conférencier fut accompagné d'une foule d'étudiants.

施动者补语有时可以不必表达:

Tous ces livres sont écrits pour les enfants de cinq à huit ans.

2. 同时具有直接宾语和间接宾语的主动态改为

被动态时,只能用直接宾语作被动态的主语:

Ce dictionnaire m'a été offert pour mon anniversaire. (*This dictionary was given to me for my birthday. or: I was given this dictionary for my birthday.*)

3. 间接及物动词一般不能构成被动态:

Récemment, on a beaucoup parlé de cet accident. (*This accident has been much talked about recently.*)

EXERCICES DE GRAMMAIRE

I. 将下列句子改成被动态:

1. On n'organise rien pour aider les femmes à continuer à travailler après leur premier enfant.

2. La police poursuivit les deux voleurs pendant trois jours.

3. Un cerveau électronique conduira la voiture.

4. Les frères Lumière présentèrent dans le sous-sol d'un café de Paris le premier film du monde.

5. On a beaucoup applaudi les inventeurs du cinéma.

6. Les voleurs n'avaient pas remarqué M. Truc.

7. L'ordinateur remplacera le travail que l'homme fait avec sa tête.

8. Une vieille dame a élevé Sophie jusqu'à 14 ans.

9. On donnera un bal pour nos amis français.

10. Au café, ses amis accompagnaient toujours Jaurès.

11. Un cerveau électronique décidera des soins à donner aux plantes.

12. Mon fils m'aide beaucoup dans mon travail.

13. On aura terminé ce travail avant midi.

14. On ne dit jamais ces choses dans le journal.

15. Les Gaulois habitèrent d'abord la France.

16. On doit finir ce travail ce soir.

17. Les élèves aiment bien Mme Lin.

18. On a construit cette usine en quelques années.

Ⅱ. 说出下列句中过去分词的功能:

1. Il traduit la question en langue parlée.

2. Voilà un film fait pour rire.

3. Ils ont nagé pendant une heure.

4. J'ai eu la main écrasée par une machine.

5. J'étais resté là, à ma place.

6. Il était assis à la table, la tête dans les mains.

7. C'est un homme marié.

8. Elle est morte depuis longtemps.

9. Ils sont étonnés par cette nouvelle.

10. Voilà une maison construite en 1939.

☺ TEXTE I — LE FILM M'AMUSE

Je ne sais pas si vous êtes comme moi : quand je vais au cinéma, c'est pour voir des choses amusantes.

Dans les films policiers, il y a toujours des gens qui sont tués. Dans les histoires d'amour, les artistes me font pleurer. Et les films faits[1] pour instruire me font dormir.

Le dernier[2] que j'ai vu montrait la vie à la campagne autrefois : les charrues étaient tirées par des bœufs ; les champs étaient semés à la main[3] ; le blé était battu par les cultivateurs eux-mêmes ; il n'y avait ni tracteurs, ni moissonneuses-batteuses, ni machines à traire électriques, les paysans travaillaient dur, et ils habitaient dans des fermes très pauvres,

éclairées le soir par de simples lampes à huile.

C'était triste. Heureusement, à l'entracte, les lumières se sont rallumées. J'étais bien content de revoir l'électricité. Alors, je suis allé boire une bière[4] et fumer une cigarette au café voisin. Ça a été le meilleur moment de la soirée.

VOCABULAIRE

amuser *v. t.*   *to amuse*

amusant -e *a.*   *amusing*

policier -ère *a.*   *detective*

tuer *v. t.*   *to kill*

l'amour *m.*   *love*

instruire *v. t.*   *to educate,*
   to instruct

autrefois *adv.*   *formerly,*

   in the past

la charrue   *plough*

le bœuf (les bœufs [bø])   *ox*

semer *v. t.*   *to sow*

battre *v. t.*   *to beat, to thresh*

cultivateur -trice *n.*   *cultivator*

le tracteur   *tractor*

la moissonneuse-batteuse

combine harvester
traire *v. t.*   *to milk*
la machine à traire
milking machine
électrique *a.*   *electric*
dur *adv.*   *hard*
pauvre *a.*   *poor*
éclairer *v. t.*   *to light*

la lampe   *lamp*
la lampe à huile   *oil lamp*
triste *a.*   *sorrowful, sad*
l'entracte *m.*   *interval*
se rallumer *v. pr.*   *to light up again*
la cigarette   *cigarette*
la soirée   *evening*

☺ TEXTE II — LES CHAMPIGNONS D'ALEXANDRE DUMAS

Alexandre Dumas faisait un voyage en Allemagne, il avait beaucoup de peine pour se faire comprendre[5], car il ne connaissait pas un mot d'allemand.

Un jour, il arriva dans un petit village et entra dans un restaurant. Il avait envie de manger des champignons, mais la seule difficulté était de faire comprendre au garçon ce qu'il voulait. Alors Alexandre Dumas prit une feuille de papier et dessina un champignon.

Le garçon regarda, puis sourit et s'en alla.

Alexandre Dumas imaginait déjà des champignons appétissants lorsqu'à sa surprise[6], il vit le garçon qui revenait, un parapluie à la main.

☺ VOCABULAIRE

le champignon   *mushroom*
seul -e *a.*   *only, alone*
dessiner *v. t.*   *to draw*

imaginer *v. t.*   *to imagine*
appétissant -e *a.*   *appetizing*

NOTES

1. Faits 是动词 faire 的过去分词阳性复数形式。

    法语的过去分词与英语的相同,可作形容词用,修饰名词,具有被动意义;但它须放在名词后面,其性、数和名词的性、数相一致,例如:

    un bal bien organisé (*a well organized ball*)

    une lettre bien écrite (*a well written letter*)

2. Le dernier 作名词用,即 le dernier film。

3. A la main 是副词短语,相当于英语的 *by hand*。

4. 有些饮料的名词可用数词修饰,表示计量单位,une bière＝un verre de bière;再如:un soda, deux cafés。

5. Se faire faire"使自己被⋯"具有被动意义,例如:

    Il veut se faire connaître. (*He wants to make himself known.*)

    Un bruit terrible se faisait entendre de temps en temps dans la nuit.

    (*A terrible noise was heard from time to time during the night.*)

6. A sa surprise (*to his surprise*)

CONJUGAISON

battre	
je bats	nous battons
tu bats	vous battez
il bat	ils battent
participe passé: battu	
futur simple	passé simple
je battrai	il battit

instruire 同 construire

MOTS ET EXPRESSIONS

Ⅰ. **tuer** *v. t.*   *to kill*

> Le boucher du village tue un bœuf par semaine.
>
> Il a tué son adversaire d'un coup de revolver.

Ⅱ. **battre** *v. t.*   *to beat*

1. battre   打, 揍

> Mon voisin ne bat jamais son fils.

2. battre   打败, 战胜

> On a battu l'équipe de France.
>
> Napoléon fut battu à Waterloo.
>
> Il a battu encore une fois le record du monde.

Ⅲ. **allumer** *v. t.*

1. allumer   *to light*

> Voulez-vous allumer la lampe du salon?
>
> Il allume une cigarette et continue son histoire.

2. allumer   *to turn on the light*

> La chambre est allumée; ah, le voilà rentré.
>
> Allume l'escalier (*staircase*) pour tes camarades.

3. s'allumer   *to light up*

> La lampe s'allume quand on ouvre le réfrigérateur.

Ⅳ. **imaginer** *v. t.*   *to imagine*

> J'imagine sa surprise quand elle apprendra cette nouvelle.
>
> Vous n'imaginez pas comme nous sommes heureux.

EXERCICES SUR LES TEXTES

Ⅰ. 用课文里的词语填空：

1. Dans mon pays natal, on peut voir encore les charrues ... par des bœufs.

2. Le blé n'est plus ... par les cultivateurs eux-mêmes, mais à la machine.

3. Mon père travaillait ... pour nous élever.

4. La visite du jardin des plantes ... les enfants.

5. On habite maintenant dans des maisons bien ... .

6. Il va boire une bière ... café voisin.

7. Jacques prit une ... de papier, puis dessina ... parapluie et ... alla.

8. Nous avons ... peine à parler français.

9. Pour lui, la seule difficulté est de ... comprendre.

10. Le garçon comprit bien ... Alexandre Dumas voulait.

11. La jeunesse, c'est le meilleur moment ... la vie.

12. Quand je vais ... l'usine, ... pour voir des choses intéressantes.

13. Le film que nous avons vu avant-hier ... la vie au début du XXIe siècle. Je veux bien le ... .

14. As-tu bien ... cette nuit? — Non. — Pourquoi? — Hier soir, j'ai lu un roman d'amour qui me ... beaucoup pleurer.

II. 填上适当的介词:

1. Ils habitaient dans une maison éclairée par des lampes ... huile.

2. Je suis désolé ... vous apprendre que votre fils a copié sur son voisin.

3. ... la rue, on a tiré deux coups de feu.

4. Cet été, je ferai un voyage ... Allemagne.

5. Jacques s'est précipité ... la porte.

6. Il se baisse pour chercher quelque chose ... terre.

7. J'ai été obligé ... quitter la ville.

8. ... l'entracte, on sort pour fumer une cigarette.

9. A l'étranger, la difficulté est ... se faire comprendre.

10. ... les romans d'amour, il y a toujours des jeunes qui sont tristes.

11. Elle entra, un bébé ... ses bras.

12. Mon vieil ami vient chez moi, toujours un paquet . . . la main.

Ⅲ. 辨义:

1. A. remarquer une faute

   B. faire remarquer une faute

   C. Il voulait se faire remarquer.

2. A. comprendre les difficultés du travail

   B. faire comprendre les difficultés du travail

   C. Il a de la peine à se faire comprendre.

3. A. faire une veste

   B. faire faire une veste

   C. Elle veut se faire faire une veste.

4. A. lire un roman policier

   B. faire lire ce roman policier

   C. Le maître fit lire des élèves.

5. A. aimer son enfant

   B. L'enfant cherche à se faire aimer de sa mère.

6. A. entendre trois coups de feu

   B. Un coup de feu se fit entendre.

Ⅳ. 用 à 或 de 填空:

amour . . . la patrie   papier . . . lettres

film . . . dormir debout   papier . . . toilette

lampe . . . bureau   une feuille . . . papier

lampe . . . le néon   travail . . . la main

chanson . . . amour   machine . . . laver

les lumières . . . Shanghai

Ⅴ. 解释下列句子:

1. Attention, ça tue!

2. Ce garçon sème l'argent.

3. Amuse-toi bien!

4. C'est simple comme bonjour.

5. J'ai perdu ma peine.

6. Il dort sur son travail.

7. Veux-tu allumer la radio?

8. Donne-moi de la lumière!

9. Il parle tout seul.

10. Mon pauvre ami, tu n'arriveras jamais à finir ton devoir!

VI. THEME:

1. 又见到您,我真高兴。抽烟吗? ——不,我不抽烟。

2. 使我大为吃惊的是,我们的法语老师竟不认识一个英语单词。

3. 我唯一的愿望(le désir)是让我的孩子们认识生活。

4. 你可以想象,当他得知这条消息时,将多么惊讶。

5. 母亲走出厨房,手里拿着一块精美的蛋糕:"孩子们,上桌来吃吧!"

VII. VERSION — **Attention à la circulation!**

— Comment vas-tu à l'école, Pierre? A pied?

— Non, je ne peux pas aller à pied, parce que j'habite loin de mon école, je suis donc obligé de prendre l'autobus tous les matins. Il s'arrête en face de (*opposite*) notre maison. D'habitude, il passe à l'heure. Mais quelquefois je dois attendre longtemps. Et quand il arrive, il est déjà plein de monde.

— Et pour aller chez ton grand-père, prends-tu aussi l'autobus?

— Mon grand-père habite en dehors de la ville, et à cause de cela, nous devons prendre l'autocar (*coach*). Le chauffeur de l'autocar conduit très vite: il fait 80 kilomètres à l'heure, même pour monter les côtes (*slopes*) ... J'ai grand peur, parce qu'un jour j'ai vu un accident terrible: une moto a été écrasée par les roues d'un gros camion: le chauffeur du camion a été blessé (*was wounded*) et la personne qui conduisait la moto a été tuée. L'accident est arrivé parce qu'ils roulaient trop vite.

VIII. DIALOGUE:

— Allô, Luc? Tu es encore à la maison?

— Oui, évidemment! Pourquoi?

— Mais, qu'est-ce que tu fais?

— Rien, je suis en train de lire.

— Eh bien moi, je t'attends depuis 20 minutes.

— Tu m'attends? Et où ça?

— Devant le cinéma, et ça fait 20 minutes.

— Le cinéma? Quelle idée! Quel cinéma?

— C'est quel jour aujourd'hui?

— Ben . . . lundi.

— Mais non, pas du tout, c'est mardi et on va au cinéma!

— Oh! Excuse-moi, Julie, j'ai complètement oublié. Eh ben, viens ici!

— Ah non, pas question! J'y vais sans toi!

VOCABULAIRE

évidemment *adv.*	*evidently,*	ben = bien
of course		complètement *adv.*
en train de *loc. prép.*	正在	*completely, wholly*

Leçon **33**

ﷺﷺﷺﷺﷺﷺﷺﷺﷺﷺﷺﷺﷺﷺﷺﷺﷺﷺﷺﷺﷺﷺﷺﷺﷺﷺ

— **POINTS DE REPERE** —

Si j'étais vous, j'irais chez le dentiste tout de suite.

Pourrais-je écouter cette cassette avant de l'acheter?

Ses parents ne savaient pas si le train arriverait à l'heure.

GRAMMAIRE

条件式现在时 (le conditionnel présent)

Ⅰ. 构成

将直陈式简单将来时的词尾换成直陈式未完成过去时的词尾, 便构成条件式现在时。

parler	finir	venir
je parlerais	je finirais	je viendrais
tu parlerais	tu finirais	tu viendrais
il parlerait	il finirait	il viendrait
nous parlerions	nous finirions	nous viendrions
vous parleriez	vous finiriez	vous viendriez
ils parleraient	ils finiraient	ils viendraient

avoir	être	aller
j'aurais	je serais	j'irais
tu aurais	tu serais	tu irais
il aurait	il serait	il irait
nous aurions	nous serions	nous irions
vous auriez	vous seriez	vous iriez
ils auraient	ils seraient	ils iraient

Ⅱ. 用法

1. 用在表示结果的主句中, 从句用 si 引导, 其谓语用直陈式未完成过去时; 相当于英语中表示现在或将来情况的虚拟条件句。

1) 表示与现在事实相反的情况:

Si j'étais vous, j'irais chez le dentiste tout de suite.

2) 表示将来也许可能实现的动作:

Est-ce que cela t'ennuierait beaucoup si nous allions au cinéma un autre jour?

如果动作实现的可能性极大, 则主句用直陈式简单将来时, 从句用直陈式现在时; 相当于英语的真实条件句:

S'il fait beau demain, nous irons au parc prendre des photos.

条件从句也可由其他表示条件的词组代替:

A votre place, j'apprendrais le français comme seconde langue étrangère.

Avec des si, on mettrait Paris dans une bouteille.

2. 用在表示愿望、请求、建议、推测的独立句中,能表
   达委婉的语气;相当于英语中某些情态动词的用
   法。

   J'aimerais faire le tour du monde. (*I'd like to
   travel round the world.*)

   Pourrais-je écouter cette cassette avant de
   l'acheter? (*Could I listen to this cassette before buy-
   ing it?*)

   Vous feriez mieux de suivre le conseil du
   médecin. (*You'd better follow the doctor's advice.*)

   Cette nouvelle surprendrait toute la famille.
   (*The news may/might surprise the whole family.*)

3. 用作直陈式过去将来时 (le futur dans le passé),
   表示过去某一动作之后将要发生的事情;相当于
   英语的一般过去将来时。

   Ses parents ne savaient pas si le train arriverait
   à l'heure.

   Le professeur a dit qu'on aurait un examen le
   lendemain.

EXERCICES DE GRAMMAIRE

I. 改成条件式:

vous voudrez	vous pourrez	ils iront
je voudrai	tu viendras	il sera
j'aimerai	nous passerons	tu iras
nous aurons	vous serez	nous ferons
elle aura	vous devrez	vous verrez

— 357 —

ils feront　　　　　　il faudra　　　　　　elle pourra

Ⅱ. 将下列各句改成条件式,并说出语义上的不同:

1. Si nous allons en France, nous passerons des jours à Paris.

2. Si vous fumez trop, ça ira mal.

3. Si vous sortez par ce mauvais temps, vous tomberez malade.

4. Si l'on cueille une fleur du parc, on sera puni.

5. Si tu ne te lèves pas à six heures, tu seras en retard.

6. S'il écoute son médecin, il ira mieux.

7. Si vous ne comprenez pas, je vais vous expliquer encore une fois.

8. S'ils viennent demain, nous ferons une partie de football.

9. Si tu tombes malade, tu iras à l'hôpital.

10. Si elle fait du sport, elle aura une bonne santé.

Ⅲ. 将括号里的动词变成条件式,然后把句子译成汉语:

1. (Etre)-vous M. Leblanc?

2. Que voulez-vous, Madame? — Je (vouloir) un dictionnaire anglais-français.

3. S'il était ici, il nous (aider) à traduire ce texte.

4. Si j'étais riche, je (faire) construire une maison.

5. Je (vouloir) vous parler.

6. Le train (avoir) quelques minutes de retard.

7. Je pense que la télévision (remplacer) un jour le cinéma.

8. (Pouvoir)-vous m'aider à copier ces documents?

9. Imaginez la vie que nous (avoir) au XXIIᵉ siècle.

10. Il est absent. (Etre)-il malade?

Ⅳ. 造句(任选一种表示愿望的句型):

Exemple: — J'ai (bien) envie de faire un voyage aux Etats-Unis.

　　　　　— Je voudrais faire un voyage aux Etats-Unis.

　　　　　— J'aimerais beaucoup faire un voyage aux Etats-Unis.

1. prendre quelques minutes de repos

2. acheter une robe qui est à la devanture

3. prendre un verre avec des amis dans un café

4. trouver le parfum que porte une amie

5. rester à se reposer pendant le week-end

V. 结构练习:

1. Je sais que Jenny viendra.

   Je savais que . . .

2. Elle espère que son mari trouvera un bon emploi.

   Elle espérait que . . .

3. Nous sommes certains qu'ils feront cet exercice eux-mêmes.

   Nous étions certains que . . .

4. Je me demande à quelle heure il me donnera un coup de téléphone.

   Je me demandais à quelle heure . . .

5. Tu penses qu'elle prendra froid?

   Tu pensais que . . .

6. Le professeur espère que nous saurons parler français couramment (*fluently*).

   Le professeur espérait que . . .

TEXTE I — EN NORMANDIE[1]

Si vous aviez l'occasion d'aller en France, je vous recommanderais de visiter la Normandie; vous pourriez vous promener dans une campagne calme, mais où l'agriculture est très développée: vous y trouveriez presque toutes les cultures: blé, maïs, fourrage . . . , mais vous vous rendriez compte que c'est le pommier qui est le roi du paysage, cet arbre, vous le verriez partout[2], le long des routes, au bord des rivières, dans les vergers et dans les jardins.

Si vous aviez le temps de parcourir la région, vous remar-

queriez aussi l'abondance des cultures maraîchères aux abords des villes[3] : pommes de terre, navets, petits pois, épinards, tous ces légumes poussent très bien dans cette terre.

Si vous vouliez séjourner en Normandie, vous aimeriez peut-être vous installer dans un village, vous auriez alors le choix entre un village au bord de la mer et un village en pleine campagne, vous y loueriez une chambre dans une vieille maison, vous mangeriez du fromage, vous boiriez du cidre et vous seriez alors très heureux.

VOCABULAIRE

recommander *v. t.*
 to recommend, to advise
calme *a.* *calm, quiet*
l'agriculture *f.* *agriculture*

développé -e *p. p.* *developed*
la culture *crop, culture*
le maïs [mais] *maize*
le fourrage *fodder*

se rendre compte (que)
loc. verb. *to realize*

le pommier *apple tree*

le paysage *landscape*

le long de *loc. prép.* *along*

la rivière *river*

le verger *orchard*

parcourir *v. t.* 跑遍, 走遍

la région *region*

l'abondance *f.* *abundance*

maraîcher -ère *a.* 种菜的, 蔬菜的

les abords *m.* 周围

la pomme de terre *potato*

le navet *turnip*

les petits pois *green peas*

l'épinard *m.* *spinach*

séjourner *v. i.* *to stay, to sojourn*

le choix *choice*

le cidre *cider*

heureux -se *a.* *happy, pleased*

TEXTE II — CHEZ LE DENTISTE

— Docteur, j'ai très mal à cette dent!

— Voyons ... on dirait qu[4]'elle est bien malade. Il faudrait l'enlever.

— Oh! ça me fera mal. Est-ce que vous ne pourriez pas la soigner?

— Non, elle est trop mauvaise. Si vous la gardiez, vous ne seriez pas content plus tard. Je vais vous faire une piqûre, et vous ne sentirez rien!

— Je sais, je sais, vous dites toujours ça ... Aïe! Aïe!

— Ça y est![5] La voilà![6] Regardez! quelle dent!

— Mais ... mais ce n'est pas cette dent qui me faisait mal: c'est la dent d'à côté!

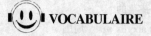 **VOCABULAIRE**

dentiste *n.* *dentist*	garder *v. t.* *to keep*
malade *a.* *ill, sick*	sentir *v. t.* *to feel*
soigner *v. t.* *to treat* (治疗),	à côté *loc. adv.* 在旁边
to look after	

NOTES

1. La Normandie 诺曼底, 法国西北部地区名。

2. ... cet arbre, vous le verriez partout.

　　作直接宾语的名词置于句首或句末, 并用宾语人称代词加以重复, 这是一种强调宾语的手法, 又如:

　　Ce peintre, je le connais depuis longtemps.

　　Je le connais depuis longtemps, ce peintre.

3. Les abords de ... "…的周围", aux abords de ... "在…的周围", 例如:

　　Les abords du lac sont très beaux.

　　Vous verrez des quartiers d'habitation aux abords de Shanghai.

4. On dirait que ... "好象, 似乎", 又如:

　　On dirait qu'il va venir chez vous.

5. Ça y est! 俗语, 意思是: "成功了! 好了! 完了! 糟了!"

6. La voilà! (*There it is!*)

　　直接宾语人称代词 la 指 cette dent。这种句型的意思为: "这就是…, …在这儿, …来了", 又如:

　　Les voilà. (*There they are.*)

　　Nous voilà. (*Here we are.*)

　　Voilà 后面还可以跟一个形容词、过去分词或由 qui 引导的关系从句, 用以修饰人称代词, 例如:

　　Vous voilà arrivés enfin! (*Here you are at last!*)

Le voilà qui entre. (*There he comes*.)

CONJUGAISON

parcourir	
je parcours	nous parcourons
tu parcours	vous parcourez
il parcourt	ils parcourent
participe passé: parcouru	

futur simple	passé simple
je parcourrai	il parcourut

sentir 同 servir

MOTS ET EXPRESSIONS

I. **recommander** *v. t.*

  1. recommander qch. à qn   *to recommend sb. sth.*

    Le professeur nous a recommandé le roman *La Famille* de Ba Jing.

  2. recommander à qn de faire qch.   *to advise/recommend sb. to do sth.*

    Ses parents lui recommandent d'être prudent dans cette affaire.

II. **garder** *v. t.*

  1. garder   *to keep*

    Voulez-vous garder cette place pour moi?

    Je garderai cette bonne bouteille pour l'anniversaire de mon ami.

  2. garder   *to look after*

    Ma tante ne travaille plus, elle garde des enfants à la maison.

garder un malade

3. garder   *to guard*

       Les soldats gardent ce pont jour et nuit.

       Toutes les entrées sont gardées par des chiens.

Ⅲ. **sentir** *v. t.*   *to feel*

       Tout le monde sentait la faim après cette promenade.

       Attends, je sens quelque chose dans mon soulier.

       Il avait tellement peur qu'il sentait son cœur battre.

EXERCICES SUR LES TEXTES

Ⅰ. 用课文里的词语填空:

   1. Dans cette région, on peut trouver une agriculture très … .

   2. Nous nous … compte que tous les légumes … très bien … cette terre.

   3. Cette sorte d'arbre, on … voit partout, … les routes, … les rivières et … les jardins.

   4. Je n'ai pas … temps de … cette belle ville.

   5. La campagne est bien calme, je voudrais y … quelques mois.

   6. Il aimerait … dans une campagne calme.

   7. On … que le temps va changer.

   8. J'ai eu le choix … deux films.

   9. Michel … mal … la tête.

  10. Si vous n'étudiiez pas bien le français, vous ne seriez pas … plus tard.

  11. Le médecin m'a fait une … , mais je n'ai … senti.

  12. Je voudrais faire … cette mauvaise dent qui me … mal.

Ⅱ. 用宾语人称代词 le, la, les 强调直接宾语:

   1. Vous pourriez voir cet arbre partout.

   2. Nous connaissons bien cet écrivain anglais.

   3. Je veux bien revoir ce beau paysage.

4. Vous verrez mon frère conduire la voiture comme un fou.

5. Il faut envoyer cette lettre tout de suite.

6. Vous avez gardé ces places pour M. Leloup?

7. Vous recommanderez *Le Rouge et le Noir* à vos élèves?

8. Vous ne pourriez pas soigner cette mauvaise dent?

Ⅲ. 寻找合适的搭配:

1. Vous aurez un paysage agréable   a. cette lettre

2. Hier, je me suis fait enlever   b. gardez votre manteau

3. Je voudrais recommander   c. de sa beauté extraordinaire

4. Si vous parcouriez Paris, vous   d. une mauvaise dent
   vous rendriez compte   e. le long de la Seine

5. Il fait froid dans cette pièce

Ⅳ. 用 tu, il (elle), ils (elles)重述课文。

Ⅴ. 把下列句子译成汉语:

1. Tu es en forme. On dirait que tu reviens de vacances.

2. Vous êtes bien coiffée. On dirait que vous êtes allée chez le coiffeur
   (*hairdresser*).

3. Vous avez une drôle de tête. On dirait que vous avez des ennuis.

4. On dirait qu'il va y avoir de l'orage.

Ⅵ. 说出下列各句中 tout 的词性及语法功能:

1. Ma grand-mère est toute blanche.

2. Tout Paris parlait de l'assassinat de Jaurès.

3. Vous y trouveriez presque toutes les cultures: blé, maïs, fourrage
   . . .

4. Tous ces légumes poussent très bien dans la terre de Normandie.

5. Il fait tout noir.

6. Je vous ai dit tout ce que j'avais appris.

7. Tout le monde est content.

8. Tous mes amis sont venus.

9. Elles ont fait les mêmes fautes toutes les deux.

10. C'est tout pour aujourd'hui.

11. Les jeunes ont tous fait des économies.

12. Elle est tout heureuse.

VII. THEME:

1. 我参观了这个省以后,体会到在该省所有城市的近郊,农业都非常发达。我发现蔬菜的种类很多。

2. 如果您有机会到那个地区去走走,您将会发现每条河边都种着这种树。

3. 我建议你到农村去度假;我想,今年夏天海边会有不少人的。

4. 我的朋友雅克在伦敦逗留了几天,他跑遍了这座美丽而古老的城市。

5. 你好象病了,该去看看医生。

——我牙痛,没关系。如果我去看牙科医生,他就要把牙齿拔掉。那可痛啦!

VIII. VERSION — **Les sports**

　　Les Vincent sont revenus à Paris. Les vacances vont bientôt finir. Mais la saison des sports a commencé: Pierre aime les spectacles sportifs, son père aussi. Si M. Vincent avait le temps, il irait avec son fils, tous les samedis et tous les dimanches sur les terrains de sport (*sports grounds*). Mais il n'a pas le temps ... Le dimanche, quand il est assis à son bureau, il pose parfois (*sometimes*) son stylo et soupire (*sighs*): «Si j'étais libre (*free*), je serais assis maintenant sur les bancs (*benches*) du stade de Colombes, au soleil; j'assisterais au match de rugby; je verrais courir les équipes en maillots (*jerseys*) noirs et rouges.» Si ... si ... mais hélas! il faut écrire cette page ...

 IX. DIALOGUE:

　　— Il ne pleut plus. On pourrait faire une promenade en voiture aujourd'hui. Un peu plus loin, il fait peut-être beau.

　　— Hmmm. Si nous allions faire une promenade au village. Qu'est-ce qu'il y a à visiter?

— Au village? Rien du tout.

— Alors, nous pourrions en effet nous promener dans les environs.
Il y a plein de châteaux. J'aimerais bien en visiter un.

— Excellente idée. Si on allait à Monbazillac? Ça t'intéresserait?

— Moi, je veux bien. On pourrait faire un pique-nique après.

VOCABULAIRE

les environs *m.* *outskirts*	le château *castle*

Leçon 34

L'homme dont je vous ai parlé est un commerçant
  compétent.

Je vous conseille ce livre dont l'auteur a de l'humour.

Le directeur vous donnera un travail dont vous serez satisfait.

Peux -tu me prêter ce roman? Je te le rendrai dans trois
  jours.

GRAMMAIRE

I. 关系代词 dont (le pronom relatif «dont»)

关系代词 dont 代替介词 de 加先行词(指人或指物)。
类似英语中介词加关系代词。关系代词 dont 在关系从句
中的作用如下:

间接宾语	L'homme dont je vous ai parlé est un commerçant compétent. (dont: *about whom*)
	Le cancer est une maladie dont tout le monde a peur. (dont: *of which*)

名词补语	Je vous conseille ce livre dont l'auteur a de l'humour. (dont: *whose*) Le chanteur dont j'aime les disques est très connu. (dont: *whose*)
形容词补语	Le directeur vous donnera un travail dont vous serez satisfait. (dont: *with which*) Vous avez fait une promenade dont vous êtes contents, n'est-ce pas? (dont: *with which*)
数量补语	Nous avons rencontré dix visiteurs français dont six (sont) étudiants. (dont: *of whom*) J'ai quelques revues dont quatre (sont) bien intéressantes. (dont: *of which*)

II. 直接和间接宾语人称代词的位置

当直接宾语人称代词和间接宾语人称代词(包括副代词)出现在一个句子里时,其排列次序有以下两种情况。

1. 宾语人称代词和副代词在动词前的次序:

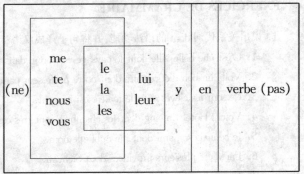

On m'a dit que tu as un roman français. Peux-tu me

le prêter (*lend*)? Je te le rendrai dans trois jours.

　　Ces revues-là, Jean les leur a déjà rendues.

　　Le zoo est très loin, mon oncle va nous y conduire.

　　Je n'ai que deux romans sous la main, je t'en prêterai un, d'accord?

　　Ne nous les présentez pas.

2. 在肯定命令句中,宾语人称代词和副代词在动词后的次序:

verbe	le la les	moi toi lui nous vous leur	y	en

　　Tu as pris une belle photo? Montre-la-moi s'il te plaît.

　　Je voudrais des légumes, donnez-m'en s'il vous plaît.

EXERCICES DE GRAMMAIRE

I. 说出关系代词 dont 的语法功能,并将句子译成汉语:

　　1. C'est une belle ville dont le paysage est connu dans tout le pays.

　　2. Voilà un bon dictionnaire dont notre professeur parle souvent.

　　3. Ce sont les élèves dont le maître est content.

　　4. Voici l'Hôtel Jinjiang dont les chambres sont très confortables.

　　5. Je connais son ami dont j'ai oublié le nom.

　　6. J'ai visité plusieurs provinces dont Sichuan.

　　7. Nous avons pris un repas dont nous sommes très satisfaits.

　　8. Je vous ai apporté quelques livres dont deux romans.

9. Voici la Seine dont les quais sont jolis.

10. Je voudrais acheter ce tableau dont j'ai envie depuis longtemps.

Ⅱ. 用关系代词 dont 连接句子：

1. Vous avez fait une mauvaise composition; le professeur ne sera pas satisfait de cette composition.

2. Prenez deux stylos; en classe vous aurez besoin de ces deux stylos.

3. Ce magasin vend des cassettes; la qualité des cassettes est excellente.

4. Mon amie Nathalie va partir pour les Etats-Unis; je vous ai parlé d'elle hier.

5. Connaissez-vous Nicolas? Son père est Chinois.

6. M. Leroi a déjeuné dans un restaurant chinois; il aime beaucoup la cuisine de ce restaurant.

7. J'ai dix revues; plusieurs de ces revues sont en anglais.

8. J'ai vu un enfant; les cheveux de cet enfant sont tout bruns.

9. Voilà un détail; je ne me souviens plus de ce détail.

10. Le garçon a eu un grand succès; sa mère est très heureuse de ce succès.

Ⅲ. 用关系代词 qui, que, dont, où 填空：

1. Je vous présente M. Zhang . . . je suis l'élève.

2. Viens me voir au bureau . . . je travaille.

3. Je déteste ce garçon à . . . ses parents donnent trop de soins.

4. Voilà M. Xu, grand linguiste chinois, . . . je connais bien certains élèves.

5. L'été est la saison . . . les élèves ont leurs grandes vacances.

6. Connaissez-vous ce petit monsieur . . . vient de sortir de l'hôpital?

7. Dites-moi ce . . . s'est passé chez vous.

8. J'ai acheté un vélo . . . je suis bien contente.

9. J'ai là des livres . . . je peux vous prêter plusieurs.

10. Dis-moi ce . . . tu veux écouter.

11. Voyez-vous cet enfant-là ... le père est directeur d'usine?

12. L'exposition ... j'ai visitée ouvre à huit heures du matin.

13. Voici dix livres, ... quatre en chinois.

14. Je connais la ville ... vous avez passé vos vacances.

15. Montrez-moi le magnétophone ... vous avez acheté aux Etats-Unis.

16. Shanghai ... je suis né est une des plus grandes villes du monde.

17. La dame ... vous avez rencontrée tout à l'heure (*just now*) est mon professeur.

18. Le village ... j'ai passé la nuit se trouve au pied d'une montagne.

19. Il va souvent à la bibliothèque ... est à deux pas de chez lui.

20. Ce magasin vend des appareils électriques ... la qualité est très bonne.

Ⅳ. 用宾语人称代词或副代词填空：

1. J'aime la confiture, donnez- ... .

   — Je ... ... donne.

2. Ils veulent des fruits? Donnez- ... .

   — Je ... ... donne.

3. Vous avez pris de belles photos à Paris; montrez ... .

   — Je ... ... montre.

4. J'ai entendu dire que votre père est un savant; présentez- ... .

   — Je vais ... ... présenter.

5. Ça fait deux mois que je t'ai prêté deux cassettes; rends- ... ... s'il te plaît.

   — Excuse-moi, je ... ... rendrai demain.

☺ TEXTE I — EN ROUTE VERS LYON

Après avoir quitté le Jura[1], M. Vincent allait suivre vers Lyon, la vallée de la Saône[2]. Sur son guide, il venait de lire:

« Pays d'élevage ; les poulets de cette région sont très appréciés. » Justement, M. Vincent avait grand appétit.

Il s'arrêta dans une auberge de village ; il prit place[3] dans la salle et réfléchit un instant.

« Pouvez-vous me servir une omelette et un demi-poulet[4] rôti ?

— Il m'est impossible de vous faire une omelette, lui dit l'aubergiste ; les poules ne pondent pas en cette saison-ci. Mais je vais vous servir un poulet dont vous me reparlerez souvent ! ... »

... M. Vincent se remit en route ... Mais était-ce l'effet du champagne, dont il avait bu toute une bouteille ? Il avait la tête lourde ... il avait envie de dormir ... « Serait-ce une légère ivresse ? » pensa M. Vincent. Voilà ce dont il était bien inquiet : il est dangereux de conduire une voiture quand on est ivre! Pourtant, il voulait bien arriver à Lyon avant la nuit. Mais un brouillard épais commença déjà à remplir la vallée de la Saône; notre ami devait rouler avec lenteur[5]. Ce brouillard deviendrait encore plus épais, quand M. Vincent s'approcherait de Lyon ...

 VOCABULAIRE

suivre *v. t.*   *to follow*

la vallée   *valley*

le guide   *guide*

l'élevage *m.*   畜牧, 饲养

le poulet   *chicken*

apprécié -e *p. p.*   *appreciated*

l'auberge *f.*   *inn*

réfléchir *v. i.*   *to think over*

l'omelette *f.*   *omelet*

rôti -e *a.*   *roast*

aubergiste *n.*   *innkeeper*

pondre *v. i.*   *to lay* (下蛋)

l'effet *m.*   *effect*

la bouteille   *bottle*

lourd -e *a.*   *heavy*

léger -ère *a.*   *light*

l'ivresse *f.*   *drunkenness*

dangereux -se *a.*   *dangerous*

ivre *a.*   *drunk*

épais -se *a.*   *thick*

remplir *v. t.*   *to fill*

la lenteur   *slowness*

s'approcher (de) *v. pr.*
   to come near, to approach

TEXTE II — UN SAVANT DISTRAIT

Les anecdotes sur Ampère, mathématicien français, sont très nombreuses. Je vais vous en raconter une.

Un matin, le professeur Ampère allait à l'université. Il trouva en chemin[6] un petit caillou qui lui semblait bien intéressant. Il le ramassa et l'examina longuement. Tout à coup il pensa à son cours; il sortit sa montre de sa poche, s'aperçut qu'il serait en retard. Alors il hâta le pas et voulut jeter le caillou. Or il le mit dans sa poche, et jeta sa montre dans la Seine!

😊 VOCABULAIRE

le savant *scholar*

distrait -e *a.* *absent-minded*

l'anecdote *f.* *anecdote*

mathématicien -ne *n.* *mathe-matician*

le chemin *way, road*

le caillou (les cailloux) *pebble*

sembler *v. i.* *to seem*

examiner *v. t.* *to examine*

longuement *adv.* *for a long time*

tout à coup *loc. adv.* *suddenly*

la montre *watch*

hâter *v. t.* *to hasten, to quicken*

le pas *step*

NOTES

1. Après + 不定式过去时, 相当于英语的 *after + -ing*, 例如:

   Après avoir fait mes devoirs, je regarde la télévision.

   Le Jura 汝拉, 法国省名。

2. La Saône [so:n] 索恩河, 法国河流名。

3. Prendre place (*to take one's seat*)

4. Demi-前缀, 表示"半"的意思, 例如:

   une demi-heure

   une demi-journée

5. Avec 加一个不带冠词的名词, 构成方式状语, 其作用相当于一个副词, 例如:

   Quand elle passa près de lui, elle le regarda un moment avec surprise.

6. En chemin (*on the way*)

CONJUGAISON

suivre	
je suis	nous suivons
tu suis	vous suivez
il suit	ils suivent
participe passé: suivi	
futur simple	passé simple
je suivrai	il suivit

réfléchir, remplir 同 finir; pondre 同 répondre

MOTS ET EXPRESSIONS

Ⅰ. **suivre** *v. t.*　　*to follow*

  1. suivre　　跟随

       Il marche le premier, ses amis le suivent.

       Lisez les notes qui suivent le texte.

  2. suivre　　沿着…走

       Suivez cette rue jusqu'au supermarché, puis tournez à gauche.

  3. suivre　　听从, 遵照

       Elle n'a pas suivi les conseils du médecin.

       suivre l'exemple de qn

  4. suivre　　理解, 领会

       Vous pouvez me suivre? — Continuez, je vous suis très bien.

Ⅱ. **remplir** *v. t.*　　*to fill*

  1. remplir　　盛满, 装满

       Je vais remplir ces deux thermos.

       Tu as rempli la bouteille de vin ou de bière?

2. remplir 占满, 坐满

    Toute la rue est remplie d'enfants.

    Les spectateurs remplissaient la salle.

3. remplir 填充, 填写

    Veuillez remplir cette formule (*form*).

Ⅲ. **examiner** *v. t.*   *to examine*

1. examiner 诊察

    Le médecin a examiné plusieurs malades pendant une heure.

2. examiner 对…考试

    Aujourd'hui c'est M. Dupont qui examinera les candidats.

Ⅳ. **réfléchir** *v. t. ind.* ; *v. i.*

1. réfléchir à/sur qch.   *to reflect on sth.*

    Laisse-moi le temps de réfléchir à cette question.

    Je vous demande de réfléchir sur cette affaire.

2. réfléchir   *to think (over)*

    Laissez-moi réfléchir.

    Réfléchissez avant de prendre cette décision.

Ⅴ. **sembler** *v. i.*

1. sembler (à qn) + *a.*   *to seem + a.*

    Elle semble fatiguée, elle devrait se reposer.

    Ce dictionnaire me semble très bon.

2. sembler (à qn) faire qch.   *to seem to do sth.*

    Quand le train roule, les arbres semblent courir.

    Chaque minute lui semblait durer une heure.

3. il semble (à qn) …   *it seems …*

    Il nous semble nécessaire de rentrer le blé avant la pluie.

    Il me semble voir son père quand je vois ce garçon.

    Il semble que tu es plus grand que ton frère.

EXERCICES SUR LES TEXTES

Ⅰ. 将下列词组用直陈式未完成过去时及条件式现在时变位：

1. avoir envie de danser

2. penser à son pays natal

3. prendre place à table

4. suivre la vallée

5. jeter sa montre dans la Seine

6. examiner longuement deux cailloux

7. faire une omelette à ses amis

8. réfléchir avant de prendre une décision

II. 用课文里的词语填空：

1. Les touristes étrangers préfèrent l'auberge de . . . .

2. Laissez-moi le temps de réfléchir . . . cette question.

3. Pouvez-vous nous . . . un bon apéritif?

4. Les poules ne pondent pas . . . toute(s) saison(s).

5. Attendez, je reviendrai dans un . . . .

6. Après avoir pris un bon repas, M. Leroi . . . en route.

7. Sur l'invitation du roi de Prusse, Voltaire avait . . . appétit.

8. Il but une bouteille de champagne. Quelques instants après, . . . se
fit sentir. « . . . -ce une légère ivresse?» pensa-t-il.

9. Cette promenade à vélo m'a donné de l' . . . .

10. Il faut bien . . . avant de parler.

11. «A table, mes amis!» annonça la maîtresse de maison; tous les
invités . . . alors place.

12. Après minuit, il commença . . . pleuvoir.

13. Très inquiète, la petite fille s'est approchée lentement . . . son
maître.

14. Quel cours . . . -vous le soir?

15. Il sait de nombreuses anecdotes . . . Voltaire. Il va nous . . . raconter une.

16. Même deux heures avant le commencement, la salle était déjà . . .
de spectateurs.

17. Nous devons . . . l'exemple du camarade Lei Feng.

18. Les savants sont presque tous . . . , vous ne croyez pas?

19. . . . quoi pense-t-elle? Elle me . . . bien inquiète.

20. L'année dernière, je . . . un cours d'informatique.

Ⅲ. 改造下列句子:

Exemple: Je ne peux pas continuer mes études.

        → Il m'est impossible de continuer mes études.

1. Elle ne peut pas continuer à travailler après son premier bébé.

2. Il ne peut pas suivre la vallée de la Saône à cause du brouillard.

3. Je ne pouvais pas arriver à Lyon avant la nuit.

4. Nous ne pouvons pas leur préparer un gâteau.

5. Ils ne pouvaient pas nous servir un poulet rôti.

6. On ne peut pas s'approcher de cette machine.

Ⅳ. 改造下列句子:

Exemple: Quand il aura déjeuné, il partira.

        → Il partira après avoir déjeuné.

1. Quand il a longuement examiné le petit caillou, il l'a jeté dans la Seine.

2. Quand j'ai mangé avec appétit un demi-poulet rôti, je me suis remis en route.

3. Quand nous aurons pris un bon déjeuner, nous nous mettrons en route vers Suzhou.

4. Quand il a bu toute une bouteille de whisky, il semble un peu ivre.

5. Quand il avait roulé une demi-journée, il s'approcha de Lyon.

6. Après quelques heures de repos, ils sont remontés dans l'avion de Paris.

7. Après une demi-heure de promenade, ils reprendront leur travail avec une nouvelle énergie.

Ⅴ. 用 léger, lourd 解释下列词组:

1. Le poisson est léger.

La viande de bœuf est lourde.

2. avoir la main légère

avoir la main lourde

3. avoir l'estomac léger

avoir l'estomac lourd

4. l'industrie légère

l'industrie lourde

5. parfum léger

parfum lourd

6. avoir le sommeil léger

avoir le sommeil lourd

Ⅵ. 说出反义词:

impossible —	court —	lent —
malheureux —	assis —	bien —
distrait —	grand —	tout —
toujours —	blanc —	bon —
un monsieur —	jeune —	dur —
la veille —	hier —	tôt —
la nuit —	un peu —	chaud —
facile —		

Ⅶ. THEME:

1. 客店老板给他端上半只烤鸡。这时,他的胃口好极了。"您以后会经常提及这只菜的。"客店老板十分得意地说。

2. 喝了一瓶香槟酒后,我感到头昏脑胀,很想睡觉。酒产生作用了。

3. 姑娘毫无惧色地走近敌人。

4. 他似乎觉得这个趣闻并没有多大意思。

5. 他从口袋里取出表一看,发觉电影快开场了,于是,他加快步子朝市中心走去。

Ⅷ. VERSION — **La famille française**

　　La famille française est basée d'abord sur le couple, uni (*joined*)

— 380 —

par le mariage civil et complété dans la plupart des cas par un mariage religieux. Le père, le «chef de famille» n'a pas entièrement perdu son autorité et son prestige. La mère, surtout si elle est sans emploi, reste le centre et l'âme (*soul*) de la famille dont le principal souci (*care*) sera de «bien élever les enfants». Les parents entretiennent (*maintain*) avec leurs enfants des rapports (*relation*) très étroits (*close*). La famille française est un milieu fermé. Les Français peuvent être considérés comme les gens les plus hospitaliers du monde «pourvu que (*so long as*) l'on ne veuille (*wants*) pas entrer chez eux», disait Daninos, écrivain et humoriste français.

IX. DIALOGUE:

— Comme le monde est petit! Tu sais qui je viens de rencontrer dans ton escalier?

— Non ...

— Antonio! Un ami de Lisbonne ... Depuis trois ans, nous travaillons ensemble dans la même société et dans le même bureau ...

— Qu'est-ce qu'il vient faire à Paris? et dans cet immeuble?

— Comme moi, il est en congé ... Il vient voir sa famille.

— Sa famille habite en France?

— Pas ses parents, mais son oncle et sa tante.

— Ce sont les nouveaux locataires du troisième?

— Oui, c'est ça. Tiens! J'ai une idée, j'invite tout le monde au restaurant: toi, Antonio et sa famille ...

VOCABULAIRE

l'escalier *m.* *staircase*
la société *company*
l'immeuble *m.* 大楼

nouveau *a.* *new*
le locataire *lodger*

Leçon **35**

— POINTS DE REPERE —

La production de cette année est meilleure que celle de l'année dernière.

L'étranger a remercié ceux qui l'avaient aidé.

Si cette cravate est un peu trop chère, alors prenez celle-là.

Je voudrais changer d'appartement; celui-ci est trop petit.

GRAMMAIRE

指示代词 (le pronom démonstratif)

1. 词形

		单 数	复 数
简单词形	阳性	celui (*that*)	ceux (*those*)
	阴性	celle (*that*)	celles (*those*)

		celui-ci (*this one*)	ceux-ci (*these*)
复合词形	阳性	celui-là (*that one*)	ceux-là (*those*)
	阴性	celle-ci (*this one*)	celles-ci (*these*)
		celle-là (*that one*)	celles-là (*those*)

2. 用法

　　指示代词用来替代上文中出现过的名词；它有阴、阳性和单、复数的不同词形，使用时要与所替代的名词性、数一致。

1) 法语的简单指示代词与英语的指示代词主要区别，在于前者不能单独使用，必须后接限定成份：

a) 以 de 引导的补语；相当于英语的 *that/those of*：

　　La production de cette année est meilleure que celle de l'année dernière.

　　Nous prendrons le train de cinq heures; eux, celui de huit heures.

有时相当于英语的所有格：

　　Elle est venue prendre son parapluie et celui de sa sœur.

b) 以关系代词引导的从句；英语的指示代词也有相同用法：

　　Cette revue n'est pas celle que je cherchais.

　　L'étranger a remercié ceux qui l'avaient aidé.

　　Celui qui ... , ceux qui ... 置于句首，表示泛指人们，相当于英语的 *he who ...* , *those who ...*：

　　Celui qui ne lit rien ne sait rien.

Ceux qui veulent aller au concert doivent se présenter à l'entrée principale à six heures.

2) 复合指示代词可以独立使用;如果两个词同时出现,带-ci 的复合指示代词指近者,带-là 的指远者。

Si cette cravate est un peu trop chère, alors prenez celle-là.

Je voudrais changer d'appartement; celui-ci est trop petit.

Regarde ces jolies robes: celles-ci sont en coton, celles-là en soie (*silk*).

有时 celui-ci/celle-ci 相当于英语的 *the latter*; celui-là/celle-là 相当于 *the former*;在法语中,先出现 celui-ci/celle-ci:

J'aime la tragédie et la comédie, mais je préfère celle-ci à celle-là.

Paul et Pierre sont étudiants à la Sorbonne. Celui-ci apprend la philosophie, celui-là les mathématiques.

如果 celui-ci/celle-ci 单个使用,根据上下文意思,可以是 *the latter*:

Un voyageur vient de placer une grosse valise au-dessus d'un autre voyageur, alors celui-ci demande: «Il n'y a pas de danger?»

EXERCICES DE GRAMMAIRE

Ⅰ. 用指示代词填空 (根据需要加上适当的词):

1. Voilà ton manuel de géographie; où est ... ton frère?

2. Les étudiants de notre département et ... le département d'allemand prendront part à cette discussion.

3. Voilà mes amies; où sont ... Irène?

4. Mon manteau et ... mon amie sont de bonne qualité.

5. Elle a de beaux timbres; mais je préfère ... sa sœur.

6. Nous prendrons le train de cinq heures; ... huit heures arrive trop tard.

7. L'Equipe de Shanghai est plus forte que ... Beijing.

8. Faites-moi voir votre robe: elle est beaucoup plus jolie que ... votre sœur.

9. Les enfants les plus sages ne sont pas toujours ... travaillent le mieux.

10. Son cœur est aussi pur que ... un enfant.

11. Donnez-moi le journal d'aujourd'hui et ... hier.

12. Ces photos sont ... vous avez prises à New York?

13. Le meilleur programme n'est pas toujours ... a le plus de spectateurs.

14. Connaissez-vous ... nous venons de parler?

15. Parmi (*among*) tous mes voyages, je me souviens souvent de ... j'ai fait dans l'Himalaya.

16. ... ne travaille pas ne mangera pas.

17. ... ont de la chance continuent leurs études à l'étranger.

18. ... fait du sport a souvent une bonne santé.

19. ... ont mal aux dents vont chez le dentiste.

20. ... lit un journal est mon père.

II. 用复合指示代词填空:

1. Nous venons d'acheter des livres: ... sont en chinois, ... en anglais.

2. Ces deux méthodes sont toutes bien compliquées, mais je trouve que

— 385 —

... est beaucoup plus compliquée que ... .

3. Voilà deux trains qui arrivent en même temps; ... vient de Nanjing, ... de Hangzhou.

4. Voici mes deux amies; ... s'appelle Colette, ... Madeleine.

5. Samedi soir, les étudiants sont libres. ... vont au cinéma, ... écoutent de la musique.

6. Vous n'aimez pas ce manteau? Alors, prenez ... .

7. Comme elles sont belles, les fleurs. J'aime bien ... .

8. Tu préfères la musique classique à la musique moderne? Moi, je préfère ... à ... .

Ⅲ. 将下列句子改成复合过去时:

1. Ils rentrèrent les foins dès ce soir-là.

2. Nicolas sortit de sa poche la montre et se mit à l'examiner.

3. Il monta dans sa chambre pour prendre la clé de la moto.

4. Les voyageurs descendirent du train de Londres.

5. Un an après, deux épiciers et un boulanger fermèrent leurs magasins.

TEXTE I — LA FERME DE MON ONCLE

La ferme de mon oncle se trouve au pied d'une montagne. Là, il y a beaucoup d'arbres et quelques rivières, le paysage est très beau. Mon oncle habite une grande maison avec sa femme et ses deux enfants.

Mon oncle a 120 hectares de terre, cela lui donne beaucoup de travail. On est très occupé en toute saison[1], sauf en hiver: il faut labourer, semer, et quand le blé est mûr, faire la moisson. Les travaux agricoles[2] sont quelquefois bien durs. Heureusement, les machines ont remplacé en grande partie le travail des

hommes et celui des animaux. Le tracteur fait les labours et avec la moissonneuse-batteuse, il suffit de[3] quatre ou cinq jours pour couper le blé, le battre et rentrer le grain. Chaque année, mon oncle récolte 3 600 quintaux de blé. C'est extraordinaire!

Mon oncle ne travaille pas seul: dix ouvriers agricoles l'aident au moment de la moisson. Et pour labourer, mon oncle a quatre tracteurs et des charrues modernes, celles-ci peuvent être tirées aussi par des chevaux.

Sept ouvriers agricoles aident mon oncle à élever les bêtes: 22 vaches pour le lait et les veaux, 6 bœufs pour la viande et quelques chevaux pour le travail. L'herbe est très bonne, parce que le pays est assez humide; il pleut souvent. Mon oncle vient d'acheter une machine électrique qui lui permet de traire 3 ou 4 vaches en même temps. Le travail devient donc moins fatigant et se fait plus rapidement.

Quant aux petits animaux, c'est ma tante qui les soigne: poules, canards, lapins. Naturellement, elle doit s'occuper encore des enfants et de la maison. Le soir, elle prépare quelques bons plats pour le dîner. Et mon oncle, il ne pense qu'à se reposer après une journée fatigante, mais il en est content. Il aime sa femme et ses enfants. Après le dîner, on regarde la télévision, on bavarde ... La vie est belle!

 VOCABULAIRE

l'hectare *m.*   *hectare*
sauf *prép.*   *except*
labourer *v. t.*   *to plough*
mûr -e *a.*   *ripe*
la moisson   *harvest*
agricole *a.*   *agricultural*
l'animal *m.*   *animal*
le labour   *ploughing*
suffire *v. t. ind.*   *to suffice*
couper *v. t.*   *to cut*
le grain   *grain, corn*
récolter *v. t.*   *to harvest*

le quintal   *quintal*
la bête   *beast*
le veau   *calf*
l'herbe *f.*   *grass*
en même temps *loc. adv.*
    at the same time
devenir *v. i.*   *to become*
fatigant -e *a.*   *tiring*
quant à *loc. prép.*   *as for*
le canard   *duck, drake*
préparer *v. t.*   *to prepare*
le plat   *dish*

TEXTE II — « ? »

Victor Hugo écrivait beaucoup et vite. Pourtant son éditeur lui réclamait toujours davantage[4].

Un jour celui-ci, qui attendait depuis longtemps un manuscrit, écrivit à Victor Hugo une des lettres les plus courtes du monde: «?»

Victor Hugo, très en colère, répondit: «!». L'éditeur dut attendre longtemps pour recevoir davantage.

VOCABULAIRE

éditeur -trice *n.*	*publisher*	le manuscrit	*manuscript*
réclamer *v. t.*	*to claim*	la colère	*anger*
davantage *adv.*	*more*	en colère	*angry*

NOTES

1. En toute saison: *all the year round*.

2. Travaux 是 travail 的复数形式,解释"活儿,活计",例如: les travaux agricoles 农活, les travaux domestiques 家务活, les gros travaux 重活、粗活; travaux 又意为"工程",例如: les travaux publics 市政工程。

3. Il suffit de ... 为无人称句,意思是"只需…就行了",又如:

    Il suffit d'un rien pour le mettre en colère.

    Il ne suffit pas d'avoir de l'argent pour être heureux.

4. Davantage "更多地",例如:

    Il faut travailler davantage pour arriver à bien écrire le français.

    有时候, davantage 可修饰名词,由 de 引导,例如:

    Il y a chaque année davantage de bicyclettes dans les rues.

    Si vous voulez en apprendre davantage, allez le voir lui-même.

CONJUGAISON

suffire	
je suffis	nous suffisons
tu suffis	vous suffisez
il suffit	ils suffisent

participe passé: suffi	
futur simple	passé simple
je suffirai	il suffit

devenir 同 venir

MOTS ET EXPRESSIONS

Ⅰ. **suffire** *v. t. ind. ; v. i.*

1. suffire à   *to suffice*

Le revenu mensuel de ma famille suffit à nos besoins.

Cela me suffit.

2. suffire à/pour faire qch.   *to be sufficient to do sth.*

Cette somme suffira à faire le tour de la France.

Quatre jours lui suffisent pour terminer ce travail.

3. suffire   *to suffice*

Une seule dactylo suffira.

Ⅱ. **couper** *v. t.*   *to cut*

1. couper   切, 割, 剪

Laisse-moi couper le gâteau, cria Pierrot.

On coupe le blé en juillet.

Il faudrait couper le bras pour lui sauver la vie.

2. couper   割伤

Il n'a pas fait attention: le verre l'a coupé au doigt.

3. couper   切断

La communication téléphonique a été coupée.

couper l'eau, le gaz, le courant électrique

Ⅲ. **devenir** *v. i.*

1. devenir   *to become*

M. Lamy est devenu le directeur de l'entreprise.

Il est devenu mon ami.

2. devenir   *to grow, to get*

devenir grand

Madame Roche devient vieille.

EXERCICES SUR LES TEXTES

Ⅰ. 用课文里的词语填空:

1. Mon oncle est un cultivateur moderne; il travaille sa terre avec des machines . . . .

2. Autrefois, ma mère . . . quatre vaches et . . . de la cuisine et de la maison.

3. En 1945, ses deux fils avaient quitté la ferme; la terre ne . . . plus à faire vivre tout le monde.

4. Avec son diplôme d'études universitaires, leur fils . . . avocat.

5. On a fait une bonne récolte l'an dernier. Mon oncle . . . 4 000 quintaux de blé.

6. Il a tout vendu, . . . sa maison.

7. Ne lui en demandez pas . . . .

8. Beaucoup de Parisiens se couchent dans . . . pour se faire bronzer au soleil.

9. Il est . . . parce que sa voiture est tombée en panne.

10. Je vais . . . une surprise à Martin.

Ⅱ. 填写合适的介词或删去虚点:

1. Sept ouvriers agricoles aident . . . mon oncle . . . élever les bêtes.

2. Ma tante doit s'occuper . . . les enfants et . . . la maison.

3. Sa ferme se trouve . . . le pied d'une montagne.

4. Les paysans sont occupés . . . toute saison.

5. Une machine électrique permet . . . mon oncle . . . traire 4 vaches . . . même temps.

6. Après une journée fatigante, mon oncle ne pense que . . . se reposer.

7. Il ne suffit pas ... avoir de l'argent ... être heureux.

8. L'éditeur a dû attendre longtemps ... recevoir un manuscrit de Hugo.

Ⅲ. 说出下列名词的含义:

vendre - vendeur	fumer - fumeur	promener - promeneur
éditer - éditeur	tirer - tireur	employer - employeur
chanter - chanteur	jouer - joueur	contrôler - contrôleur
inventer - inventeur	tuer - tueur	travailler - travailleur

Ⅳ. 用 il suffit de ... pour ... 造句:

1. six ou sept ouvriers agricoles/élever ces bêtes

2. quatre tracteurs/labourer 120 hectares de terre

3. un jour/finir ce roman

4. un guide/parcourir la ville et visiter tous ses monuments

Ⅴ. 翻译下列句子(注意 tout 的用法及含义):

1. Tout homme est mortel.

2. Les paysans travaillent en toute saison.

3. Il faut apprendre à tout âge.

4. Toute vérité n'est pas bonne à dire.

5. De tout temps, il y a eu des riches et des pauvres.

6. Son travail donne toute satisfaction.

7. Je vous remercie de tout cœur.

8. Doit-on consulter son avocat pour tout problème?

9. Il roulait à toute vitesse.

10. Dans les magasins à grande surface, on trouve des articles de toute espèce (*kind*).

Ⅵ. THEME:

1. 我家里,是我父亲做晚饭。

2. 这个地区的居民每年都在增加。

3. 有了联合收割机,只需要一个农业工人就可以帮助我姊姊割麦子、打麦子。

4. 有了电脑,任何计算(le calcul)都变得方便而且迅速。

5. 昨天我上他家去,但是他不愿意接待我。

Ⅶ. VERSION — **Paris vu de la Tour Eiffel**

M. Dupont a conduit ses enfants au sommet de la Tour Eiffel. Par l'ascenseur (*lift*), ils sont montés au troisième étage.

De là, Pierre et Hélène voient au pied de la Tour le Champ-de-Mars (战神广场), où les gens paraissent petits comme des mouches (*flies*). De l'autre côté, c'est la Seine, qui coule (*flows*) lentement sous les trente ponts (*bridges*) de Paris.

«Papa, dit Pierre, ce toit-ci, tout près de nous, qu'est-ce que c'est? — Et celui-là plus loin, à droite? ajoute (*adds*) Hélène. — Ce sont des dômes. Celui-ci, c'est le dôme des Invalides (巴黎残老军人院);celui-là, c'est le dôme du Panthéon (先贤祠). — Et ceux-là, très loin, qui sont si blancs? — Ce sont les dômes du Sacré-Cœur (圣心教堂).»

«Là-bas, au milieu de la Seine, dans l'île de la Cité (西岱岛), tu vois les deux tours de Notre-Dame. — Et ceci tout près, sur la rive (*bank*) droite? — C'est l'Arc de Triomphe (凯旋门). Tu ne le reconnais pas? — Papa, demande Hélène, est-ce que la Tour Eiffel est le plus haut monument du monde? — Non, dit M. Dupont. Elle a 306 mètres et un gratte-ciel (*skyscraper*) de New York en a 403, avec 102 étages! Mais quelle belle vue on a d'ici, n'est-ce pas?»

Ⅷ. DIALOGUE:

— Alors, tu l'as lu, le journal d'hier?

— Oui.

— Et qu'en penses-tu?

— Que la vie est belle à la ferme, quand elle est racontée par un ingénieur agricole assis tranquillement dans son bureau: le blé est coupé et battu à la machine, les charrues sont toutes tirées par des tracteurs, et nos femmes ont toutes des machines à laver!

— Et puis, tu as lu: le soir nous écoutons la radio, nous regardons la télévision ... Enfin, nous ne faisons pas grand-chose toute l'année! ... Et le travail se fait très facilement.

— C'est sûrement ce que croient les gens de la ville. Quand ils viennent passer leurs vacances à la campagne, ils peuvent voir pourtant que nous ne nous reposons guère.

 VOCABULAIRE

tranquillement *adv.* *tranquilly*   ne ... guère *hardly (any)*

Leçon 36

GRAMMAIRE

时态配合 (la concordance des temps)

　　动词的时态配合,指宾语从句的谓语和主句的谓语在时态上的配合,即英语中时态的呼应。

1. 主句谓语为现在时,从句谓语根据情况可采用下列时态:	
现 在 时 (与主句同时发生)	La jeune fille dit que son fiancé dirige l'orchestre.
复 合 过 去 时 (主句之前完成)	Je veux savoir pourquoi tu as consulté ton avocat.
未完成过去时 (主句之前发生)	Le jeune homme répond qu'il était employé chez un marchand de glaces à ce moment-là.
简单将来时 (主句之后发生)	Je ne sais pas si elle ira encore dans ce petit cinéma.
2. 主句谓语为过去时,从句谓语有下列三种情况:	

未完成过去时 （与主句同时发生）	Mme Lamy disait que la situation était plus complexe qu'avant.
愈过去时 （主句之前完成）	Mon père a expliqué que j'avais appris à parler comme un perroquet.
过去将来时 （主句之后发生）	Paul demanda si l'on ferait un pique-nique à mi-chemin.

EXERCICES DE GRAMMAIRE

Ⅰ. 填上适当的时态：

1. Je ne sais pas si le professeur (vouloir) nous recevoir.

2. Je ne savais pas si le professeur (vouloir) nous recevoir.

3. Dis-moi, Marguerite, pourquoi tu (partir) sans me dire au revoir.

4. Elle m'a expliqué qu'elle (avoir) besoin de rencontrer son avocat.

5. A cause de la pluie, nous sommes retournés dans l'hôtel où nous (passer) l'après-midi.

6. Quand il (recevoir) son salaire, il s'achetait les livres dont il (avoir) envie depuis longtemps.

7. Chaque fois que le professeur (finir) sa leçon, il se pressait de monter dans la salle de lecture.

8. Nous nous demandions si une seule secrétaire (suffire).

9. Il nous dira quand nous (passer) l'examen.

10. Nous espérions rencontrer M. Leroi, mais avant notre arrivée, il (partir) pour Beijing.

11. Tout le monde veut savoir pourquoi elle (refuser) de dire la vérité.

12. Jeanne demanda à son ami s'il (vouloir) visiter l'exposition de peinture.

13. La vieille dame répondit qu'elle (entendre) des cris dans la pièce voisine.

14. On (venir) le chercher, mais il était parti en vacances.

Ⅱ. 说出下列句中关系代词 dont 的语法功能,并将句子译成汉语:

1. C'est un événement (*event*) dont je me souviendrai toute ma vie.

2. Voilà ce dont il m'a parlé hier.

3. Je vous recommande ce roman dont l'intrigue (*plot*) est très amusante.

4. L'auteur dont les romans connaissent un si grand succès paraîtra à la télévision ce soir.

5. Au supermarché, on trouve tout ce dont on a besoin.

6. Il a fait une composition dont le professeur serait content.

7. La maison dont vous voyez le toit est la nôtre.

8. Le professeur vous donnera beaucoup de revues dont huit sont en langues étrangères.

9. La famille dont il sort est très renommée au Japon.

10. Nous avons reçu des visiteurs étrangers dont quatre étudiants de français.

Ⅲ. 用主有代词填空:

1. Marie écrit souvent à ses parents; moi, j'écris à ... une fois par mois.

2. J'ai laissé mon dictionnaire dans la chambre; voulez-vous me passer ... ?

3. Pauline et moi, nous avons acheté chacune une robe. ... est en soie, ... n'est pas en soie, mais elle est aussi belle et solide.

4. Regarde, comme sa chambre est propre! Et ... ? tu es paresseux, toi.

5. Nous avons fini nos devoirs. Avez-vous fini ... ?

6. Je m'occupe non seulement de mes enfants, mais aussi de ... , parce qu'elle est malade depuis quelques jours.

7. Votre fils aime la littérature, ... aime la philosophie, m'ont dit

M. et Mme Dupont.

8. Tout le monde dit: «Nous sommes très contents, nous partirons en vacances chacun avec . . . .»

Ⅳ. 用指示代词 celui, celle, ceux, celles 填空（根据需要加上适当的词）：

1. J'ai acheté cette année une moto rapide; . . . j'avais achetée l'année dernière était beaucoup moins rapide.

2. Les phrases les plus pratiques sont . . . nous apprenons d'abord.

3. Les succès dont je suis fier (*proud*) sont . . . m'ont coûté beaucoup d'efforts.

4. On a construit des pavillons très modernes cette année; . . . on avait construits l'année dernière étaient moins modernes.

5. Remettez-moi votre cahier et . . . Madeleine.

6. . . . ne font pas de sport ont souvent une mauvaise santé.

7. J'ai acheté une robe, mais je préfère . . . ma sœur.

8. L'équipe de France a battu . . . Belgique.

9. Prête-moi tes cassettes. Elles sont plus délicieuses que . . . Nathalie.

10. . . . rira le dernier rira bien.

☺ TEXTE I — UNE VILLE EN PERSPECTIVE

Henri   Je vois que les travaux avancent sur ce chantier. Qu'est-ce qu'on va construire ici? Une cité?

André   Une usine, une cité, et d'autres choses encore. Je viens de parler avec l'un des architectes qui travaillent ici. C'est un projet très important et il faudra plusieurs années pour le réaliser.

Henri   De quel projet s'agit-il? Il y a six mois, il n'y avait que des champs et des fermes, et maintenant je vois des grues, des machines et des ouvriers un peu partout.

André	Eh bien! On a décidé d'installer ici une usine de construction automobile. C'est très important pour la population locale car il y aura du travail pour trois mille personnes.
Henri	Ce sera la plus grande entreprise de la région!
André	C'est vrai. Actuellement, les architectes ont fini les derniers plans et le ministre viendra visiter le chantier. On construira aussi une ville nouvelle, qui occupera une surface de deux cents hectares. Il y aura un grand ensemble où pourront vivre cinq mille personnes. Soixante pour cent des employés de l'usine y habiteront. Les immeubles auront dix étages et toutes les salles de séjour seront exposées au sud. Au milieu, il y aura un centre commercial, un stade, un hôpital et des jardins pour les enfants. Il paraît que l'architecture sera ultramoderne.[1]

Henri	Mais il y aura des problèmes de transports. La gare est à plusieurs kilomètres. Pourquoi ne construira-t-on pas tout cela ailleurs?
André	On dit que c'est un bon emplacement. Bien sûr, il faudra prévoir de nouvelles routes et un service d'autobus[2]. Mais quand l'autoroute Lyon-Grenoble sera ouverte à la circulation[3], les choses seront plus simples. Regarde, tu vois ce chantier, il sera occupé dans deux ans par les bâtiments administratifs.
Henri	Et où mettra-t-on l'école?
André	Je pense qu'elle sera située près des jardins et du stade, ce[4] qui permettra aux enfants de faire du sport. Imagine que dans cinq ans tu verras ici une ville entièrement nouvelle. Je regretterai la campagne et les fermes. Les paysans deviendront des ouvriers. Ils auront des vacances et moins de liberté. Ils seront mieux logés[5] mais ils passeront quarante heures par semaine à travailler à la chaîne[6], enfermés dans des ateliers. Seront-ils plus heureux? Enfin, c'est le progrès.

 **VOCABULAIRE**

en perspective *loc. adv.*   于,关系到
  in perspective
le chantier *construction site*   la grue *crane*
l'architecte *m.* *architect*   installer *v. t.* *to install*
le projet *project*   local -e (*pl.* ~aux) *a.* *local*
réaliser *v. t.* *to realize*   actuellement *adv.* *now,*
s'agir (de) *v. pr. imper.* 有关   *at present*
                                le plan *plan*

le ministre *minister*

nouveau *a.* （变化同 beau）
　new

occuper *v. t.*　*to occupy*

le grand ensemble　（同一建筑
　式样的)居民点

l'immeuble *m.*　大楼,房屋

l'étage *m.*　*floor*

exposer *v. t.*　使(房屋)朝向

le sud *south*

commercial -e (*pl.* ~ aux) *a.*
　commercial

l'hôpital (*pl.* ~ aux) *m.*
　hospital

le stade *stadium*

l'architecture *f.*　*architecture*

le transport *transport*

ailleurs *adv.*　*elsewhere*

l'emplacement *m.*　*site*

l'autoroute *f.*　*highway*

ouvert -e *a.*　*open*

le bâtiment *building*

le sport *sport*

entièrement *adv.*　*entirely,*
　wholly

regretter *v. t.*　*to regret*

paysan -ne *n.*　*peasant*

la liberté *liberty, freedom*

loger *v. t.*　*to lodge*

la chaîne *chain*

enfermé -e *p. p.*　被关闭的

le progrès *progress*

😊 TEXTE II — L'ŒUF DE CHRISTOPHE COLOMB

Christophe Colomb dînait un jour chez les Espagnols. Quelques-uns[7] des convives, jaloux de sa gloire, cherchaient à diminuer son mérite.

— Découvrir l'Amérique, disaient-ils, ce n'était pas une chose difficile, il ne fallait qu'y penser.

Colomb, sans répondre, prit un œuf et s'adressa à ses voisins:

— Quel est celui de vous, leur disait-il, qui connaît le moyen de faire tenir un œuf debout[8] sur l'une de ses extrémités?

Chacun essaya, mais personne ne réussit. Colomb prit

alors l'œuf, le frappa légèrement sur son assiette et l'œuf resta en équilibre.[9]

Sur ce[10], tous s'écrièrent:

— Cela n'est pas difficile!

— C'est vrai, répliqua Colomb avec un sourire, mais il fallait y penser!

 VOCABULAIRE

Espagnol -e *n. pr.* *Spaniard*	réussir *v. i.* *to succeed*
convive *n.* *guest (at table)*	frapper *v. t.* *to strike, to hit*
jaloux -se *a.* *jealous*	l'assiette *f.* *plate*
le mérite *merit*	l'équilibre *m.* *equilibrium*
le moyen *means, way*	répliquer *v. t.* *to retort*
l'extrémité *f.* *extremity, end*	

NOTES

1. Il paraît que l'architecture sera ultramoderne. (*It seems the architecture will be ultramodern.*)

    Il paraît que ... 为无人称句,相当于英语的 *it seems (that) ...*,又如:

    Il paraît qu'elle va se marier.

    Ultra-前缀,相当于英语的前缀"*ultra-*",又如:ultra-court, ultra-son 等。

2. Service 这里作"服务部门"解。Service d'autobus 意思是公共汽车服务部门。

3. 介词 à 同 ouvert 配合使用,相当于英语的 *(be) open to*,例如: une bibliothèque ouverte aux étudiants seulement。

4. 指示代词 ce 和关系代词 qui 合用,作句子的主语;ce 相当于 cela,指上文"elle sera située près des jardins et du stade"一事。

5. Etre bien logé 住得舒服，être mieux logé 住得更舒服。

6. Travailler à la chaîne (*to work on a production line*)

7. Quelques-uns 是泛指代词 quelqu'un 的阳性复数形式，其阴性复数为 quelques-unes；相当于英语的 *some, a few*，例如：

Quelques-uns prétendaient qu'il n'était pas difficile de découvrir l'Amérique.

Ces tableaux sont très beaux, quelques-uns sont déjà vendus.

Quelques-uns 后面可用介词 de 引导名词，相当于英语的 *some of, a few of*, 例如：

Quelques-unes de ces comédies sont très drôles.

Il y en a quelques-uns qui ne se rendent pas compte de l'importance de ce problème.

8. Faire tenir un œuf debout . . .

Faire 后面的不定式句，如果由代动词构成，则可省略自反人称代词 se，再如：

Le professeur fait asseoir tous ses élèves.

9. L'œuf resta en équilibre. (*The egg remained in equilibrium.*)

Rester 后面跟方式状语或表语，意为"保持、处于(某种状态)"，相当于英语的 *to remain*，又如：

Cette vieille voiture reste en panne depuis longtemps.

Elle est restée malade (durant) plusieurs mois.

10. Sur ce "随后、于是、这时候"，属固定搭配；ce 为中性代词。

CONJUGAISON

| loger 同 manger | réussir 同 finir |

MOTS ET EXPRESSIONS

I. **réaliser** *v. t.*   *to realize*

1. réaliser　　实现

　　Quand pourrez-vous réaliser votre projet?

　　réaliser un rêve, un souhait

2. réaliser　　认识到,明白

　　Il n'arrivait pas à réaliser l'importance de ce travail.

　　Elle réalisa enfin qu'elle s'était trompée.

Ⅱ. **occuper** *v. t.*　　*to occupy*

1. occuper　　占领

　　Les Allemands ont occupé la France pendant la Seconde Guerre mondiale.

2. occuper　　占(空间、时间)

　　L'exposition industrielle occupe tout le rez-de-chaussée.

　　Les rencontres familiales ont occupé les jours de Noël.

3. occuper　　使忙碌,使操心

　　Ce travail m'a occupé tout l'après-midi.

　　Le ménage occupe beaucoup ma mère.

Ⅲ. **regretter** *v. t.*　　*to regret*

1. regretter　　懊悔,悔恨

　　Acceptez cette invitation, vous ne le regretterez pas.

　　Je regrette de lui avoir parlé si durement.

2. regretter　　遗憾,抱歉

　　On regrette l'absence du ministre.

　　Je regrette de vous avoir fait attendre.

Ⅳ. **réussir** *v. i. ; v. t.*

1. réussir (dans qch.)　　*to succeed (in sth.), to be successful*

　　Ce film en couleurs a réussi.

　　Il a mieux réussi dans son commerce que dans ses études.

2. réussir à faire qch. / à qch.　　*to succeed in doing sth.*

　　Vous réussirez à parler français si vous travaillez avec méthode.

　　Il a réussi à son examen.

EXERCICES SUR LES TEXTES

Ⅰ. 用课文里的词语填空：

1. Quelques-uns des ouvriers ne doivent plus ... debout devant leur machine.

2. Qu'est-ce qu'on prévoit pour ... une ville nouvelle?

3. Les habitants locaux ne veulent pas déménager ... .

4. Les Français déjeunent à midi et demi et ... à vingt et une heures.

5. Le samedi après-midi, Emilie et moi, nous ... du vélo en grande banlieue.

6. On ... trois petits coups à la porte.

7. Ce problème est beaucoup moins simple que vous le ... .

8. L'ascenseur était en panne. Nous nous y sommes ... pendant une heure.

9. Quels sont vos ... pour les vacances?

10. Il vient de passer son examen et il ... .

11. Les paysans de cette région ont une bonne récolte en ... .

12. Je vois que le travail ... lentement.

13. ... de ses collègues sont jalouses ... son mérite.

14. Pour réussir, elle a essayé tous les ... .

15. Pierre cherchait à ... asseoir sa sœur qui était en colère.

16. Ils ont trouvé le moyen de ... leur projet.

17. Il a essayé de faire rire les enfants, mais ... n'a ri.

18. Le médecin ... à sauver (*to save*) ce grand malade.

19. La poste est ... aujourd'hui?

20. Les Martin ont trouvé un appartement de 4 pièces; alors les deux enfants ont chacun leur chambre. Ils sont beaucoup mieux ... maintenant.

Ⅱ. 说出 5 个由 en 构成的短语：

Exemple: en perspective

III. Petit dictionnaire:

BÂTIMENT	toute construction à usage d'habitation
MAISON	bâtiment d'habitation
IMMEUBLE	bâtiment à plusieurs étages
PAVILLON	maison isolée construite dans un jardin
LOGEMENT	local d'habitation
CITE	groupe de logements
GRAND ENSEMBLE	groupe de hauts immeubles d'habitation, édifié en banlieue et qui bénéficie de certains équipements collectifs

IV. 用无人称句 il est + *a.* + de 改造下列各句:

1. Découvrir l'Amérique, ce n'était pas facile.

2. Faire tenir un œuf debout, c'est un peu difficile.

3. Refuser tout ce qu'il demande, c'est impossible.

4. Partir avant le lever du soleil, ce n'est pas nécessaire.

5. Garder son équilibre sur un fil de fer, ce n'est pas facile.

V. 说出下列句中 ce 的词性及语法功能:

1. Est-ce un étudiant anglais?

2. On lui fit remarquer cette erreur.

3. Ce devait être lui.

4. Ce sont les meilleurs élèves de la classe.

5. Sur ce, il s'est remis en colère.

6. Dites-moi ce dont vous avez besoin.

7. Je lui dirai ce qui m'intéresse.

8. Ce n'est pas toi qui l'as fait.

9. C'était pendant la guerre de Libération.

10. Cet arbre, je le vois partout.

VI. 用 faire + 不定式句改造下列各句:

Exemple: Il fait mauvais temps, j'ai dû rester à la maison.

→ Le mauvais temps me fait rester à la maison.

1. Il a raconté quelque chose d'intéressant, puis, je me souviens de mon enfance.

2. Le professeur demande aux élèves de s'asseoir à leur place.

3. Ce film racontait une histoire d'amour, et j'ai pleuré longtemps.

4. Mon dictionnaire est tombé à cause de mon petit frère.

5. Grâce à Colomb, deux œufs ont pu se tenir debout sur la table.

6. Le directeur dit aux ouvriers de quitter l'atelier.

7. Dites-lui de venir tout de suite.

8. Il veut bien être remarqué.

9. Ce roman, quelqu'un vous l'apportera demain pour moi.

10. Grâce à mon ami, j'ai pu visiter la ville de Paris.

Ⅶ. THEME:

— 听说那里要建居民小区。

— 建居民小区，那可不是一件容易的事。

— 是呀，这是个宏大的计划。占地 200 公顷，要造一些 8 层的居民楼，还要造购物中心、体育场、学校、公园和医院。

— 还要有道路和公交网点。

Ⅷ. VERSION — **Le Corbeau et le Renard**

Voyez-vous maître Corbeau (*crow*) sur la branche d'un arbre? Il a dans son bec (*beak*) un gros fromage, tout rond. Oh! comme ce fromage sent bon! Mais voilà maître Renard (*fox*), qui justement a senti le bon fromage.

«Bonjour, maître Corbeau, lui dit-il. Que vous êtes joli! Comme votre habit (*dress*) me semble beau! Est-ce que vos chants (*songs*) sont aussi beaux que votre habit?»

Et le Corbeau, heureux de montrer qu'il chante bien, ouvre tout grand son bec et laisse tomber le fromage au pied de l'arbre . . .

Le Renard saute dessus, et dit: «Mon bon Monsieur, apprenez que tout flatteur (*flatterer*) vit aux dépens de celui qui l'écoute: cette leçon vaut bien un fromage, sans doute.» Puis il se sauve avec le dîner du Corbeau, qui reste tout triste sur sa branche . . .

 IX. DIALOGUE:

    — On commence les travaux dans deux mois.

    — Tu sais, la vie en province, je n'aime pas ça.

    — Mais ce n'est pas le bout du monde; on peut venir à Paris de temps en temps et la vie en province a beaucoup d'avantages: le sport, la nature . . . et puis, il y a plus d'argent, deux mille francs de plus par mois; le logement sera gratuit.

    — Et si je ne trouve pas de travail?

    — Il y a des hôpitaux là-bas; ils ont besoin de bonnes infirmières.

    — Moi, c'est sûr. Je n'y vais pas.

    — Comment ça, tu n'y vas pas. Alors, qu'est-ce qu'on décide?

VOCABULAIRE

gratuit -e *a.*   *gratuitous, free*   l'infirmière *f.*   *(hospital) nurse*

ABREVIATION

a. = adjectif ································· 形容词
a.dém. = adjectif démonstratif ············· 指示形容词
a.indéf. = adjectif indéfini ············ 泛指形容词
a.interr. = adjectif interrogatif ············ 疑问形容词
a.num. = adjectif numéral ············· 数目形容词
adv. = adverbe ····························· 副词
adv.interr. = adverbe interrogatif ············· 疑问副词
conj. = conjonction ························· 连词
f. = féminin ······························· 阴性
interj. = interjection ······················· 感叹词
inv. = invariable ························· 不变的
loc. = locution ··························· 短语
loc.adv. = locution adverbiale ············· 副词短语
loc.conj. = locution conjonctive ············ 连词短语
loc.prép. = locution prépositive ············· 介词短语
loc.verb. = locution verbale ············· 动词短语
m. = masculin ····························· 阳性

n. = nom	....	名词
n. *pr*. = nom propre	....	专有名词
pl. = pluriel	....	复数
p. *p*. = participe passé	....	过去分词
prép. = préposition	....	介词
pron. = pronom	....	代词
pron. *adv*. = pronom adverbial	....	副代词
pron. *dém*. = pronom démonstratif	....	指示代词
pron. *indéf*. = pronom indéfini	....	泛指代词
sing. = singulier	....	单数
v. = verbe	....	动词
v. *i*. = verbe intransitif	....	不及物动词
v. *impers*. = verbe impersonnel	....	无人称动词
v. *pr*. = verbe pronominal	....	代动词
v. *t*. = verbe transitif	....	及物动词
v. *t*. *dir*. = verbe transitif direct	....	直接及物动词
v. *t*. *ind*. = verbe transitif indirect	....	间接及物动词

VOCABULAIRE

A

à　　　　　　　　到… 4

à　　　　　在…(指时间） 9

à　　　　　在…(指地点） 11

abandonner *v . t .*

　　　　　放弃,抛弃 24

à bas *loc . interj .* 打倒 29

abécédaire *n . m .*

　　　　　识字读本 22

à bientôt　　　回头见 7

abondance *n . f .*

　　　　　丰富,大量 33

abords *n . m . pl .* 周围 33

à cause de *loc . prép .*

　　　　　由于 10

accident *n . m .* 事故 24

accuser *v . t .* 控诉,控告 29

achat *n . m .* 买,购物 26

acheter *v . t .* 买,购物 16

à côté *loc . adv .* 在旁边 33

à côté de *loc . prép .*

　　　　　在…旁边 9

actuellement *adv .* 目前 36

administratif -ve *a .*

　　　　　行政的 18

admirable *a .*

　令人赞美的,可钦佩的 27

adresse *n . f .* 地址 31

adresser (s') (à) *v . pr .*

　　　　　对…讲话 15

à droite de *loc . prép .*

　　　　　在…右边 29

affectueusement *adv .*

　　　　　亲热地,深情地 16

à gauche *loc.adv.*

在左边 29

âge *n.m.* 年龄 13

agence *n.f.*

代理行,通讯社 20

agir (s') (de) *v.pr.*

impers. 有关于,关系到 36

agréable *a.* 愉快的,

舒适的,讨人喜欢的 15

agricole *a.* 农业的 35

agriculture *n.f.* 农业 33

aider *v.t.* 帮助 19

ailleurs *adv.* 在别处 36

aimer *v.t.* 喜欢,爱 9

aimer mieux 更喜欢 23

ainsi *adv.* 这样,如此 14

air *n.m.* 空气,神态 20

à la fin de *loc.prép.*

在…末了 14

alcool *n.m.* 酒精,白酒 12

Allemagne *n.pr.f.*

德国 17

allemand *n.m.* 德语 8

aller *v.i.* 去 4

alors *adv.* 那么,当时 8

Américain -e *n.pr.*

美洲人,美国人 23

Amérique *n.pr.f.*

美洲 18

ami -e *n.* 朋友 1

amicalement *adv.*

友好地 30

à mi-chemin *loc.adv.*

在半途 21

amour *n.m.*

爱,爱情,恋爱 32

amusant -e *a.*

有趣的,好玩的 32

amusé -e *p.p.* 逗乐的 30

amuser *v.t.*

逗乐,使高兴 32

an *n.m.* 年,年岁 7

ancien -ne *a.* 古老的,

古代的,以前的 28

anecdote *n.f.*

轶事,趣闻 34

anglais *n.m.* 英语

Anglais *n.pr.*

英国人 8

anglais -e *a.* 英国的 10

animal *n.m.* 动物 35

année *n.f.* 年 15

anniversaire *n.m.*

生日,周年 14

avoir besoin de *loc . verb .*

　　　需要 16

avoir envie de *loc . verb .*

　　　渴望,想要 18

avoir lieu *loc . verb .*

　　　举行,发生 28

B

baguette *n . f .*

　　　小棒,棍子面包 22

baisser (se) *v . pr .*

　　　俯身,弯腰 29

bal *n . m .*　　　舞会 16

banlieue *n . f .*　　郊区 20

banque *n . f .*　　银行　8

banquette *n . f .*

　　　软垫长凳 29

bassin *n . m .*　水池,盆 28

bâtiment *n . m .* 建筑物 36

bâtir *v . t .*　　　建造 18

battre *v . t .*　打,拍打 32

bavarder *v . i .*　闲聊 26

beau, bel, belle *a .*

　　　美丽的　9

beaucoup *adv .*

　　　很多,非常 13

bébé *n . m .*　　　婴儿 20

Belgique *n . pr . f .*

　　　比利时 17

bête *a .*　愚蠢的,傻的 31

bête *n . f .*　牲口,畜生 35

beurre *n . m .*　　黄油 10

bibliothèque *n . f .*

　　　图书馆,书橱　6

bicyclette *n . f .* 自行车 15

bien *adv .*　　　好,很　7

bien sûr *loc . adv .* 当然 17

bière *n . f .*　　　啤酒 13

blanc -che *a .*　白色的 10

blé *n . m .*　　　小麦 19

bœuf *n . m .*　　　牛 32

boire *v . t .*　　　喝 13

boisson *n . f .*　　饮料 25

bol *n . m .*　　　碗 13

bon -ne *a .*　　好的 10

bonbon *n . m .*　　糖果 25

bonjour *n . m .*

　　　早安,日安　7

bonsoir *n . m .*　晚上好 14

bouche *n . f .*　　嘴 25

boucherie *n . f .*　肉铺 20

boulanger *n . m .* 面包师 12

boulangerie *n . f .* 面包房 20

dès *prép*.

从…(时间)起 18

descendre *v.i.* 下来 19

désirer *v.t.* 想要,希望 24

désolé -e *a.* 抱歉 29

dessert *n.m.*

(餐后)甜食 13

dessiner *v.t.* 画 32

dessus *adv.* 在上面 31

détail *n.m.* 细节 23

de temps en temps

loc.adv. 不时地,常常 18

détester *v.t.* 厌恶,讨厌 9

devant *prép.* 在…前面 8

devanture *n.f.* 橱窗 22

développé -e *p.p.*

发展的 33

devenir *v.i.* 变成,成为 35

devoir *v.t.* 应该,必须 25

devoir *n.m.* 作业,职责 29

d'habitude *loc.adv.*

通常 9

dictionnaire *n.m.*

词典 6

différent -e *a.* 不同的 10

difficile *a.* 困难的 26

difficulté *n.f.* 困难 31

dimanche *n.m.*

星期日 11

diminuer *v.t.*

缩小,降低 27

dîner *n.m.* 晚餐 13

dîner *v.i.* 用晚餐 20

dire *v.t.* 说,告诉 12

dire (se) *v.pr.*

思量,自忖 20

directement *adv.*

直接地 26

directeur *n.m.*

经理,主任 22

diriger *v.t.* 领导,指挥 31

discuter *v.i.*

讨论,争论 31

dispute *n.f.* 争执,争吵 31

distrait -e *a.*

心不在焉的 34

docteur *n.m.*

医师,大夫,博士 25

doigt *n.m.* 手指 25

domestique *n.* 佣人 31

donc *conj.* 因此 16

donner *v.t.* 给,送 16

dormir *v.t.* 睡,睡觉 25

drôle *a.* 可笑的 17

employer *v.t.*

雇佣,使用 27

emporter *v.t.*

带走,拿走 22

en *prép.* 在…(地方),

以…(指方式) 8

en *prép.*

在…内(指时间) 17

en aller (s') *v.pr.*

走开,离去 18

encore *adv.* 还,再,又 13

en dehors de *loc.prép.*

在…之外 26

en détail *loc.adv.*

详细地 16

en effet *loc.adv.*

确实,事实上 18

enfant *n.* 儿童,孩子 17

enfermé -e *p.p.*

被关闭的 36

enfin *adv.* 最后,终于 16

enlever *v.t.*

拿走,除去 21

en même temps *loc.adv.*

同时 35

ennuyer (s') *v.pr.*

感到厌倦 16

en perspective

loc.adv. 展望中 36

ensuite *adv.* 然后 18

entendre *v.t.* 听见 17

entendre (s') (avec)

v.pr. 融洽相处 31

entièrement *adv.*

完全地,整个地 36

entracte *n.m.*

幕间休息 32

entre *prép.* 在…之间 13

entrée *n.f.*

进口处,入口 19

entreprise *n.f.* 企业 27

entrer *v.i.* 进入 19

enveloppe *n.f.* 信封 20

enveloppé -e *p.p.*

包、裹起来的 26

envoyer *v.t.*

寄,送,派遣 16

épais -e *a.* 厚的 34

épicerie *n.f.*

食品杂货店 20

épicier -ère *n.*

食品杂货商 26

épinard *n.m.* 菠菜 33

équilibre *n.m.* 平衡 36

F

fabriquer *v.t.* 制造,制作 27

facilement *adv.* 容易地 26

façon *n.f.* 方法,方式 21

facteur *n.m.* 邮递员 5

faculté *n.f.* 系,学院 23

faim *n.f.* 饥饿

   avoir faim 感到饿 15

faire *v.t.* 做,干 12

falloir *v.impers.*

   需要,应该 16

fameux -se *a.* 著名的 30

famille *n.f.* 家庭 7

fatigant -e *a.*

   使人疲劳的,累人的 35

fatigué -e *a.* 疲劳的 18

faute *n.f.* 错误,过失 29

femme *n.f.* 妇女,妻子 22

fenêtre *n.f.* 窗 23

ferme *n.f.* 农庄,农场 18

fermé -e *a.* 关闭的 14

fête *n.f.* 节日,节 14

fêter *v.t.* 庆祝 14

feu *n.m.* 火,灯火 24

feuille *n.f.* 纸页,树叶 20

février *n.m.* 二月 15

fiancé -e *n.* 未婚夫(妻) 31

fièvre *n.f.* 发烧,发热 25

Le Figaro 费加罗报 11

fille *n.f.* 女儿,姑娘 10

film *n.m.* 影片,胶片 25

fils *n.m.* 儿子 29

fini -e *a.* 已结束的 16

finir *v.t.* 结束,完成 12

foie *n.m.* 肝,肝脏 25

foin *n.m.* 干草 31

fois *n.f.* 次,回 19

fond *n.m.* 底,深处 25

forêt *n.f.* 森林 21

fort *adv.* 用力地

fort -e *a.*

   强壮的,有力的 25

fou, folle *n.* 疯子 21

foule *n.f.* 人群 29

fourrage *n.m.* 草料 33

fragment *n.m.*

   片断,摘录 30

franc *n.m.* 法郎 11

français *n.m.* 法语 7

Français -e *n. pr.*

guerre *n. f.*   战争 26

guide *n. m.*

   向导,导游指南 34

gymnase *n. m.*   健身房 2

H

habile *a.*

   灵巧的,能干的 30

habitant -e *n.*   居民 18

habiter *v. i.; v. t.*居住 9

habitué -e *n.*   常客 29

hâter *v. t.*   加快 34

haut -e *a.*

   高的,响亮的 22

hebdomadaire *a.; n. m.*

   每周一次的;周刊,

   周报 11

hectare *n. m.*   公顷 35

hélas! *interj.*   唉! 9

herbe *n. f.*   草,草地 35

heure *n. f.*   小时,钟点 5

heureux -se *a.*

   幸福的,高兴的 33

heureusement *adv.*

   幸好 9

hier *adv.*   昨天 20

histoire *n. f.*

   历史,故事 9

hiver *n. m.*   冬天 15

homme *n. m.*   男人,人 20

hôpital *n. m.*   医院 36

hors-d'œuvre *n. m. inv.*

   冷盆 13

hospitalité *n. f.*

   好客,款待 27

hôtel *n. m.*   宾馆,旅馆 6

humanité *n. f.*   人类

   L'Humanité   人道报 11

humide *a.*   潮湿的 15

hypermarché *n. m.*

   特级市场 26

I

ici *adv.*   这儿 8

idée *n. f.*   主意,见解 15

identique *a.*   同样的 17

il y a *loc.*   有 10

image *n. f.* 图片,画像 2

imaginer *v. t.*   想象 32

immeuble *n. m.*   大楼 36

important -e *a.* 重要的 27

impossible *a.* 不可能的 21

long -gue *a.*

　　　　　长的,长久的 17

longtemps *adv.*

　　　　　长久地,很久 12

longuement *adv.*

　　　　　长时间地 34

lorsque *conj.* 当…时候 23

louer *v.t.* 租借,出租 20

lourd -e *a.*

　　　　　重的,笨重的 34

lumière *n.f.*

　　　　　光,阳光,灯光 27

lycée *n.m.* 公立中学　2

M

machine *n.f.*　　机器 23

madame *n.f.*

　　　　　夫人,女士,太太　8

mademoiselle *n.f.*小姐　8

magasin *n.m.*

　　　　　百货商店　4

magnifique *a.*

　　　　　极美的,壮丽的 11

mai *n.m.*　　　五月 14

main *n.f.*　　　手　9

maintenant *adv.* 现在　7

mairie *n.f.*

　　　　　镇政府,市政府 19

mais *adv.*　　　但是　8

maïs *n.m.*　　　玉米 33

maison *n.f.* 房屋,家　9

maître *n.m.*

　　(小学)教师,主人　9

mal *n.m.*　　　疼痛

　　adv. 坏,糟,不好 22

malade *a.*　　生病的 33

maladie *n.f.* 病,疾病 25

malheureux -se *a.*

　　　　　不幸的,倒霉的 15

mandat *n.m.*　　汇票 16

manger *v.t.* 吃,吃饭 13

maniaque *n.*

　　　　　有怪癖的人 30

manquer *v.t.ind.*

　　　　　缺少,缺乏 27

manteau *n.m.*　大衣　4

manuel *n.m.*　教科书　6

manuscrit *n.m.*　手稿 35

maraîcher -ère *a.*

　　　　　种菜的,蔬菜的 33

marchand -e *n.*　商人 11

marche *n.f.* 行走,运转 21

marcher *v.i.* 行走,运转 24

monter *v.i.*

乘上,登上,上楼 21

montre *n.f.* 手表 34

montrer *v.t.*

指示,出示,表现出 28

mort *n.f.* 死亡 29

mot *n.m.* 短信,字 16

moteur *n.m.*

发动机,马达 21

moto *n.f.* 摩托车 3

mourir *v.i.* 死亡 25

moyen *n.m.*

方法,办法 36

mûr -e *a.* 成熟的 35

musée *n.m.* 博物馆 2

N

nager *v.i.* 游泳 28

natal -e *a.* 出生的 18

national -e *a.*

民族的,国家的 14

naturellement *adv.*

当然,自然而然地 17

navet *n.m.* 萝卜 33

né -e *p.p.* 出生的 18

neiger *v.impers.* 下雪 15

ne...jamais *loc.adv.*

从未,永远不 10

ne...pas *loc.adv.* 不 3

ne...plus *loc.adv.*

不再 15

ne...que *loc.adv.*

仅仅,只是 17

ne...rien

没有什么东西 18

net -te *a.*

明确的,毫不含糊的 31

neuf -ve *a.* 新的 20

niveau *n.m.* 水平,水准 26

Noël *n.m.* 圣诞节 14

noir -e *a.* 黑的 22

nom *n.m.*

名字,姓名,名称 8

nombreux -se *a.*

大量,许多的 10

nommer (se) *v.pr.*

名字叫 30

non *adv.* 不 1

non plus *loc.adv.* 也不 29

nouveau *a.* 新的 36

nouvelle *n.f.*

新闻,消息 16

nuit *n.f.* 夜晚 25

numéro *n . m .* 号码 9

O

obligé -e (de) *p . p .*

必须的,被迫的 23

obstiné -e *a .* 固执的 30

obstiner (s') (à) *v . pr .*

固执 24

obtenir *v . t .* 取得,获得 27

occasion *n . f .* 机会 17

occupé -e *a .*

忙碌的,被占据的 9

occuper *v . t .* 占用,占据 36

occuper (s') (de) *v . pr .*

照管,照料 16

octobre *n . m .* 十月 16

œuf *n . m .* 蛋,鸡蛋 19

offre *n . f .* 提供 22

oiseau *n . m .* 鸟 15

omelette *n . f .*

炒蛋, 摊鸡蛋 34

on *pron . indéf .* 人们 8

oncle *n . m .* 叔叔,舅舅 19

or *conj .* 然而 26

orchestre *n . m .*

管弦乐队 31

ordinateur *n . m .*

电子计算机,电脑 23

organiser *v . t .* 组织 24

oriental -e *a .* 东方的 7

où *adv .* 哪里 4

ou *conj .* 或者 9

oublier *v . t .* 忘记,遗忘 16

ouest *n . m .* 西,西面 20

oui *adv .* 是,对 4

ouvert -e *a .*

打开的,正在营业的 36

ouvrier -ère *n .* 工人 14

ouvrir *v . t .* 开,打开 20

P

page *n . f .* 页 30

pain *n . m .* 面包 10

paix *n . f .* 和平,安宁 29

pâle *a .* 苍白的 29

panne *n . f .* 故障 28

papier timbré *n . m .*

印花公文纸 31

paquebot *n . m .*

大型客轮 30

par *prép .* 被,经过,通过 16

paraître *v . i .* 出现,出版 11

permettre *v.t.*

　　　　　使可能,允许 18

perroquet *n.m.*　鹦鹉 22

personne *n.f.*　　人 21

personne *pron.indéf.*

　　　　　无人,没有人 26

personnel *n.m.*　人员 18

petit -e *a.* 小的,幼小的 13

petit déjeuner *n.m.*

　　　　　　　早餐 10

petits poids *n.m.pl.*

　　　　　　青豌豆 33

pétrole *n.m.*　　石油 27

peur *n.f.*　　害怕,怕 28

peut-être *adv.*　也许 10

photo *n.f.*　　　照片　3

phrase *n.f.*　　句子 22

pièce *n.f.*

　　　房间,只,块,片 20

pied *n.m.*　　　　脚 17

pique-nique *n.m.*

　　　　　　　野餐 15

piqûre *n.f.*　　注射 25

place *n.f.*　广场,座位,

　　　位子,职位,地方 12

placer *v.t.*

　　　放置,安排座位 30

plaindre (se) *v.pr.*

　　　抱怨,埋怨,告状 31

plaine *n.f.*　　　平原 17

plaisanterie *n.f.*

　　　　　玩笑,笑话 20

plaisir *n.m.* 乐趣,高兴 10

plan *n.m.*

　　　　平面图,计划 36

planète *n.f.*　　行星 23

plante *n.f.* 植物,作物 23

plastique *n.m.*　塑料 26

plat *n.m.*　　一盘菜 35

plein -e *a.*　　满的 19

pleurer *v.i.*　　哭 16

pleuvoir *v.impers.*

　　　　　　下雨 15

pluie *n.f.*　　　雨 17

plume *n.f.*　　羽毛,

　　(旧时的)羽毛笔 25

plupart *n.f.*

　　　大部分,大多数 26

plus *adv.*　　　更 17

plusieurs *a.indéf.pl.*

　　　　几个,好几个 22

plutôt *adv.* 宁愿,相当 11

poche *n.f.*　　衣袋 31

poisson *n.m.*　　鱼 28

presser (se) *v. pr.*

　　　赶紧,急忙 26

prétendre *v. t.*

　　　认为,断言,硬说 31

prévoir *v. t.* 预见,预测 26

printemps *n. m.* 春天 15

prix *n. m.* 　价格,奖 26

problème *n. m.* 　问题 27

prochain -e *a.* 下一个的 16

production *n. f.*

　　　生产,产量 27

produire (se) *v. pr.*

　　　　　发生 30

produit *n. m.* 　产品 26

professeur *n. m.*

　　　教师,教授　5

programme *n. m.* 节目,

　　节目单,大纲,程序 28

progrès *n. m.* 　进步 36

projet *n. m.* 计划,打算 36

promenade *n. f.* 　散步 15

promener (se) *v. pr.*

　　　　　散步 16

promettre *v. t.*

　　　答应,允诺 21

proposer *v. t.*

　　　提议,建议 19

propre *a.*

　　　自己的,清洁的 30

propriétaire *n.* 　房东,

　　物主,业主,所有者　8

proverbe *n. m.* 　谚语 27

province *n. f.* 外省,省　8

provisions *n. f. pl.* (食物

　　的)采购,购得的食物 26

Prusse *n. pr. f.* 普鲁士 20

public *n. m.* 大众,公众 28

puis *adv.* 　接着,然后 18

punir *v. t.* 　　　处罚 22

pur -e *a.* 纯的,纯净的 20

Q

qualité *n. f.*

　　　质量,品质,优点 26

quand *conj.* 　当…时

　　　adv. 什么时候 21

quand même *loc. adv.*

　　　仍然,还是 27

quant à *loc. prép.* 至于 35

quart *n. m.*

　　一刻钟,四分之一　5

quartier *n. m.*

　　　(城市中的)区 20

regretter *v.t.*

  惋惜,遗憾 36

remarquer *v.t.*

  注意到,察觉 26

remettre *v.t.*

  放回,推迟,送交 31

remplacer *v.t.*

  取代,代替 23

remplir *v.t.*

  盛满,充满,填写 34

rencontre *n.f.*

  遇见,会面 12

rencontrer *v.t.*

  碰见,遇见,会见 12

rendre *v.t.* 归还,回报 27

rendre (se) compte

  loc.verb.

  了解,认识到 33

rentrer *v.i.* 回家 12

repas *n.m.* 餐 13

répéter *v.t.*

  重复说,重复做 22

répliquer *v.t.* 反驳 36

répondre *v.t.*

  回答,答复 8

réponse *n.f.*

  回答,答复 8

reposer (se) *v.pr.*

  休息 16

république *n.f.* 共和国 24

respirer *v.i.* 呼吸 25

responsable *a.*

  负责的,负有责任的 29

ressembler (à) *v.t.ind.*

  和…相象 10

restaurant *n.m.*

  饭店,餐厅 13

rester *v.i.* 留下来,

  剩下,保持(某种状态) 12

retourner *v.i.* 返回 12

réunion *n.f.* 会议 14

réussir *v.i.* 获得成功 36

rêve *n.m.* 梦,梦想 28

revenir *v.i.*

  再来,回来,回到 15

revue *n.f.* 杂志 6

rez-de-chaussée *n.m.*

  底层 20

rire *v.i.* 笑 21

rivière *n.f.* 江,河 33

robe *n.f.* 连衣裙 16

roi *n.m.* 国王,大王 20

rôle *n.m.* 作用,角色 27

roman *n.m.* 小说 6